Hans Magenschab
Die geheimen Drahtzieher

Hans Magenschab

Die geheimen Drahtzieher

Macht und Einfluss der Studentenverbindungen

styria premium

ISBN 978-3-222-13344-2

styria

Bücher aus der Verlagsgruppe Styria gibt es in
jeder Buchhandlung oder im Online-Shop.

Buch- und Umschlaggestaltung: Bruno Wegscheider
Produktion: Franz Hanns
Reproduktion und Bildbearbeitung: Pixelstorm, Wien
Druck und Bindung: Druckerei Theiss GmbH,
St. Stefan im Lavanttal

Inhalt

Frühes Sgraffito: „Lieb Vaterland, magst ruhig sein …"

Eine Seilschaft von Bildungsbürgern

Warum ein neues Buch – ein Buch über geheimnisvolle Bundesbrüder in bunten Operetten-Uniformen, mit bunten Mützen und zu groß geratenen Säbeln? Ein Teil von ihnen mit echten Narben in den Gesichtern und einer geheimen Sprache aus dem 19. Jahrhundert? Oder gibt es nicht schon genügend Literatur über Tempelritter, Inquisitoren und Freimaurer, über Codes und den Gral?

Nun, vieles davon ist so gut wie komplett *erfunden*, ist pure Unterhaltung mit Gruseleffekten. Stoff für die Fantasien Hollywoods. Anderes hingegen wird in diesem Buch geboten: *Hier ist von der Wirklichkeit die Rede*; von akademischen Verbänden und studentischen Verbindungen, streitbewussten Burschenschaften, adeligen

Corps, katholischen Korporationen, monarchistischen Landsmann-schaften; von Bundes-, Cartell-, Farben- oder Corpsbrüdern – allesamt Zeitgenossen mit Abitur oder Matura, Universitätsdiplom und akademischem Titel.

Die Vernetzung ist auf Lebensdauer angelegt. Stirbt einer von ihnen, so werfen ihm die Bundesbrüder die bunte Mütze und das Band hinab ins stille Grab. Erst das ist das Ende. *Fiducit.*

Ansonsten vollzieht man Rituale, die ein Außenstehender erst auf den zweiten Blick begreift. Viele sind blutig, denn die „schlagenden" Verbindungen üben ihre „Mensuren" mit scharfen Klingen aus. Andere Sitten erweisen sich als auf erstaunliche Weise ähnlich, auch wenn deren Konfession und Ideologie seit 200 Jahren zu grausamen Schlägereien *gegeneinander* geführt haben. Aber letztlich ist der Sinn ihrer Existenz die *Politik*; Verbindungen wollen Einfluss und Macht ausüben; *Lob vom Vaterland erhalten*; religiöse und patriotische Ziele erreichen.

Studierende bilden die Schar der jungen „Aktiven", „Burschen" und „Füxe" (auch „Füchse"); „Alte Herren" sind „Philister". Zusammen haben sie im Lauf von vielen Jahren den Schulen und Universitäten, Parteien, Ministerien und öffentlichen Unternehmen ihren Stempel aufgedrückt. Keinen linken, keinen sozialistischen, keinen revolutionären Stempel, sondern einen mit *bürgerlich-aufgeklärtem Hintergrund. Nur von Außenstehenden werden alle Studentenvereine als* „weit rechts" denunziert, in Wahrheit sind die Unterschiede gravierend.

Heute gibt es an die 100.000 männliche Korporierte in rund 800 Verbindungen (Studentinnen sind erst in jüngerer Zeit in die Männerdomäne eingedrungen).

Aber das Erstaunlichste ist, dass es das Phänomen der Farbstudenten nur in *deutschsprachigen* Ländern gibt – in Mitteleuropa zwischen Nordsee und Dolomiten:

Es sind die deutschen „Bildungsbürger", die von den Napoleonischen Kriegen des frühen 19. Jahrhunderts bis zum Fall des Eisernen Vorhangs am Ende des zwanzigsten an den diversen Revolutionen und Bürgerkriegen, Krönungen und Systemwechseln, an Holocaust und Faschismus zumindest *mitbeteiligt* waren. Die beiden Weltkriege bedeuteten schließlich den Einbruch des brutalen Nationalismus in die mitteleuropäische Welt, der sich mit Hakenkreuzen, Faschistenbündeln, Serben-Kreuzen, Runen oder Pfeilkreuzen präsentierte.

Man lehrte die Kinder in den Schulen ein blutiges Allerlei über die eigenen Helden und holte sich die Bestätigung für das „Verbrechertum" der Gegenseite von den Hohen Schulen. Bei alledem wurden Glauben und Wissen erbarmungslos vermengt.

Aber nochmals: Was entstand, war im 19. Jahrhundert ein fragwürdiger Moloch, das Ergebnis der Geschichte, ein Phänomen des Untergangs – nämlich jenes der „Bildungsbürger".

Der Begriff ist deutsch und wichtig. Während die Engländer *High Society* als etwas schrullige Lebensform gutsituierter Leute ohne besondere politische Ambitionen definieren und die Franzosen den diskreten Charme ihrer Bourgeoisie als surreale „Eigentümergemeinschaft" belächeln, so war in Deutschland, Österreich und rundum derjenige etwas wert, der humanistisch gebildet war und Courage im Kampf erwies. Man sollte Nationalgesinnung beweisen wie Armin der Cherusker; oder so herrlich deutsch singen wie Tannhäuser; um schließlich nibelungengötterdämmernd den Untergang zu ertragen. Wie es dazu kam? Da porträtierte Heinrich Mann aus der großen Lübecker Literatenfamilie in seinem Roman *Der Untertan* den bildungsbürgerlichen Fabriksbesitzer Diederich Heßling, der Mitglied der „Neuteutonia" ist und zum „unerbittlichen menschenverachtenden und maschinellen Organismus" in Schule, Universität, Kaserne gehört: „Wer treten wollte, musste sich treten lassen."

Eine andere literarische Figur Heinrich Manns ist der „Professor Unrat", ein Bildungsbürger; für ihn sind die Grundlagen des deutschen Staatswesens „eine einflussreiche Kirche, ein handfester Säbel, strikter Gehorsam und stramme Sitten". Und die Österreicher? Im *Radetzkymarsch* stellt Joseph Roth den Bezirkshauptmann Trotta vor, der für den Soldatentod seines Sohnes dem Kaiser noch dankbar ist – kennt doch sein eiskalt gewordenes Bürokratenherz nichts anderes als *Gehorsam* …

***

Und doch waren und blieben die Universitäten strahlende Leuchttürme einer Gesellschaft im Wandel. Nirgendwo bildeten sich so erstaunliche Subkulturen aus wie in der Geisteslandschaft der deutschen Dichter und Denker. Diese hielten sich für *elitär*, waren aber dennoch nur deutsch-*national*. Was bedeutet: Von der Idee besessen, für das „Vaterland" zu streiten. So ist es auch nicht verwunderlich, dass die deutsche Sprache nur den Begriff „Patriotismus" kennt, nicht aber „Matriotismus".

Eine Männergesellschaft von Anfang an, waren die Studenten Deutschlands die Begründer einer aufgeregten Nationskultur: Sie haben aus dem Schwarz-Rot-Gold von Uniformen die Farben ganz Deutschlands gemacht; eine friedliche Kaiserhymne zum Kampfgesang auf fremdem Grund und Boden getrimmt, und sie wandten sich 1848 gegen die eigenen Fürsten, den österreichischen Kaiser und den preußischen König. Aber immerhin: Das erste demokratische Hohe Haus in Europa war das Burschenschafter-Parlament in der Frankfurter Paulskirche. Danach waren die Farbstudenten die treuesten Gefolgsleute des Reichskanzlers Otto von Bismarck – mit 28 Mensuren ein Gewaltmensch ohnegleichen. Man konstruierte unter den Klängen von *Preußens Gloria* das neue große Deutsche Kaiserreich als riesenhafte Militärmaschine. Die Krupps und Thyssen, Porsches und Bayer waren aber bald nicht nur bereit zum Kämpfen an grünen Tischen, sondern interessiert am Kriegführen auf offenen Feldern. Und das zahlte sich aus: zuerst gegen das habsburgische Österreich im blutigen Deutsch-Deutschen Krieg von 1866, dann gegen den „Erbfeind" Frankreich – und schließlich im Ersten Weltkrieg gegen die halbe Welt.

Im Vorfeld bildeten sich damals immer mehr und mehr Verbindungen; wobei Kaiser Wilhelm II. noch als Kronprinz an der Spitze seiner Borussia Bonn dem bunten Karneval voranging. Es waren die römische Kirche und Habsburg-Österreich, die sich energisch wehrten. So entstand 1856 ein nichtschlagender Farben-Korporationsverband, genannt CV, „Cartellverband", mit dem Versuch, den Deutsch-Nationalismus zu *bremsen*. Was prompt misslang. Bloß beim Antisemitismus war man sich einig; auch viele katholische Priester applaudierten dem Hassprediger Georg von Schönerer (Teutonia Wien) eifrig. Kein Wunder also, dass der talentlose Postkartenmaler auf seinen Wegen durch die Wiener Slums den Waldviertler „Ritter" ebenfalls als Idol bewunderte – sieben Jahre lang. Sein Name: Adolf H., gebürtig zu Braunau in Oberösterreich ...

1914 war es dann mit den Hassorgien so weit: Südslawischer Nationalismus leitete in Sarajevo die Revolverkugeln bosnischer Studenten ins Ziel. So begann der Erste Weltkrieg mit deutschen Jubel-Liedern, der Zweite endete mit brennenden deutschen Städten.

Dazwischen lag die Ermordung von Millionen Juden, Roma, Geisteskranken, Kriegsgefangen. Es gab Millionen Gefallene und Millionen Flüchtlinge. Eine Million, so lernt man in den deutschen Schulen, ist eine Eins mit sechs Nullen ...

So zerstreuten sich die fröhlichen Farbstudenten von einst in alle Richtungen, die Korporationen waren von den Nazis verboten worden. Einige Tiroler Studenten gründeten dennoch eine Verbindung, mitten im Krieg: Es war die CV-Verbindung Alpinia Innsbruck mit den Farben Weiß, Gold und Grün; die Mütze in den Farben des Edelweiß.

Erst 1945 holen auch viele andere Farbstudenten wieder die vergilbten Fotos von den Dachböden: Da ist der Großvater als Senior mit Leibbursch und Leibfuchs, die Mutter bei ihrer Couleurhochzeit mit den Bundesbrüdern des Vaters in voller Wichs ... man will anknüpfen, wo man aufgehört hat.

Doch wichtiger als Nostalgie ist: Die Bundesbrüder haben sich gemeldet; sie sind Drahtzieher: Einer lässt Fabriken bauen, ein Cartellbruder sitzt im Bundeskanzleramt, ein anderer fährt schon ein Dienstauto. Nachkriegsglück.

Und heute? Sechs Jahrzehnte später leben die Mitteleuropäer im Durchschnitt doppelt so lange wie ihre Großväter; sie haben seit 66 Jahren Frieden. Nie dauerte diese *Pax Germanica* so lange, nie seit den Zeiten des Carolus Magnus.

Und die von den Besatzungsmächten genau Observierten – nämlich die Burschenschafter – erhielten verspätet ihr Recht aufs Bluten zurück. Heute bringt es ihnen Nachwuchssorgen. Sie haben 15.000 Mitglieder in 120 Korporationen an 50 Hochschulorten in Deutschland und Österreich.

Dabei ist es ihr Stolz, die „Demokratie" wieder zu nützen. Von der heiligmäßigen Luther- und Bach-Stadt Eisenach aus führen heute die Stränge vor allem zu den Traditionsplätzen des Verbindungslebens

– zu jenen, die bis vor drei Jahrzehnten in der DDR zum Kuschen verpflichtet waren. Tatsächlich wird jetzt bei den Burschen eifrig gewählt. Jeder Senior, jeder Fuxmajor in jedem Semester. Geheim. Und man singt wieder, was man so liebt: *„Lieb Vaterland, magst ruhig sein, fest steht und treu, die Wacht am Rhein."*

***

Immerhin, es gibt auch spannende Nuancen: Die feinen Senioren der Corps, die sich regelmäßig in Bad Kösen treffen, sind zufrieden mit dem *Geist* der Truppe. 14.000 Mitglieder sind es nach eigenen Angaben; und Talent zum Aufbau ordentlicher Seilschaften haben auch sie seit langem. Im eleganten Verbindungshaus der Corpsstudenten zeigt sich die Mannschaft gelegentlich auch mal im Hugo-Boss-Look.

Ganz anders der Cartellverband (CV) in Deutschland. Er sammelt die einfachen Buben vom Land – und ist deshalb kaum das Opfer von Verhöhnung. Nach der Krise von anno 68 haben sich an den Hochschulen die Verweigerer von Mensur und Duell als politische Kerntruppe der Christdemokraten herausgestellt, als Nachwuchshoffnung und „Elite". Warum auch nicht? „Elitär" werden sollen deutsche CVer erst dann, wenn der Aufruf zur Karriere Bestätigung findet; was auch für den kleineren Bruder im Kartellverein (KV) gilt, wo man selbst für bunte Mützen keine Verwendung hat. Sind die Philister des CV erfolgreiche Drahtzieher für die Politik der CDU-CSU, so haben sie sich auch einen Sonnenplatz in der Diplomatie erobert und laufen heute in den EU-Gremien in Kompaniestärke umher. Die Ministerien, Bundesländerverwaltungen und, weil Sprungbretter, Vorzimmer der Parteien und Interessenvertretungen: Überall trifft man auf CVer, die das Wahrwörtchen „CV – ein CuVall" keineswegs mehr stört. Mit 32.000 Mitgliedern ist der deutsche CV in 123 Verbindungen überhaupt der größte interdisziplinäre Akademikerverband Europas. Und man muss wohl auch berücksichtigen, dass das Rekrutierungspotential insofern kleiner ist, als nur Katholiken beitreten können. Dafür ist der Papst Bundesbruder: Benedikt XVI. bei der Rupertina Regensburg.

****

Nun hatte sich der österreichische CV bereits 1933 vom deutschen abgenabelt; stand doch Adolf H. in Berlin *ante portas*. Während Korporationen aller Konfessionen und Richtungen in Hitler-Deutschland nach 1933 gleichgeschaltet wurden, spielte der österreichische CV noch bis 1938 eine wesentliche Rolle im christlich-sozialen Ständestaat. Bis das Fallbeil auch jedem „Gaudeamus" an der Donau ein Ende machte. Und weil alles zu Bruch gegangen war, blieben nach 1945 die Verbände zuerst einmal allein.

In Österreich trafen die ersten Neo-CVer aber bald mit den westlichen Besatzungsmächten eine Übereinkunft. Sie beharrten auf der These, dass der österreichische Bundeskanzler und CVer Engelbert Dollfuß vor 1938 Hitlers erstes Opfer gewesen sei – ein starkes Argument. So lag es auf der Hand, dass Österreichs führende CVer überzeugte Anti-Nazis waren: der KZ-Insasse Leopold Figl (Norica Wien), Bundeskanzler 1945–1953, der Bauunternehmer Julius Raab (Norica Wien), Bundeskanzler 1953–1961, ebenso wie das Gestapo-Opfer Alfons Gorbach (Babenberg Graz), Bundeskanzler 1961–1964. Da spielte es auch eine weniger gewichtige Rolle, dass der (gleichfalls Ur-CVer) Theodor Kardinal Innitzer (Nordgau Wien) als Oberhirte mit „Heil Hitler!" Pro-Nazi-Aufrufe unterfertigt hatte ...

Erstaunlicherweise hatte sich mittlerweile aber eine neue Plattform gebildet: ein Verband, der jahrelang unterschätzt worden war und nun von Jahr zu Jahr zulegen konnte – der Mittelschüler-Kartell-Verband (MKV), eine Erfolgsstory.

Heute ist – nach innerkatholischen Querelen – der „kleine" Bruder des CV ganz schön erwachsen geworden. Mit 160 Verbindungen weist er rund 20.000 Mitglieder auf. Und an den Schulexperten dieses größten Schüler-und Absolventenverbandes Österreichs führt kein Weg vorbei. Mit Stolz vermeldet der MKV auch, dass ihm alle drei nichtsozialistischen Bundespräsidenten der Republik Österreich angehörten bzw. nahestanden: Rudolf Kirchschläger (Waldmark Horn), Kurt Waldheim (Comagena Tulln) und Thomas Klestil (CV Bajuvaria Wien).

Der MKV hat übrigens auch gute Kontakte zu einer neuen Erscheinungsform des Farbstudententums: den Studentinnen-Verbindungen. Die „Bundesschwestern" beweisen jetzt schon vielfach Lebensfähigkeit – dort, wo sie allein sind und sich auch am Gender-Mainstreaming beteiligen.

Jedenfalls liegt nahe, die Zusammenarbeit zu verstärken. Waren 1970 in Deutschland und Österreich knapp über 30 Prozent der Erstinskribierten Frauen, so sind es derzeit über 50 Prozent. Warum also nicht Frauen-Korporationen? In Österreich sind mittlerweile immerhin die derzeitige Justizministerin, die frühere Außenministerin und die frühere Umweltministerin farbentragend.

***

Bis es so weit war, musste es aber zu einer „Terrainbereinigung" kommen. An den Hochschulen kam farbstudentisches Leben erst wirklich mit dem Abschluss des österreichischen Staatsvertrages 1955 zustande. Der Österreichische Cartellverband brachte allerdings einen herausragenden Repräsentanten hervor, der unendlich viel für den Verband unternahm. Es war dies der Präsidialchef des Bundeskanzleramtes in Wien – Eduard Chaloupka. Der Gründer einer CV- und einer MKV-Verbindung in den Zwischenkriegsjahren war Österreichs oberster Beamter und politischer Berater der Bundeskanzler Figl, Raab, Gorbach und Klaus; alle vier Urphilister von CV- sowie MKV-Korporationen. Und alle natürliche Kontrahenten der Sozialdemokraten in Großen Koalitionen.

Jedoch: Mit dem Vormarsch der Rechtspartei FPÖ war Deutschnationalismus wieder Teil der Innenpolitik Österreichs. Jörg Haider war, Karl Heinz Strache ist Burschenschafter: bei der Silvania der Verstorbene, bei der Vandalia der nunmehrige FPÖ-Chef. Haider sprach von der „Missgeburt" der „Österreichischen Nation", Strache verweist auf den Artikel 9 der Deutschen Burschenschaft, der lautet: „Unter Volk versteht die DB die Gemeinschaft, die durch gleiches geschichtliches Schicksal, gleiche Kultur ... und gleiche Sprache verbunden ist."

Also sei gefragt: Ist das der Fall? Ist das „Fußballmatch" noch immer im Gange, in dem der Kleinere immer verliert und verliert und niemals gewinnt? Oder wie ist das mit dem „gleichen geschichtlichen Schicksal"? Da gab es doch 1866 so etwas wie die blutigste Schlacht des 19. Jahrhunderts, in Königgrätz in Böhmen? Jedenfalls verhalf sie den Preußen dazu, die Österreicher aus dem Deutschen Bund hinauszutreten – nicht umgekehrt.

Das vorliegende Buch ist ohne Einflussnahme der Studentenverbände entstanden, aber auch ohne Beschönigung der Sachverhalte und ohne Wunschdenken einzelner Interessenten. Es ging dem Autor ausschließlich um die Verknüpfung der Geschichte Deutschlands und Österreichs mit der Geschichte des eigenwilligen Korporationswesens. Nicht die zum Teil überaus spannende Historie der einzelnen Verbindungen stand im Vordergrund, sondern die (Aus-) Nutzung der besten Kräfte eines Volkes durch eine vielfach rücksichtslose Politik. Allerdings: Niemand ließ sich auch so problemlos in das Sperrfeuer jagen wie jene noch halb jugendlichen Patrioten, die das Couleurband als militärisches Ordenszeichen begriffen.

Die Recherche für dieses Buch war zeitweilig schwierig und mühsam. Und gestaltete sich zäh, weil umstrittene Institutionen grundsätzlich zur Beschönigung oder Auskunftsverweigerung tendieren. Dazu kommt die Einrichtung des „Konventsgeheimnisses", zu dem jeder Bundesbruder verpflichtet wird. Ich glaube aber, dass die Information über die Wahrheit ebenso wichtig ist wie das Anrecht auf Privatsphäre. Ich habe das berücksichtigt.

Die historische Analyse war nicht ohne Mitarbeit von Freunden aus der Historikerzunft möglich. Ihnen danke ich besonders für die Daten und Informationen über die Geschichte der deutschen und österreichischen Universitäten. Mein besonderer Dank gilt Peter Krause, dem Doyen der Studentengeschichts-Historiker in Wien, und seinen Mitarbeitern; nicht weniger dankbar bin ich Gerhard Hartmann (Graz und Kevelaer), dem wohl wichtigsten Experten für die Zeit von 1933 bis 1945.

Der Styria Verlag hatte viel Nachsicht mit mir und ich möchte den Mitarbeiterinnen und Mitarbeitern herzlich danken, insbesondere Gerda Schaffelhofer, Johannes Sachslehner und Bruno Wegscheider. Und ohne viel Geduld – sowie Ermunterung – meiner Frau Christiane-Marie wäre das Buch wohl niemals entstanden …

Herbst 2011   *Hans Magenschab*

Arbeiter und Studenten, Revolution 1848

Burschenschaftsfahne: Bis in den Tod die Fehde?

Die Erfindung von Schwarz-Rot-Gold

Eine Tschechin wird zur deutschen Jungfrau von Orleans | Lützows wilde Jäger spielen in einem mörderischen Indianerspiel die Hauptrollen: „Ich hasse die Engländer, wir hassen die Franzosen"

Europas Geschichte der Nationen ist ein Irrgarten, die Geschichte ihrer Helden unglaublich unwahrscheinlich.

Wo sich heute in Berlin der Stadtteil Neukölln ausdehnt, befand sich einst das Dorf Cesky-Rixdorf. Der preußische König Friedrich Wilhelm I. hatte es im Dreißigjährigen Krieg für die protestantischen Untertanen des katholischen Kaisers bauen lassen – für Tschechen, die aus den Habsburgerlanden geflohen waren. Und die er als Bauern und Soldaten gut verwenden konnte.

Dort kam 1785 die kleine Marie Christine Eleonore zur Welt, Tochter des Unteroffiziers Prochaska (was auf Deutsch in etwa „Spaziergänger" bedeutet, ein Spottwort, das die Tschechen ein Jahrhundert später Kaiser Franz Joseph I. geben sollten).

Als Eleonore heranwuchs, war Krieg – und der nahm kein Ende. Frankreichs Revolutionsarmeen kämpften in halb Europa. Aber vor allem in Preußen mehrten sich die Stimmen, die um jeden Preis Widerstand leisten wollten.

1806 fielen zum ersten Mal napoleonische Soldaten über das böhmische Dorf bei Berlin her; für Eleonore ein offenbar prägendes Erlebnis. Es gibt ausreichend Schilderungen der Gräuel im Zuge der Revolutions- und Befreiungskriege.

Das hübsche Mädchen fühlte sich jedenfalls nicht mehr sicher, verließ sein Elternhaus und beschloss, das Naheliegende zu tun – sich einer Armee anzuschließen. Aber wie das als Frau mit dem seltsamen tschechischen Namen zustande bringen, wollte man nicht zum Tross gehören und in einem Regimentsbordell landen? Irgendwann hatte die Prochaska eine Idee. Was helfen könnte, würde Schutz und Zier zugleich sein – nämlich eine Männeruniform, und das in einer militärischen Einheit. Die berüchtigste und wohl populärste in Preußen war damals ein wilder, verwegener Haufen – das Lützowsche Freikorps, aufgestellt und kommandiert vom preußischen Generalmajor Ludwig Adolf Wilhelm von Lützow.

Die Angehörigen dieser Freiwilligeneinheit – sie umfasste zeitweise an die 3.000 Mann, vor allem Studenten und Akademiker – mussten sich selbst ausrüsten und sogar ihre Uniformen aus der eigenen Tasche bezahlen. Sie waren keine Partisanen, sondern königstreue Patrioten; und sie glühten nun, wenn die Berichte stimmen, vor Tatendrang; eine ideale Mischung bei Einsätzen Mann gegen Mann.

Nun hatte Kaiser Napoleon, der „Weltgeist zu Pferde", bereits erfahren müssen, wie Niederlagen schmecken; weit weg von Preußen, in Aspern unweit der Donau, hatte er 1809 von den Österreichern eine Niederlage hinnehmen müssen, dennoch kurz später in der Schlacht von Wagram gesiegt und zuvor schon Wien eingenommen.

Da saß er nun im Sommerschloss der Habsburger, in Schönbrunn, und wurde sich bewusst, dass sich die deutschen Staaten – von Preußen angeführt – mit einem gefährlichen Virus angesteckt hatten. Er hieß *Nationalismus* und stellte die eigene Nation über jede andere in

der Welt. Für ihn, den Über-Fran-
zosen aus Korsika, war abzuse-
hen, dass über kurz und lang die
vielen kleinen Einzelteile des
alten Heiligen Römischen Reiches zu einer neuen Einheit
zusammenwachsen würden.

Da passiert das Unwahrscheinli-
che. Im Sommer 1812 greift
Napoleon nicht Preußen an, sondern Russland. 600.000 Mann
der *Grande Armée* marschieren
quer durch Preußen und Polen in
das riesige Zarenreich ein. War
es zuerst ein Siegeszug, traf
Napoleon in Moskau auf eine
Stadt, in der es keine Vorräte für
seine Soldaten gab und die später auch noch in Flammen aufging.

Der Rückzug gehört zu den Höl-
lenfahrten der Weltgeschichte,
nur wenige seiner Tapferen keh-

Eleonore Prochaska in Lützower Uniform (1813)

ren aus dem Russland-Wahnsinn lebend zurück. Und dennoch will
der korsische Abenteurer weiterkämpfen, er sagt Revanche an – und
will Preußen bestrafen.

König Friedrich Wilhelm III. zögert. Es sind eher seine Untertanen,
die zum Krieg drängen. Der Zustrom zu den Rekrutierungsstellen ist
enorm; begeisterte Freiwillige aus allen Teilen Mitteleuropas, ja darüber hinaus, wollen sich für ein neues Deutschland opfern.

Während die Frauen ihre goldenen Trauringe spenden – Motto: „Gold
gab ich für Eisen" – tritt die böhmische Preußin Eleonora Prochaska
als „August Renz" in das 1. Jägerbataillon des Lützowschen Freikorps
ein. Ab sofort gehört sie/er zu „Lützows wilder Jagd", die Napoleon
Brigands noir nennt – *schwarze Räuber*.

Theodor Körner, der Freiheitsdichter in Lützow-Uniform, emotionalisiert bald ganz Deutschland, vor allem die Studenten: der Krieg gegen Napoleon, ein Abenteuer ...

> *Was glänzt dort vom Walde im Sonnenschein?*
> *Hör's näher und näher brausen*
> *Es zieht sich herunter in düsteren Reihn,*
> *und gellende Hörner erschallen darein,*
> *erfüllen die Seele mit Grausen.*
> *Und wenn ihr die schwarzen Gesellen fragt:*
> *Das ist Lützows wilde verwegene Jagd.*

Körner entstammte einer angesehenen protestantischen Theologenfamilie und inskribierte in Leipzig und Berlin Literatur. Das begründete die Freundschaft zu prominenten Zeitgeistern; Dichter und Denker wie Johann Gottlieb Fichte und Ernst Moritz Arndt machten ihrerseits Körner allseits bekannt und sammelten Gleichgesinnte um sich. Kein Wunder also, dass die Universitäten mehr und mehr zu Zentren des patriotischen Kampfes wurden, wo man Parolen und Balladen, Liedtexte und Gedichte fließbandartig produzierte.

In Schlesien erhält Körner seine „Einsegnung" – auch „Todesweihe" genannt – und wird Adjutant Lützows. Das Gruselspiel unter der Losung „Zum Siege oder Tode" und schließlich „Lützows wilde Jagd" gegen den „Bluthund Napoleon" bringen dem jungen Dichter in kurzer Zeit eine unglaubliche Popularität ein. Körner stirbt, wie sonst, im März 1813 als Held in seiner schwarzen Uniform und hätte die Vertonung seines berühmtesten Liedes wohl noch gerne gehört: Denn niemand Geringerer als der Komponist Carl Maria von Weber, Schöpfer der deutschesten aller deutschen Opern, des „Freischütz", setzte Körners Lützow-Texte in Noten.

Für die Mamsell Prochaska war – angesichts ihrer Anatomie – die Uniformierung der Lützower nicht ohne Bedeutung. Es fällt auf, dass die Hosen eine geradezu moderne Weite aufwiesen und sich an der polnischen Litewka orientierten. Wobei laut Vorschrift des preußischen Königs vom 18. Februar 1813 „nur schwarze Montierung" für sein Freikorps in Frage kam. Die Krägen und Ärmelaufschläge hingegen hatten rot zu sein, zwei Reihen von gelben Knöpfen waren an der Litewka zu befestigen. Die Kopfbedeckung der Lützow-Infanterie war ein schwarzer Tschako mit Agraffen und Fangschnüren, zu Beginn des Einsatzes auch versehen mit einem Totenkopf.

Nur die Tiroler erhielten eine Ausnahme – jene nämlich, die unter dem legendären Sandwirt Andreas Hofer 1809 gekämpft hatten und graue Hosen und Röcke, dazu grüne Aufschläge und runde Hüte trugen.

So kam es schon von Anfang an zu einer für alle Welt erkennbaren Trennung von Nord und Süd in deutschen Landen, von Preußen und Alpen-Österreichern.

Die Frage der Adjustierung und Farbenwahl wird jedenfalls später bei der Formierung der Studenten an den Universitäten eine

Adolf von Lützow: Für Napoleon ein „Schwarzer Räuber"

große Rolle spielen und für die Erfindung des „Couleurs" bestimmend werden. Couleur bedeutet Loyalität und akademische Identität, zum anderen Bekenntnis zur Nation, zum Deutsch-Sein und zur „Freiheit".

Etwas wird jedenfalls an den Hohen Schulen in deutschen Landen immer deutlicher: Zivile Unauffälligkeit wird abgelöst von einem Farbensymbolismus, der den bunten Uniformen des Militärs nachempfunden ist. Man will uniformiert sein und erfindet aus Farben Symbole. Der Weg zum „Hauptmann von Köpenick" ist vorgezeichnet: Erst eine preußische Uniform macht in deutschen Landen aus Individuen Menschen.

Bald wird das gesamtdeutsche und historische Schwarz-Rot-Gold politisch etwas anderes zum Ausdruck bringen als das preußische

Schwarz-Weiß-Rot, das bayrische Weiß-Blau oder das österreichische Rot-Weiß-Rot.

Ein Angehöriger des Freikorps, der spätere Maler-Vorsteher der Meißener Porzellanmanufaktur namens Georg Friedrich Kerstin, hat mit großer Präzision ein meisterliches Kunstwerk geschaffen. Es zeigt einen „Vorposten des Lützowschen Freikorps" und ist heute zu einem der wichtigsten Genre-Kunstwerke des herandämmernden Biedermeiers geworden. Denn peinlich exakt zeigt das Opus im Besitz der Nationalgalerie Berlin die schwarze Uniform, die roten Aufschläge und die gelben Knöpfe. Alle drei frühe Helden des Deutschtums, Kämpfer für nationale Überlegenheit; Deutschland at its best, Schwarz-Rot-Gold bis in den Tod …

Und Eleonore Prochaska? Wir haben die Lützow–Kämpferin fast aus den Augen verloren. Sie – die mutige Tschechin – erlitt am 16. September 1813 beim tollkühnen Angriff auf eine französische Stellung in der Schlacht an der Göhrde durch einen Kartätschenschuss eine schwere Oberschenkelverletzung. Schwer verwundet, schleppte man sie aus der Schusslinie, entdeckte ihr Geheimnis und zelebrierte von diesem Zeitpunkt an voller Stolz den Mythos deutscher Walküren, obwohl sich eine Tochter der slawischen Libussa nach Walhall verirrt hatte.

Nach 19 Tagen qualvoller Schmerzen starb die tapfere Eleonore Prochaska in Danneberg. Eine mächtige klassizistische Gedenksäule steht auf dem Potsdamer Alten Friedhof; und mehrere Gedenktafeln finden sich über Berlin-Brandenburg verstreut.

Eine Nichtdeutsche in ihrer schwarz-rot-goldenen Montur war also im Kampf für Deutschland zur heiligen Heldin geworden – zur deutschen Jeanne d'Arc.

***

Mittlerweile gab es freilich nicht nur die Streiter mit der Waffe gegen Napoleon, sondern auch die Schreibtischtäter, besser gesagt: Hörsaaltäter. So gut wie alle Universitäten wurden vom „deutschen Geist" durchdrungen und patriotische Vereine aller Art gegründet. Die optisch anziehende Farbkomposition Schwarz-Rot-Gelb – noch nicht Gold – fand sich dabei nach 1813 in verschiedenen Variationen auch auf Kokarden, Anstecktüchern oder Bändern. Wobei die Professoren, vielfach noch in der ausklingenden Aufklärung verfangen, wenig Begeisterung für die Farben-Show gezeigt haben dürften. Sie unternahmen aber wenig gegen die neuen Hasslieder und -gesänge, die in Umlauf kamen; auch heute noch werden sie in vielen Korporationen als „patriotische" Lieder gesungen:

> *Ein großes deutsches Volk sind wir*
> *Sind mächtig und gerecht.*
> *Ihr Franken, das bezweifelt ihr?*
> *Ihr Franken kennt uns schlecht!*

Der Literat und Philosoph Friedrich Schlegel, Dozent an der Universität von Jena, schriftstellerte pathetisch und populär:

> *Es sei mein Herz und Blut geweiht*
> *Dich Vaterland zu retten*
> *Wohlan es gilt, du seist befreit,*
> *wir sprengen deine Ketten*
> *nicht fürder soll die arge Tat*
> *Des Fremdlings Übermut, Verrat*
> *In meinem Schoß sich betten.*

Nun war „Deutschland" noch lange kein einheitliches staatliches Gebilde; völkerrechtlich war es aufgeteilt in dutzende Einzelstaaten. Die Sehnsucht nach der „Einheit" ließ vergessen, dass es auch um die Loyalität zum jeweiligen Landessouverän ging.

> *Was ist des Deutschen Vaterland?*
> *Ist's Preußenland, ist's Schwabenland,*
> *Ist's Bayernland, ist's Steyrerland?*
> *Das ganze Deutschland soll es sein!*
> *Soweit die deutsche Zunge klingt*
> *Und Gott im Himmel Lieder singt,*
> *das soll es sein, das wackrer Deutscher, nenne dein!*

Überhaupt fällt auf, dass man sich der Parteilichkeit des Lieben Gottes sicher war, ja dass Gott auf Seiten der Deutschen ordnend eingreift, ja mitkämpft:

> Gott selbst hat gerichtet
> Und seinen Feind zernichtet
> Mit Mann und Ross und Wagen,
> hat sie der Herr geschlagen!

Es war aber schließlich der populärste Freiheitskriegs-Dichter der universitären Szene, der als Giftspritzer in die Literaturgeschichte eingegangen ist – Ernst Moritz Arndt. Der Norddeutsche aus Rügen besuchte als Student die Universität Greifswald, wo er mit den Kritikern der französischen Aufklärung bekannt wurde und die Überlegenheit des Deutschtums aus dessen biologischer Kraft erklärte; zur Lebensweise der Deutschen gehöre eben die „eiserne Natur" und der unbeugsame Wille.

Arndts „Deutscher Volkskatechismus" erhob seine kruden Thesen zu quasireligiösen Botschaften, seine „Lieder für Deutsche" waren darauf abgestimmt, der deutschen Kultur im Verhältnis zu allen anderen Kulturen eine Überlegenheit zu attestieren:
Die Deutschen sind nicht durch fremde Völker verbastardet, sie sind keine Mischlinge geworden, sie sind mehr als viele andere Völker in ihrer angeborenen Reinheit verblieben ... Jedes Volk wird nur dadurch das Beste und Edelste, dass es immer das Kräftigste und Schönste ... einander zeugen lässt.

Die Worte von Arndt sind von unglaublicher Überheblichkeit und erinnern an die Hetzreden Kaiser Wilhelms II. hundert Jahre später. Ebenso aber auch an die „Rassekundehefte" des frühen 20. Jahrhunderts sowie die „Ahnenerbe"-Literatur Heinrich Himmlers, der übrigens Mitglied der Münchener Burschenschaft „Apollo" war, die heute „Franco-Bavaria" heißt:
Ernst Moritz Arndt: *Wenn ich sage, ich hasse den französischen Leichtsinn und mir missfällt die französische Geschwätzigkeit und Flatterhaftigkeit, so spreche ich einen Mangel aus, der mir mit meinem*

ganzen Volke gemein ist. Ebenso kann ich sagen: Ich hasse den englischen Übermut, die englische Sprödigkeit, die englische Abgeschlossenheit ... darum lasst uns die Franzosen nur recht frisch hassen, ... wo wir fühlen, dass sie unsere Tugend und Stärke verweichlichen und entnerven.

Während sich Zeitgenossen und Nachahmer Arndts mit dem Hass auf andere europäische Nationalitäten begnügten, so ging Arndt noch weiter und wurde sehr früh zum Antisemiten. Dabei griff er vor allem die Zustände an den Universitäten an:

Juden oder getaufte und eingesalbte Judengenossen haben sich der Literatur wohl zur guten Hälfte bemächtigt, sie verbreiten ihr freches und wüstes Gelärm, wodurch sie jede heilige und menschliche Staatsordnung als

Denkmal für Eleonore Prochaska auf dem Potsdamer „Alten Friedhof"

Lüge und Albernheit in die Luft blasen möchten. Und weiter: *Die unreine Flut kommt von Osten her ... und die russische Tyrannei jagt sie uns wimmelnd alljährlich aus Polen auf den Hals ...*

Arndt war, wenn schon nicht Antisemit, so doch ein akademischer Fremdenhasser und xenophober Hörsaalprediger. Was er dann dichtete, wurde im Rahmen der Freiheitskriege schließlich zum populärsten politischen Lied eines aggressiven Deutschtums, das sich anschickt, die Weltherrschaft anzutreten:

Der Gott, der Eisen wachsen ließ
Der wollte keine Knechte.
Drum gab er Säbel, Schwert und Spieß
dem Mann in seine Rechte;
drum gab er ihm den kühnen Mut
Den Zorn der freien Rede –
Dass er bestände bis aufs Blut
Bis in den Tod die Fehde ...

Damit der deutsche Fremdenhass auch blühe und gedeihe, hier die fünfte Strophe, verfasst im Jahre 1812, heute komplett angeboten im Internet unter *www.burschenschaft.de* zusammen mit viel schwarz-rot-goldenem Dekor:

Lasst klingen, was nur klingen kann
Die Trommeln und die Flöten
Wir wollen heute Mann für Mann
Mit Blut das Eisen röten –
Mit Henkersblut, Franzosenblut
O süßer Tag der Rache
Das klinget allen Deutschen gut
Das ist die große Sache!

Die ersten Mensuren (um 1840): Aus allen Deutschen Kämpfer machen

Zwischen „Ausländerei" und „Verwelschung"

Studenten an deutschen Universitäten I Das bedeutet Trinkgelage, Prügeleien, Duelle mit tödlichem Ausgang und die Diskriminierung von Juden I In Wien entpuppt sich der Rheinländer Metternich als glänzender Reaktionär I Sind Österreicher wirklich Deutsche?

Am 9. September 1815 wird in Schwerin an der Warthe im Herzogtum Mecklenburg dem Organisten und Stadtmusikdirektor Johann Piefke und seiner Frau Dorothe ein Sohn geboren, den man auf den Namen Johann-Gottfried tauft.

Der kleine Piefke weiß natürlich nicht, wo er angekommen ist und was sein Name einmal für das deutsch-österreichische Liebesverhältnis bedeuten wird. Aber er erfährt von Vater Piefke alsbald, dass er vom lieben Gott besonders begünstigt worden ist: Welcher stramme deutsche Junge hat schon das Glück, einige Tage nach dem glänzenden Sieg von Waterloo auf die Welt zu kommen – und das in einem Herzogtum, das zwar nicht so groß und fortschrittlich war wie andere rundum, aber dafür das Glück der Nähe Preußens genießen durfte: Mecklenburg?

Man spricht stets voller Hochachtung bei den Piefkes von den Tugenden der Häuser Brandenburg und Hohenzollern, vom „Großen Fritz" und vom preußischen Wesen, an dem man könnt genesen ... und schließlich vom Sieg über Napoleon, dessen Armeen einzig und allein vom Königreich Preußen besiegt worden waren. Preußen war also stets gut gefahren mit dem Grundsatz: *Der Starke ist am Mächtigsten allein*, den der Dichter-Vizefürst von Weimar – Friedrich Schiller – gereimt hatte. Nur ewig Gestrige wollten neuerlich auch für Mecklenburg eine Rückkehr zu jener Kleinstaaterei, wie sie vor der Auflösung des Heiligen Reiches Deutscher Nation bestanden hatte. Damals, 1806, hatten die Habsburger unter Napoleons Druck abgedankt. Dieses Geschlecht aus dem fernen Süden Deutschlands – so erfuhr jetzt der kleine Piefke vom großen – wäre so ziemlich am Ende. Das Reich – genau: *Das Heilige Römische Reich Deutscher Nation* – hätte zuletzt nicht mehr die Kraft gehabt, alle Deutschen anzuführen. Aber statt die Vorherrschaft an Preußen abzugeben, hätten die Habsburger das Schiff im gefährlichen Wasser treiben lassen und nur an ihre eigenen Interessen gedacht.

Dagegen richtete sich Ernst Moritz Arndt in seinen Pamphleten, etwa mit jenem „über den Volkshass und den Gebrauch einer fremden Sprache". Und so wurde Deutschnationalismus zum neuen Luthertum: *Einmütigkeit Eures Herzens sei Eure Kirche, Haß ... Eure Religion, Freiheit und Vaterland die Heiligen, bei denen Ihr anbetet!*

Das war auch für eine radikale Universität starker Tobak. Wobei sich auf der Hohen Schule von Greifswald neuerdings viel bewegte und sich die aktivsten Studenten mit ausgiebigem Räsonnement zu Wort meldeten. In den Aufzeichnungen der Stadt und der Universität sind sie als akademische Vereinigung namens „Pomerania" festgehalten; was nichts anderes bedeutete als Zugehörigkeit zur *Landsmannschaft* der Studenten aus Pommern. Sie redeten in einer Mischung aus Plattdeutsch und schlechtem Vulgärlatein, tranken billiges Bier und hätten wahrscheinlich selbst ihr Politisieren als „Quasseln" diskriminiert.

Ein Hauptthema in Greifwald: das Studentenspiel der *Pomeranier* über das ferne „habsburgische Monstrum". Und das war wohl auch offensichtlich eine grobe Unzulässigkeit. Aber gab es „die Österreicher" überhaupt? Stand nicht hinter der schwächlichen habsburgischen Kaiserfamilie ein aberwitziger Hofstaat aus Pfaffen, Papisten und Jesuiten, der die evangelischen und preußischen Tugenden negierte? Deutsches Wien? Es waren Ungarn und Serben, Polen und

Ernst Moritz Arndt: „Hass sei eure Religion!"

Kroaten, Dalmatiner und Italiener, Spanier und Portugiesen, die die Wiener Hofburg beherrschten und bevölkerten; hinzu kamen Niederländer, Franzosen sowie Slawen – vor allem solche aus dem Königreich Böhmen, das allerdings immer schon zum alten Deutschen Reich gehört hatte. Und neuerdings, so munkelte man in Greifswald, sollten auch die Juden in Wien diverse Rechte erhalten. Und vergaß zu erwähnen, dass man den Juden in Preußen schon seit langem erheblich weiter entgegengekommen war. König Friedrich

Wilhelm III. hatte immerhin schon am 11. März 1812 ein *Edikt über die bürgerlichen Verhältnisse der Juden im preußischen Staat* erlassen, das 70.000 Juden betraf.

Es war der 1778 geborene Pfarrersohn Friedrich Ludwig Jahn, Theologiestudent in Halle, der mit seinen Pamphleten über „Patriotismus in Preußen" gegen „Ausländerei" und „Verwelschung" ankämpfte. Sein Ziel: Mit Hilfe einer umfassenden Körperertüchtigung aus allen Deutschen Kämpfer zu machen, *denn uns fehlt des Krieges Eisenbad und der Waffen Stahlkur.*

Welchen Geistes Kind Jahn war, geht etwa aus Sätzen wie dem folgenden hervor: *Polen, Franzosen, Pfaffen, Junker und Juden sind Deutschlands Unglück*; die deutsche Sprache wird von ihm zum Inbegriff des „Edelsten" und „Einmaligsten" gemacht und jenen Eltern „Hochverrat" unterstellt, *die schon bei der Wiege die Säuglinge mit fremden Tönen umschwirren lassen.* „Schwerverbrechen" begeht, wer seine Töchter französisch unterrichtet, denn das ist so, wie wenn man sie „Hurerei lernen lässt".

Nun musste sich auch die Universitätsleitung entschließen, dem nationalen Radikalismus ein Ende zu bereiten. Und tatsächlich schritten die Behörden gegen die Radaubrüder ein. Aber nicht deren deutschnationale Hysterie diente dafür als Begründung, sondern die Polizeiordnung: *Die Landsmannschaft der Studenten aus Pommern* habe Exzesse inszeniert, es gebe Trinkgelage, Prügeleien mit Handwerkern – und die Teilnahme am üblen Duellwesen.

Tatsächlich hatten sich die Studenten in den meisten Teilen Deutschlands schon im Laufe des 18. Jahrhunderts das Recht zum Waffentragen erobert. Der baumelnde Degen oder Säbel kam einer Art Nobilitierung des Mannes gleich; zugleich entsprach die Bewaffnung der Verbürgerlichung des Adels und der Zivilisierung des Offizierskorps. Die Lunte brannte; männliche Imponiersucht, Raufhanselei und Wichtigmacherei fanden ein Ventil; der „Kampf" um die Bewahrung der eigenen „Ehre" – und in vielen Fällen auch um die Ehre einer Frau – erreichte um die Wende vom 18. zum 19. Jahrhundert ein neues Ausmaß. Die Frauen konnten sich zwar spätestens im Zuge der Französischen Revolution Rechte und Freiheiten erobern, aber die Abgrenzung zwischen einer *femme infidèle* und einer *femme eu soignée* war nicht einfach zu ziehen und so machte die praktische Anwendung des Ehrbegriffes die Sache zu einem gefährlichen Spiel. Wenn die Schätzungen stimmen, dann war vor dem Ausbruch der Französischen Revolution Frankreich wohl das duellfreudigste Land Europas. Etwa um 1750 kam der extrem leichte, elegante Pariser Stoßdegen auf, der später ein ganzes Genre der historischen Abenteuerliteratur inspirierte. Fochten die „Drei Musketiere" des Alexandre Dumas noch mit schweren Degen, so starb im Briefroman „Gefährliche Liebschaften" des Pierre-Ambroise-François de Laclos der Held bereits durch den leichten Stoßdegen. Mit gleicher Waffe bugsierte der smarte „Scaramouche" seine adeligen Widersacher in den Orkus und „Fanfan der Husar" betrieb ein verwandtes Spiel. Es ging dabei durchwegs um Privathändel, Mann kämpfte gegen Mann um die Geliebte – oder auch für die „Ehre" einer geliebten Frau. Nebenbei ging es um niedere Leidenschaften wie Rache, Missgunst, Habgier. Der Barockkomponist Reinhard Keiser brachte mit der Oper „Störtebeker" Blut auf die Bühne, John Gay in England mischte in der „Bettleroper" Todernstes mit Parodie, in Mozarts „Don Giovanni" ersticht der Frauenheld den Vater der Frau, die er ins Bett zwingen will, mit dem Degen.

Offenbar stieg die Zahl der Duelle im deutschen Sprachraum gegen Ende des 18. Jahrhunderts tatsächlich höchst dramatisch an, dazu muss berücksichtigt werden, dass die Dunkelziffer hoch gewesen sein dürfte. Lässt sich die Duell-Wut in Frankreich nicht zuletzt mit der vorrevolutionären Stimmung erklären, ist sie in Deutschland wohl auf eine Verdichtung der Aggressionen zurückzuführen. Jedenfalls kam Politik mit ins Spiel, es spritzte echtes Blut – und die studentischen Vereinigungen wurden zu Zentren der Verteidigung der Ehrhaftigkeit von Familie, Heimat, Universität, Freundschaft, Treue, Liebe. Oft genügte ein Wort – und die Degen lagen blank; seltener versöhnte man sich auf der Duellwiese vor dem Waffengang und ging friedlich auseinander.

Nun war beim Pariser Stoßdegen die Fechthand des Gegners besonders gefährdet. Infolge des kleinen Stichblattes wurden Hieb oder Stoß sehr oft auf den Handrücken und die Finger des Gegners umgeleitet. Waren die *Aorta radialis* oder die *Aorta ulnaris* verletzt, bedeutete dies lebensgefährliche Wunden, Unter- wie Oberarmverletzungen waren stets sehr schmerzhaft. Eine Extremverletzung bedeutete aber der Durchstich zur Lunge – der sogenannte „Lungenfuchser". Noch im Kampf wurde das Atmen des Duellanten schwächer und schwächer, der Tod trat durch Ersticken ein. Ähnlich schwere Verletzungen waren Stiche in den Unterleib.

War der Kampf nicht öffentlich, dann versuchten alle Beteiligten, die Sache zu vertuschen; nachdem es aber zu immer mehr „Rencontres" kam, war es unvermeidlich, dass die Aufmerksamkeit von Obrigkeit und Öffentlichkeit stieg. Das „Rencontre" war überdies ein „wildes" Duell, bei dem die Austragung eines Kampfes ohne vorherige Abrede erfolgte – kurz ein Kampf, der „auf der Stelle" stattfand.

**

Gegner des Zweikampfes, die es jedenfalls immer gab, hatten noch vor Beginn der Revolutionskriege durchgesetzt, dass im Römisch-Deutschen Reich die Mitnahme von Waffen für Zivilpersonen ausschließlich auf Reisen zulässig sein sollte. Ein formelles Waffenverbot erfolgte erst später, als die Französische Revolution in ihre blutigste Phase eingetreten war. Nach dem Sturm auf die Bastille, der Verurteilung von König Ludwig XVI. und seiner Frau Marie Antoinette zitterte der junge Kaiser Franz II. – Marie Antoinettes Neffe – nämlich weniger vor dem Feind als vor dem eigenen heimischen „Pöbel". Und mit dem Kaiser ängstigte sich so gut wie überall der Adel in den deutschen Staaten und den österreichischen Erblanden. Das Trauma von der „Volksbewaffnung" machte unter den Hochwohlgeborenen die Runde: Bewaffnete Plebs, Bauern mit ihrem Hieb- und Stichwerkzeug, invalide und desertierte Soldaten mit ihren Mordmaschinen, so fürchtete man, würden die Straße erobern und offene Rechnungen bei ihren Grundherren, bei Offizieren und adeligen Vergewaltigern begleichen. Aber die eigentlichen Drahtzieher einer deutschen Revolution waren nach Ansicht der Wiener Hofburg nicht unter den offen Protestierenden zu finden, sondern unter Intellektuellen, Freimaurern, „Jakobinern" und politisierenden Studenten – allesamt gebildete und patriotische Männer. So schritt man, vielfach mit Brutalität, gegen vermeintliche revolutionäre Ideen ein, an

Oben: „Vorposten des Lützowschen Freikorps"
(Gemälde von Georg Friedrich Kersting).
Rechts: schwarz-rote Fahne der Urburschenschaft
(mit goldener Stickerei).

Das Hambacher Fest (1832): Ein „Manifest der Deutschen"

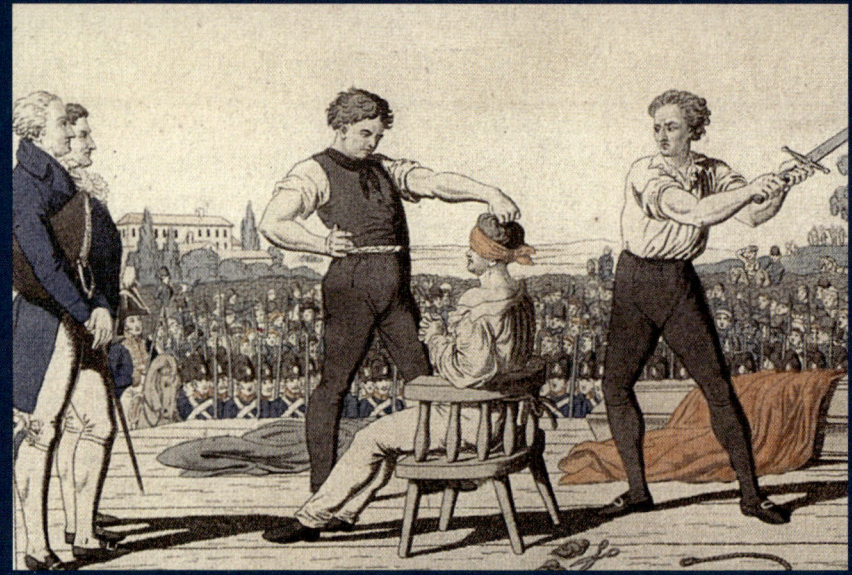

Oben: Hinrichtung des Burschenschafters Carl-Ludwig Sand (nach dem Attentat auf den Wiener Burgtheaterdirektor August Kotzebue, 1817) in Mannheim.
Unten: Spottbild über die Flucht des österreichischen Staatskanzlers Metternich nach England.

Universitäten und höheren Schulen fanden richtiggehende Razzien statt.

Mittlerweile wurde aber in geradezu rhythmischen Schwingungen der Krieg der Französischen Revolution gegen die Monarchien Europas vorgetragen. Napoleon Bonaparte siegte in Oberitalien (1796 und 1797), in Bayern (1800), bei Austerlitz in Böhmen (1805), in Jena und Auerstädt (1806), bei Wagram în Niederösterreich (1809), schließlich kamen der Feldzug nach Russland (1812) und der Krieg gegen die Alliierten 1813.

Nun, nachdem die Franzosen auf dem Rückzug waren, stellte sich die Frage: Hatten die Österreicher nach dem Ende des Blutvergießens ein Recht, den weiteren deutschen Weg zu bestimmen? Peinlicherweise gab es da auch noch eine „Sache der Ehre", die Gegenstand von allerlei Spott, Böswilligkeit und Zotenlyrik war. Hatte doch Kaiser Franz 1809 seine Tochter Marie Louise dem korsischen „Scheusal" Napoleon als Braut zugeführt, der das blutjunge Mädchen auch heiratete und schwängerte. Als der *Empereur* nach Waterloo die Macht verlor, floh die gute Marie Louise samt Napoleons Sohn mit ihrem Liebhaber aus Frankreich. Im Herzogtum Parma genoss sie die volle Protektion des „Papas" in Wien und die Ehrerbietung der Bevölkerung.

Solche Extravaganzen konnten die einfachen Leute in Mecklenburg natürlich nicht verstehen. Was sie nämlich am entschiedensten von ihren Landesherren und der Politik forderten, waren Anstand und Biedersinn. Der Monarch sollte der von Gottes Gnaden auserwählte gute Geist sein, dem man als Christ die Dankbarkeit durch Treue beweisen solle.

An den Universitäten kam es zuerst heraus: Es fehlte den nationalbewussten Studenten an einer gemeinsamen Geschichtsschreibung, einer gemeinsamen Symbolik, gemeinsamen deutschen Liedern, verbindenden Farben. Dabei hatte das Deutsch-Sein etwas mit Gefühl zu tun, mit einem starken „Wir"-Verlangen. Was aber noch wichtiger war: Man benötigte einen großen Regenten, einen Monarchen. Der Habsburger konnte es nicht sein. Hingegen vielleicht ein Nachfahre des „Großen Fritz"?

Bereits zu Beginn des 19. Jahrhunderts war im Grunde allen politischen Köpfen an den Universitäten bewusst, dass man die legendäre Germania vom Kopf auf die Füße stellen müsse. Das große Deutschland brauchte eine einzige Macht an der Spitze; zwei Machtzentren unter dem gestirnten Himmel – das war um eines zu viel. Jetzt, 1815, saßen sie, Deutschlands Fürsten, wieder in Wien zusammen. Aber es waren durchwegs schlechte Nachrichten, die ihren Weg bis in jedes entlegene Pommer'sche Kaff fanden: In Wien würden sich die Hohen Herren bei gutem Essen und Trinken amüsieren und die geschniegelten Jung-Diplomaten in ihren golddurchwirkten Uniformen mehr tanzen als tagen. Und tatsächlich ging es den Delegierten der teilnehmenden Länder primär darum, zurückzuerhalten, was ihnen von Napoleon geraubt worden war, Land für Land. Die neuen Ländergrenzen sollten, von ein paar Ausnahmen abgesehen, den alten entsprechen. Einzige Neuigkeit gewissermaßen: Deutschland solle einen neuen Namen erhalten – und zum „Deutschen Bund" mit 41 Mitgliedern mutieren.

Die Enttäuschung war groß. Kippte dort die öffentliche Meinung? Im Norden war man der aufdringlichen Kriegsgewinnler-Mentalität der Habsburger jedenfalls müde. Und auch wenn es objektiv nicht stimmte, so fühlten sich immer mehr Norddeutsche um den Lohn für das viele Blutvergießen geprellt. Je frivoler schließlich der Wiener Kongress auch die Betten strapazierte, desto deutlicher zerfloss der Traum vom einigen Deutschland.

Preußens König, seine Berater und Diplomaten erwiesen sich dem Wiener Labyrinth aus Kabalen und Intrigen nicht wirklich gewachsen. Und Preußen entsprach seinem schlechten Ruf, zwar eine Militärmacht zu sein – aber nicht viel mehr. So ruinierte allein das Mittun in Wien immer mehr Preußens guten Ruf.

Sogar der populäre General und Waterloo-Sieger Gebhard Leberecht Blücher zog gehörig vom Leder über das, was er beobachtete: *Der Kongress gleicht einem Jahrmarkt in einer kleinen Stadt, wo jeder das Vieh hintreibt, es zu verkaufen oder zu vertauschen.*

Die Kritik zielte vor allem auf den Taktgeber der österreichischen Außenpolitik, den österreichischen Staatskanzler Clemens Wenzel Lothar Graf Metternich, den „Kutscher Europas". Das Paradoxon: Metternich war gar kein gebürtiger Österreicher und er war auch

Clemens Graf (später Fürst) Metternich: Ein Schönling als „Kutscher Europas"

kein großer Feudalherr. Geboren wurde er vielmehr in Koblenz, da seine Familie Besitzungen in der Moselregion besaß. Kurz vor Ausbruch der Französischen Revolution hatte er an der Universität in Straßburg Staatswissenschaft studiert – was für den deutschen Adel durchaus nicht typisch war. Wobei sein wichtigster Lehrer der Historiker Nikolaus Vogt war, der damals schon über ein „Christliches

Europa" referierte und den Deutsch-Nationalismus ablehnte. Aber dann brach für die ganze Familie Metternich die Katastrophe herein. Zwei französische Armeen besiegten die Österreicher und die rheinländischen Besitzungen der Familie Metternich gingen allesamt verloren. Man übersiedelte nach Böhmen und landete schließlich in Wien.

Clemens der Glückliche: Die beste Partie der Donaumonarchie – nämlich die Enkelin des Staatskanzlers Anton Kaunitz-Rietberg – verliebte sich in den lockigen Schönling, ignorierte seine Affären und protegierte ihn am kaiserlichen Hof.

Vom Flüchtling vor Napoleon stieg er auf zum „Kutscher Europas" – auch zum elegantesten Mann der Epoche.

Jetzt schrieb man das Jahr 1815. Metternich hatte eine für Österreich optimale Seelenmassage bewirkt. Die „Verwelschung" bei den Dutzenden Teilnehmern am Wiener Kongress erregte kaum noch Missfallen; die hohe Diplomatie funktionierte nun einmal mit Tricks, Finten, Ausspähung und Täuschung. So war Metternich angesichts seiner Flexibilität am Wiener Kongress auch von allen Parteien als eine Art Mediator hochgeschätzt. Und er schien mit den Streitern für ein einiges Deutschland ebenso umgehen zu können wie mit den Reichs-Nostalgikern, detto mit den Super-Preußen und den hochpatriotischen deutschen Unheil-Propheten.

Metternichs Maxime war – unausgesprochen –, dass Ordnung herrschen müsse. *Pacta sunt servanda.* Und dass die Uhr zurückgedreht werden müsse in die Zeit vor dem Urübel des 19. Jahrhunderts – der Französischen Revolution.

Wer also würde sich diesem so logischen wie überzeugenden Friedensplan widersetzen wollen? Etwa Deutschlands Studenten, wie manche voraussagten? Zum Lachen. Dennoch nahm sich Metternich vor, die Burschen, ja Bürschchen – oder, wie man in Wien zu sagen pflegte: Burscherl – zu beobachten. Und tatsächlich waren es dann nur ein paar Mann, die am 12. Juni 1815 in Jena eine sogenannte „Burschen-Schaft" begründeten. Viele von ihnen waren Angehörige des Lützowschen Freikorps gewesen. Ergo: gute Patrioten. Aber das sah Metternich nicht so.

Geschmacks- und Gefühlskultur in der Kneipe: Alles ist politisch

Brüder, lasst uns lustig sein

Die Urburschenschaft macht die Stadt Jena zur Studentenhauptstadt Deutschlands I Die nationalistischen Aufreger werden zu bewunderten Idolen der deutschen Jugend I In den Verbindungen entsteht ein Kult der Geheimnisse

In der alten Universitätsstadt Jena steht am Ufer der Saale eine Gastwirtschaft. Sie heißt „Grüne Tanne" und hat die NS-Zeit überlebt und auch die Sowjetbesatzung.

Heutzutage offeriert die „Tanne" schon ab 3.90 Euro allerlei Gerichte, am Sonntag gibt's um 7,99 Euro Salat, Schweinebraten, Rotkohl und thüringische Klöße – lecker, lecker. Aber um 23 Uhr ist Sperrstunde, da müssen die letzten Gäste hinaus und über die einst wundersame Camsdorfer Brücke in die Stadt Jena. Unter ihnen sind heute auch viele Touristen; solche aus Deutschland natürlich, aber auch aus dem deutschsprachigen Ausland. Sogar Japaner kommen, denn Jena hat einen dicken Stern im *Baedeker*: als Heimat der deutschen Intelligenz, als Hauptstadt der deutschen Dichter und Denker – und der Urburschenschaft; deutsche Studenten mit ihren Wichsen und Cerevis, mit Bändern und Deckeln sind ja auch farbenfrohe Objekte für jeden Hobbyfotografen. Oft genug hat das Studentensujet auch als Operetten- und Filmstoff herhalten müssen.

Die „Deutsche Burschenherrlichkeit" ist zweifellos das, was Soziologen eine Subkultur nennen: geprägt durch gemeinsames Empfinden und den Gleichklang an Sitten und Gebräuchen, ein Abbild des deutschen Bürgertums im 19. Jahrhundert. Und die Jenaer Burschen waren nun einmal prägend für alle jene, die auch an weniger prominenten Universitäten die Gemeinschaftsform der Studentenverbindung pflegten. Ob Verbindung, Korporation, Burschenschaft, Corps – die Grundstruktur war die gleiche und lässt sich bis heute auf Jena zurückführen. Was in der „Tanne" in Jena geschah, war allerdings zugleich eine Weichenstellung: hin zu Politisierung und Radikalisierung des Studententums. Mitgespielt haben dabei nicht nur junge Studiosi, sondern auch die intellektuelle Elite Deutschlands.

So hat das studentische Liedgut durchwegs einen politischen Hintergrund, bedeutet soziale Chiffrierung und geheime Botschaft. Und zweifellos ist es daher auch ein unschätzbarer Verdienst der Korporationen, eine Geschmacks- und Gefühlskultur über die Zeiten gerettet und bis ins dritte Jahrtausend lebendig erhalten zu haben.

Nun wissen wir nicht, ob 1815 das Studentenlied der Lieder beim Ein- oder Auszug in der „Grünen Tanne" gesungen wurde; immerhin ist die Wahrscheinlichkeit hoch: Gemeint ist das „Gaudeamus igitur", die „Internationale" der akademischen Welt, jene Hymne, die bei jedem Verbindungskommers gesungen wird. Was da als „Erstes Allgemeines" bis heute in schlechtem Latein dargeboten wird, ist eine Art melancholischer Einsicht in das Menschen- und Studentenleben. Und doch ist selbst diesem „Gaudeamus", das heute an amerikanischen Eliteuniversitäten ebenso intoniert wird wie an russischen Akademien, in Deutschland eine abstruse nationalistische Inbesitznahme vorausgegangen: Schon 1718 lieferte der Leipziger Student Christian Günther eine Übersetzung des „Gaudeamus" ab, das ursprünglich ein Vagantenlied gewesen sein dürfte. Und da lautete die erste Strophe:

> *Brüder lasst uns lustig sein, weil der Frühling währet,*
> *und der Jugend Sonnenschein unser Laub verkläret.*
> *Grab und Bahre warten nicht, wer die Rosen jetzo bricht,*
> *dem ist der Kranz bescheret ...*

1781 bearbeitete der Theologe und ehemalige Publizist Christian Wilhelm Kindleben den Text des „Gaudeamus" folgendermaßen:

> *Lasst uns, weil wir jung noch sind, uns des Lebens freuen*
> *Denn wir kommen doch geschwind*
> *Wie ein Pfeil durch Luft und Wind zu der Toten Reihen.*

Eine Generation später nahm sich ein gestandener Philosophieprofessor des harmlosen Liedes an, aber nicht irgendeiner, sondern Traugott Krug, der Nachfolger des großen Immanuel Kant am berühmten Lehrstuhl zu Königsberg in Ostpreußen. Inspiriert zur Übersetzung habe ihn, so erzählte Krug später, die Winter-Katastrophe des napoleonischen Russlandfeldzugs von 1812. Und so lautete Krugs „Gaudeamus" mit seinen ersten zwei Strophen folgendermaßen:

Juble Deutschlands junge Brut, lasst die Fremden toben
Sieh die ruhmbedeckten Franzen, wie sie nach dem Rhein zu tanzen
Ohne Waff und Hosen!
Blicke auf, Germania, Österreich soll leben
Blicke auf Ruthenia, blicke auf Borussia
Sachsen auch soll leben!
Drum, so lasst als Helden uns, tapfer kämpfend sterben
Wer fürs Vaterland im Streit,
freudig sich dem Tode weiht – muss den Himmel erben!

***

Erstaunlich, wie sehr die „Tanne" ihr äußeres Fassadengesicht gewahrt hat. Gilt das auch für das treudeutsche Innenleben?

Es war am 12. Juni 1815, als sich eine Runde von Ex-Lützowern in ihren schwarz-roten Uniformröcken in der „Tanne" versammelte; außerdem Anhänger des Turnvaters Jahn, der mit wallendem Bart herumstiefelte. Weiters waren da die „Senioren" von vier Landsmannschaften der Universität, nämlich Studenten aus Thüringen, Franken, Mecklenburg und dem Baltikum. Sie trugen Fahnen in den Farben ihrer Herkunftsländer, deren Namen sie latinisiert hatten: Thuringia, Franconia, Vandalia, Curonia.

Warum aber fand man sich in der „Grünen Tanne" ein? Nun, es hatte sich für die politische und intellektuelle Elite in Jena herausgestellt, dass mit der altertümlichen Landsmannschafts-Struktur kein Staat zu machen und wenig politischer Einfluss zu gewinnen war. Was man benötigte, war der Zusammenschluss von schlagkräftigen Jungstudenten mit einflussreichen Alten Herren. Hauptziel – nebst der Gewinnung der besten Köpfe Deutschlands für eine Professur nach Jena – war die Politisierung und Propagierung des deutschen Nationalbewusstseins und Einheitsgedankens. Kein lockerer lokalpolitischer Heimatverein wollte man sein, sondern ein straffer Lebensbund, einem Ritterorden vergleichbar, dessen Mitglieder sich „Brüder" nennen sollten.

So brandete Applaus in der „Grünen Tanne" auf, als die 143 anwesenden Studenten mit der Wahl ihrer Funktionäre begannen sowie Senioren und Co-Senioren wählten. „Wählen" war nun keineswegs eine Selbstverständlichkeit, es war vielmehr die Ausnahme von der Regel. „Ernennung" war überall die übliche Form der Berufung – und sogar Nepotismus nichts Unbekanntes: Viele öffentliche Positionen wurden von einflussreichen Familien vererbt.

„Wählen" war daher in den Augen der Reaktionäre der Zeit ein Akt des Protestes, eine Herausforderung der Obrigkeit – ja ein Ausdruck des Widerstands gegen Adelsherrschaft und Feudalismus.

Insgesamt traten 859 „Aktive" der Urburschenschaft bei, was rund 60 Prozent der Studierenden in Jena ausmachte. Das Ziel waren nicht Geselligkeit, Jux und Tollerei – es ging immer um politische Aktion: *Das neue Deutschland* sollte in seinen Universitäten zusammengeführt, von den besten Köpfen unter den Professoren instruiert und von den kämpferischsten Studiosi revolutioniert werden. Mit dem

„Grüne Tanne" in Jena: Machtübernahme durch die deutsche Intelligenz

Ziel, irgendwann die politische Machtübernahme durch die deutsche
Intelligenz zu bewirken. In der Verfassungsurkunde der „Grünen
Tanne" hieß es daher auch unmissverständlich:

Erhoben von den Gedanken an ein gemeinsames Vaterland, durchdrun-
gen von der heiligen Plicht, die jedem Deutschen obliegt, auf Belebung
deutscher Art und deutschen Sinnes hinzuwirken, hierdurch deutsche
Kraft und Zucht zu erwecken, mithin die vorige Ehre und Herrlichkeit
unseres Volkes fest zu gründen ... haben sich Studierende in Jena dazu
beredet, eine Verbindung unter dem Namen Burschenschaft zu grün-
den.

Was so vollmundig klingt, war freilich angesichts der repressiven
Haltung der Obrigkeiten nicht öffentlich und offenherzig durchzuführen. Geheimnistuerei war also aufs Erste unerlässlich, wollte man
politisches Gewicht gewinnen. Und so wurde von Anfang an das studentische Verbindungswesen mit einem Schleier des Geheimnisvol-
len, der Verschwiegenheit, der Codes und verborgenen Zeichen
umgeben; daraus wuchsen wiederum Heimlichkeit, Totschweigen

und Verlogenheit. Die Einhaltung des sogenannten *Conventsgeheimnisses* wurde zu einem festen Codex des Verbindungslebens. Wer dagegen verstieß, musste mit Bestrafung rechnen.

Verschwiegenheit wurde zum Ausdruck deutscher „Sittlichkeit". Etwas zur „deutschen Ehre" zu erklären, war Grund genug, Verlogenheit in die Familie hineinzutragen, für harten Erziehungsstress in der Schule zu sorgen, die Sexualität zu tabuisieren und auch den Selbstbetrug beim Studium zu pflegen. Der „deutschen Tugend" zu entsprechen, genügte auch als ausreichende Begründung für Hetze, Hass und Vorurteil.

Und so hat der Lyriker Emanuel Geibel – geboren in Lübeck im Gründungsjahr der Urburschenschaft – später die National-Philosophie des neuen Deutschlands in den Reim zusammengefasst, der um die Welt ging:

Am deutschen Wesen soll die Welt genesen.

***

Ja, das „deutsche Wesen"! Die Universitätsstadt Jena hatte bereits eine wahrhaft „deutsche" Historie hinter sich, als die Urburschenschaft die Bühne der Geschichte betrat. In der Region rundum war der Protestantismus entstanden, hatten die heftigsten Auseinandersetzungen um den wahren Glauben getobt. Nur ein Jahr nach Luthers Tod begründeten jedenfalls die Söhne des Kurfürsten von Sachsen eine „Hohe Schule", die mitten im schönen Tal der Saale – und noch dazu in einem Weinanbaugebiet – liegen sollte.

Der gute Ruf als außergewöhnliches Bildungsinstitut – allerdings nur für Protestanten – konnte jedenfalls bis ins 19. Jahrhundert bewahrt werden. Der (philosophische) Idealismus, die Klassik und die Romantik, der Mythos vom „Volk" und vom „Christlichen Staat" – auch die Thesen über den religiösen Antisemitismus – bildeten den „Lorbeerkranz des Dichtens und Denkens".

Da war der Philosoph Johann Gottlieb Fichte, zuerst Student in der Saale-Stadt, dann Schüler von Immanuel Kant in Königsberg und schließlich Professor in Jena; weiters wirkte hier Friedrich Wilhelm Schelling, ab 1798 nach Jena berufen; ihm folgte Georg Friedrich Hegel als ao. Professor.

Burschenschafterdenkmal in Jena: „Stapelstadt des Wissens"

Nicht weniger bedeutsam wurden später viele Jenaer Studenten, die den Kontakt zu ihrer Alma Mater hielten. Der Dichter Clemens Brentano studierte in Jena Medizin, der Dramatiker Heinrich von Kleist war hier – geplagt von seine Depressionen –, Christian Wolff inskribierte Theologie, Philosophie und Mathematik.

Entscheidend für das Schicksal der Stadt war aber doch wohl der Umstand, dass niemand Geringerer als Johann Wolfgang Goethe von seinem Landesherren, dem Großherzog Carl August, mit der politischen Zuständigkeit für die Universität Jena beauftragt worden war. Und Goethe entwickelte den Ehrgeiz, die größten Geister Deutschlands in Jena zu versammeln. In der „Stapelstadt des Wissens" – dem „Harvard" des 19. Jahrhunderts – konnten sowohl Geistes- wie Naturwissenschaften gleichwertig gefördert werden. Goethe selbst brachte, alles zusammengerechnet, fünf Jahre in der Stadt an der Saale zu. Aber er hatte auch einen grandiosen Mitarbeiter und Vertreter: Friedrich Schiller, der dank Goethes Protektion Professor für Philosophie und Geschichte geworden war und in Jena seine größten Bühnenwerke verfassen konnte.

Nun waren die Strömungen, die von den deutschen Dichtern und Denkern, Philosophen und Naturwissenschaftlern ausgingen, bald bis in die äußerste Ecke des deutschen Sprachraums zu spüren. Besonders bis dorthin, „wo der Balkan beginnt", wie sich der österreichische Außenminister und spätere Staatskanzler Metternich auszudrücken beliebte: nämlich bis Wien.

Die Stadt an der Donau war nie ein Zentrum der Intellektualität gewesen. Die Wiener Alma Mater war nach Prag zwar die älteste Universität des deutschen Sprachraumes, aber Gegenreformation und habsburgische Frömmelei hatten eine frei schwebende Aufklärung gekonnt verhindert. Auch konnte Wien deshalb keine namhaften Literaten anziehen, weil es ausreichend mit der Musikpflege beschäftigt war. Und das wieder hinderte die Wiener, es mit der Politik ernst zu nehmen; alles war vielmehr Handel und Wandel, Kunst und Vergnügen ... und am Verhandlungstisch galt das Prinzip des *do ut des* – eine Hand wäscht die andere.

Nun ging es an die Neuordnung – was sich aufs Erste gut anhörte und vermarkten ließ, vor allem unter den Lesern von Gazetten. Diese wiederum setzten hohe Erwartungen in eine *Erneuerung* – geleitet von den jeweils subjektiven Interessen.

Den meisten Vertretern ihrer Staaten ging es am Wiener Kongress und danach um ihre höchstpersönlichen oder familiären Vorteile: hier um eine Stadt und dort um eine Grafschaft, hier ein Bistum und (neuerdings) dort um eine Kohlegrube. Es ging um Weingärten, Klöster und Stifte ... hätte man alle Wünsche erfüllt, Europa – vor allem aber Deutschland – wäre im Chaos versunken.

Und so vertrat Metternich als guter Psychologe seinen Standpunkt ohne Wenn und Aber. Nationale Schwärmerei, romantische Erinnerungen an das deutsche Mittelalter, Luther-Kult – all das lag Metternich fern, erst recht antifranzösische Emotionen. Wien war ja voll von Exil-Franzosen und nichts liebte man in den Wiener Palais mehr als französische Küche und französischen Wein; sodass sogar die Wiener Biedermeiersprache voll von korrekten oder auch schlampigen Francophilismen ist.

Für die Österreicher galt daher die Devise: zurück ins *Ancien Régime*, keine Rache an Frankreich. Vielmehr Wiederherstellung, Restauration, Beruhigung, Bewahrung, Herstellung von Gleichgewicht, Besonnenheit, Ausgeglichenheit, Besänftigung, Zur-Ruhe-Kommen …

Wobei Metternich im französischen Außenminister Talleyrand nicht nur einen Mann mit ähnlichem Weltbild, sondern auch beachtlicher Intelligenz vorfand. Beide – Talleyrand und Metternich – sahen in einem unausgegorenen nationalistischen Deutschland eine eminente Gefahr und beide sorgten sich um die aufbegehrende deutsche Jugend an den Universitäten. Talleyrand in einem Brief an seinen König: „Wer kann die Folgen berechnen, wenn eine Masse wie die deutsche zu einem Ganzen vermischt, aggressiv würde, wer würde eine solche aufhalten?"

Solches mag sich in der Tiefe seines Herzens auch der preußische König gefragt haben. Alles, nur keine deutsche Revolution! Dennoch musste Friedrich Wilhelm III. seinen drängenden Landsleuten aus Wien etwas mitbringen. So wurden die Westfalen und die Bewohner der Rheinprovinzen zu „Beutepreußen". Keine schlechte Handelsware!

Dafür allerdings verlangte Metternich auch aktive preußische Maßnahmen gegen die unruhigen Intellektuellen in allen preußischen Ländern. Was im Grunde sowieso nach dem Geschmack des Königs war. Hasste er doch jegliche Zurufe, sowohl seitens der eigenen Intelligenzia als auch seitens der 39 Teilstaaten des „Deutschen Bundes", die ihn zu einem „Reservemonarchen" abstempeln wollten.

Mettenich dürfte dem preußischen König klargemacht haben, dass der „Deutsche Bund" nicht von außen gefährdet war, auch nicht durch das Vorsitzland Österreich, sondern von innen … Die eigentlichen Feinde des Königtums – jedes Königtums – wären die Aufsässigen an den Hochschulen. Ja, Metternich nannte – und das gar nicht fein – die deutschen Burschen „Narren oder Verbrecher Deutschlands".

So gewann Metternich Friedrich Wilhelm III. irgendwann für seine Thesen und die beiden machten daraus eine Art Weltanschauung, ja einen politischen Religionsersatz. Kein Störenfried sollte die Erhaltung der bestehenden Ordnung in Frage stellen, kein Demagoge der alles ordnenden und wohltätigen Staatsmacht in den Arm fallen.

Eine weit verbreitete Gouache-Zeichnung stellt, in Wien angefertigt, das Triumvirat des Wiener Kongresses dar: Preußens protestantischer König Friedrich Wilhelm III., neben ihm der allerchristliche Katholik Kaiser Franz I. von Österreich und – durch Handschlag verbunden – der orthodoxe Zar Alexander von Russland. Die Botschaft (siehe Seite 75). Hier treten die drei mächtigsten Monarchen zu einem Bündnis zusammen – christliche Ritter vor der Fahrt ins Heilige Land, auch wenn es nur mit Geheimpolizisten gegen die eigenen aufmüpfigen Intellektuellen geht, gegen Literaten, Publizisten, Professoren – und natürlich gegen die eigenen Studenten. Die unmissverständliche Drohung lautet: *Gott ist bei den Monarchen, die Heilige Allianz gottgewünscht und jeder Widerstand eine Rebellion gegen die Botschaft des Evangeliums.*

***

War der liebe Gott in Wien überwiegend katholisch, so nahm die Zahl der evangelischen Theologiestudenten in Deutschlands Norden und Osten beachtlich zu. Die zukünftigen Pastoren fanden besonders in Jena Aufnahme. Und die Universitätsorte, in denen sich „Verbindungen" bildeten, orientierten sich mehr und mehr am Vorbild der Stadt an der Saale. Wie ein „Homunculus" wurde der Ideal-Student konstruiert, der vor allem vom Geist Martin Luthers inspiriert sein sollte.

Aber noch etwas spielte eine Rolle: Man sollte nicht nur für die Dauer des Studiums „aktiv" sein, sondern ein Leben lang vor Gott ein „Bursche" bleiben. Das machte aus Verbindungen Lebensgemeinschaften, die zum Beitritt ein Gelöbnis, ja einen Schwur verlangten. Der junge Student sollte sich an Symbolen orientieren, die nur in den Kirchen üblich waren. Die Losung „Ehre, Freiheit, Vaterland" gewann den Stellenwert eines Glaubensbekenntnisses. Noch heute werden nach dem Tod eines Bundesbruders Band und Mütze ins Grab nachgeworfen. Und bei der Trauerkneipe singt man das Lied:

> Solang es Gott gefällt, ihr lieben Brüder
> Woll'n wir uns dieses Lebens freu'n –
> Doch fällt der Vorhang einstens uns hernieder
> Vergnügt uns zu den Vätern reihn.

Diese geradezu fröhliche Einstellung zum „Gevatter Tod" und der Schwulst von dramatischen Metaphern über die permanente Kampfbereitschaft hinaus bildeten wohl für die echten Urburschenschaftler ein Gegengewicht zu den Monarchen mit ihrer Gottesgnaden-Theologie. Der *freiwillige* Kampf für das Vaterland stand moralisch unendlich höher als das Berufssoldatentum der Offiziere; und die Bereitschaft zur Verteidigung der eigenen Ehre adelte auch Bürgerliche und stellte sie auf eine höhere gesellschaftliche Stufe. „Allzeit bereit" zu sein, erforderte schließlich ständiges Training – Übung, die nicht zuletzt viel Freizeit abforderte. So nahm auch die Zahl der Duelle nicht ab, dafür jedoch ritualisierte man sie zu Mensuren. Und verlieh dem studentischen Zweikampf eine höhere Lebensweihe.

Es war „Turnvater" Jahn mit seinem Rauschebart, der der Jenaer Burschenschaft ihr in ganz Deutschland beispielhaftes Profil verpasste. Er kreierte den Begriff der „Burschenfreiheit", die den jungen Farbstudenten für das ganze Leben formen sollte. So gab es ursprünglich auch keinen Austritt aus einer Verbindung, sondern nur den Ausschluss durch das Verbindungsgericht, verschärft durch den Zusatz *cum infamia*, mit „Schimpf und Schande". Der wohlgeratene Student – und später Akademiker – hingegen sollte sein gesamtes politisches, religiöses und berufliches Leben nach dem ausrichten, was Jahn vorgab und was mehrere Generationen indoktrinierter nationalistischer deutscher Chauvinisten bis heute zur Richtschnur gemacht haben:

- Ein „rechter Bursch" sollte sich frei und selbständig zum „deutschen Mann" bilden

- *nach Art der Väter keine Unbill erdulden, keine ungerechte Anmaßung erleiden und keine schimpfliche Zumutung ungeahndet ertragen*
- *als ehrlicher und wehrlicher Bursche die Ehre höher schätzen als das Leben*
- *Vaterland und Volk über alles stellen – und deutsch sein in Worten und Werken.*

Damit waren die Grundzüge des Korporationswesens abgesteckt – wobei nur die jeweilige *inhaltliche* Auslegung für die verschiedenen Richtungen des Farbstudententums prägend war und ist. Von 1815 an sind bis heute die sogenannten *Comments* – die Gesamtheit jener Regeln, die Umgangsformen und Rituale zum Inhalt haben – so gut wie austauschbar. Was zur unvermeidlichen Verwechselbarkeit führte. „Schlagende" und „Katholen", „Pennalien" und „Legitimisten", „Kösener" und „StVer" sind bis heute äußerlich kaum zu unterscheiden – weshalb sie auch immer wieder in der Öffentlichkeit falsch zugeordnet werden. Tragen doch alle zwei- oder dreifärbige Bänder um die Brust und bunte „Deckel" auf dem Kopf, tragen die „Chargierten" doch bis heute „Wichsen" und singen sie die gleichen Lieder, höchstens politisch leicht unterschiedlich motiviert. Vor allem aber trinken sie Bier nach bestimmten Ritualen, die nur Insider beherrschen.

Ansonsten „reiben" sie sogar den gleichen „Salamander", was kein Fall für den Tierschutz ist. Und dass sie nicht auseinandergehalten werden können, darf nicht verwundern. Denn wer die Form mit dem Inhalt verwechselt, ist selbst schuld an der Verwirrung der Geister.

„Wo man Bücher verbrennt, verbrennt man auch Menschen": Das Wartburgfest (1817)

Verräter ins Feuer, ins Feuer!

Das Fest für Luther auf der Wartburg endet im barbarischen Akt einer Bücherverbrennung I Patriotismus oder Nationalismus? I Ein Mord, seine Folgen und die Jagd auf die „Demagogen"

Im Wort „Ent-täuschung" steckt das Wort „Täuschung". Diese ist ein soziales Phänomen, auch wenn der *homo sapiens* sehr oft das Opfer der Selbst-Täuschung ist und bei ordentlichem Nachdenken allerhand Frustrationen vermeiden könnte. Zerstörte Hoffnungen können aber auch kollektiv auftreten und fatale Wirkungen auf eine Gesellschaft haben.

Die Freiheitskriege waren 1817 ein für allemal vorbei, die bürgerliche Enttäuschung über die reaktionäre Politik der Fürsten und Grafen griff um sich. Und in der Burschenschaft wurde der ersten und zweiten Generation bewusst, was Abschiednehmen von der Verbindung, von den Bundesbrüdern bedeutete. Für viele war die Verbindung ja auch Eltern-Ersatz gewesen. Eine ganze Serie von melancholischen Texten und Melodien wurde zum beständigen Liedgut der Studentenschaft zwischen „Aktiven" und „Alten Herren" – den sogenannten „Philistern". Da die Lebenserwartung damals halb so hoch wie heute war, kam auch kaum ein Studentenlied ohne Seitenblick auf „Freund Hein", auf „Jedermann" oder „Gevatter Tod" aus. Neben Tod und Trauer geht es aber auch immer wieder um Symbolik, versteckt Ideologisches. Heinrich Christian Schnoor dichtete einfühlsam:

> Ist einer unsrer Brüder dann geschieden,
> vom blassen Tod gefordert ab,
> so weinen wir und wünschen Ruh und Frieden
> in unsres Bruders stilles Grab ...

Bemooster Bursche zieh ich aus, behüt dich Gott, Philisterhaus ..., dichtete auch Gustav Schwab, der seit 1814 Student in Tübingen gewesen war – und später wortgewaltiger Herausgeber der *Deutschen Volksbücher* und der *Sagen des klassischen Altertums* wurde. (Letzteres Opus reinigte er vom Sexismus der alten Olympier, zugleich nannte er den Judaismus „ekel- und lasterhaft, voll von Lüge und Prahlerei"). Dafür hatte sich 1817 der Farbenkult längst durchgesetzt und Schwarz-Rot-Gold erhielt eine über die wilden Jäger des Major Lützow hinausgehende Bedeutung. Wer für die Überwindung der Kleinstaaterei in deutschen Landen war, wer sich für Gleichheit vor dem Gesetz, Rede- und Pressefreiheit engagierte, zeigte dies im „Farb-Tragen". Wilhelm Hauff, Mitglied der Tübinger „Germania" und größter romantischer Märchen-Erzähler in deutschen Landen, phantasierte die Zukunft voraus:

> Die schwarze Nacht muss sinken
> Ein Morgenrot erblinken,
> schon bricht sein gold'ner Strahl hervor mit Kraft,
> Das ist dein Zeichen, teutsche Burschenschaft!

Nun ist ganz allgemein die deutsche Welt endgültig im Biedermeier angekommen. Und die Verbindungsstudenten sind ein Teil dieses Kosmos zwischen Nordsee und Alpen, Mosel und Neisse. Die Opferbereitschaft der Befreiungskriege nimmt ab, die Familie rückt in den Mittelpunkt der biedermeierlichen Lebensform. Vereine haben Zulauf, Pfarreien, Bildungsgesellschaften – nicht zuletzt, weil sie ein Ventil für das bürgerliche Räsonnement abgeben. Umso fragwürdiger sind die Sticheleien der Burschen gegen die „Obrigkeit".

Von Jena ausgehend, fällt die Idee auf fruchtbaren Boden, die deutsche Burschenschaft möge den nahenden 300. Jahrestag der Reformation als „Deutsches Fest" begehen. Als Ort wählte man die Wartburg in Thüringen, in der Luther einst bewacht und geschützt gleichermaßen seine Bibelübersetzung ins Deutsche vornahm. Ein symbolträchtiger Ort also, der zwar nicht mehr im besten Bauzustand war, sich aber für eine außergewöhnliche Kundgebung gut eignete. Ein „Festkomitee" legte fest, dass Universitäten, nicht Einzelpersonen eingeladen werden sollten – und man auf die katholischen Hohen Schulen von Anfang an „vergessen" würde. Ordnungsliebend und autoritätsgläubig, wie man eben war, bat man hingegen den Großherzog von Weimar höchst formell um Erlaubnis für das herzhaftdeutsche Unternehmen; die ordnungsgemäß erteilt wird; sogar einschließlich einer Holz-Spende durch den durchlauchtigsten Förderer Goethes für ein Lagerfeuer; es sei ja schon Ende Oktober und die Burschenschafter sollten nicht mit einem Schnupfen heimwärts ziehen …

***

Am 17. Oktober 1817 sammeln sich Hunderte von Studenten in Eisenach und formierten sich unter Glockengeläut auf dem Marktplatz zum Marsch auf die 411 Meter hoch gelegene Burg. Die zeitgenössischen Darstellungen zeigen etwa 500 Studenten, die äußerst diszipliniert eine Menschenschlange bilden. Es ist wie ein protestantisches Fronleichnam – nur ohne „Himmel". Die jungen Männer tragen Hosen, Gehröcke und Jacken, in der Hand führen die meisten einen Spazierstock, den sogenannten „Bummler". Im Vordergrund sind einige Frauen (sogar mit Kindern) zu sehen, die sich offenbar verabschieden. So dürfte das Fest auf der Burg ein Männer-Monopol gewesen sein. Eine andere Darstellung zeigt Studenten mit Schärpen, die eine schwarz-rot-goldene Fahne tragen.

Diszipliniert geht es dann auch während der Reden und bei einem Mittagessen im „Minnesängersaal" zu (in dem Richard Wagner in seiner halbauthentischen Oper „Tannhäuser" später die Minnesänger singen lässt). Die Burschen hingegen machen sich 1817 auf die Beine und steigen singend wieder ins Tal. Die meisten nehmen an einem evangelischen Festgottesdienst teil. Als es dann dunkelt, entzündet man auf den kleineren Hügeln rundum 18 Feuer. Und da passiert es: Der in Jena evangelische Theologie studierende Franz Ferdinand Maßmann hält eine giftige Hetzrede gegen die Feinde Deutschlands, gegen die Behörden und gegen die Verräter aus dem eigenen Volk.

Das nun Folgende ist von langer Hand vorbereitet: Denn man hat die Bücher missliebiger Schriftsteller in Körben auf den sogenannten Wartenberg geschleppt und einen Holzstoß entzündet. Eine Art Herold ruft jeweils einen Namen auf und fügt hinzu: „Verräter!" Die Umstehenden johlen, applaudieren und rufen: „Ins Feuer, ins Feuer!" Ein Student erklärt, dass dies im Namen der Gerechtigkeit, des Vaterlandes und des Gemeingeistes erfolge, zum Schrecken der „Schlechtgesinnten"; daraufhin nehmen Kollegen die jeweiligen Bücher aus den Körben, schwenken sie hin und her und werfen sie ins prasselnde Feuer. Letztes Buch: der „Code Napoleon". Abschluss der fatalen Zeremonie: Es treten weitere Couleurstudenten vor, um Objekte des Hasses den Flammen zu übergeben – Symbole der Unterdrückung: ein preußischer Gardisten-Schnürleib, ein hessischer Zopf und ein österreichischer Korporalsstock.

Als Metternich am nächsten Tag die Berichte darüber entgegennimmt, fällt ihm nichts anderes ein als die Beschwörung des „Geistes des Jakobinismus" und die Erklärung der Bücherverbrennung zu einem „barbarischen Akt". Angedroht werden im fernen Wien für die Zukunft schwere Strafen; die Metternich aber nicht durchsetzen kann, weil – was jedermann weiß – die Organe des Deutschen Bundes dazu nicht bereit sind.

So zeichnet sich schon zu diesem Zeitpunkt der Sieg eines vom Pathos der Burschenschaften inspirierten Deutsch-Nationalismus preußisch-protestantischer Prägung ab; Österreich versucht danach

Die „Heilige Allianz": Der orthodoxe Zar Russlands, der katholische Kaiser von Österreich, der protestantische König von Preußen

noch eine gute Weile, das „bessere Deutschland" zu sein – aber die Vielvölkermonarchie wird trotz Metternich immer brüchiger. Ein paar Generationen später verbrennen die zu Nazis mutierten Ideologen nach dem Muster der Ur-Ur-Großväter die Bücher missliebiger Dichter des 20. Jahrhunderts, ihres Jahrhunderts; vor allem jene jüdischer Deutscher.

Es war eine historische Katastrophe, die da 1817 in der Mitte Europas passierte; und Heinrich Heine sah prophetisch in die Zukunft, als er über das Wartburgfest urteilte: „Dort, wo man Bücher verbrennt, verbrennt man am Ende auch Menschen." Und in anderem Zusammenhang: „Auf der Wartburg herrschte jener Teutomanismus, der viel von Liebe und Glaube greinte ... und nichts Besseres zu erfinden wusste, als Bücher zu verbrennen."

Vor allem war es ein Versäumnis des deutschen Protestantismus, dass er sich nicht gegen die Barbarei von Schrift-Vernichtung wandte, sondern sich vielmehr auf Martin Luther berief, der drei Jahrhunderte zuvor allerlei Katholisches verbrennen hatte lassen.

Trotzdem landete Heine später beim Corps Hildesco-Guestphalia. Eine Liebe-Hass-Beziehung?

Tatsächlich fallen seit damals schwarze Schatten auf die vielen farbstudentischen Gruppierungen – bis heute. Noch immer ist der Ungeist nicht gebannt, sondern lebt auch im wiedervereinigten Deutschland munter weiter: gewalttätig, fremdenfeindlich, xenophobisch, ja antisemitisch. Alles das ist nicht abgestorben, sondern prägt das Burschenschafter-Bild bis heute; und zwar im Wissen, dass sowohl Karl Marx (Corps Palatia Bonn) wie auch Joseph Goebbels (Unitas Sigfridia Bonn) Farbstudenten waren.

Die nationalen Burschenschaften in Österreich wiederum haben es geschafft, die Habsburgermonarchie zu zerstören, das fragile Gebilde eines vorweggenommenen Europas. Sie haben ein europäisches Großreich zertrümmert und mit ihrem nationalen Getöse das Ende der „Idee Österreich" herbeigeführt.

Metternich mag das erahnt haben – aber er hat dennoch auf die Wartburg-Dummheiten falsch reagiert. Statt sich mit den Ursachen für den heraufdämmernden Chauvinismus zu beschäftigen, kämpfte er verbissen gegen jegliches Selbstbestimmungsrecht der Bürger; den Status von Untertanen hielt er für angemessen. Das allgemeine Wohl sollte durch die Harmonie von Regierenden und Regierten bewirkt werden.

Nur logisch, dass der Widerstand wuchs, und zwar zunehmend auch anderswo in Europa. Der Klüngel am Wiener Hof bestärkte Metternich in seiner Fehleinschätzung – allen voran Kaiser Franz I. Nur ein Einziger aus der Familie Habsburg widersetzte sich. Es war der Bruder von Franz, ein Querdenker namens Johann, 1782 in Florenz geboren und frühzeitig in aussichtslose militärische Abenteuer gestoßen. Aber Johann scheiterte kläglich: Metternich fiel dem Erzherzog beim Konspirieren in den Arm – und ließ Johanns Mitarbeiter perlustrieren. Johann selbst wurde von allen offiziellen Ämtern ferngehalten. Im Gebirgsland Steiermark unter einfachen Leuten lebend, verliebte er sich außerdem in eine Bürgerliche und heiratete sie trotz bizarrer Widerstände, die vom Wiener Hof ausgingen.

Genau das und sein Eintreten für ein geeintes Deutschland machte Johann auch unter Studenten mehr und mehr bekannt. Später wird der Erzherzog durch das Tragen eines schwarz-rot-goldenen Bandes populär, er wird der vehemente Streiter für Rechtlichkeit und Pressefreiheit sein und gegen den Polizei-Spitzelstaat auftreten.

Noch ist es aber nicht so weit; in seinem steirischen „Janker" popularisiert er die Einfachheit und bekennt sich als Patriot zu den „Wurzeln" des Volkes: *Ich fand in den Bergen Kraft, Treue, Einfalt, ein noch unverdorbenes Geschlecht.*

Max von Schenkendorf aus Ostpreußen dichtet zur gleichen Zeit ein Lied, das bis heute am überzeugendsten die politische Gefühlslage der Studenten von damals zum Ausdruck bringt und sehr wohl auch in unseren Tagen noch starke Emotionen auslöst:

> *Freiheit, die ich meine,*
> *die mein Herz erfüllt,*
> *komm mit deinem Scheine, süßes Engelsbild!*
> *Magst du nie dich zeigen*
> *der bedrängten Welt,*
> *führest deinen Reigen*
> *nur am Sternenzelt?*

In einer Zeit der Entwicklung von „Patriotismus" überall in Europa wurde es also für die (Un)heilige Allianz schwerer und schwerer, Selbstbestimmungsrechte in Europa zu unterdrücken und ehrenwerte nationale Empfindungen zu verfolgen:

- Die Polen etwa hatten keinen Staat, ihr ehemaliges Staatsgebiet war dreigeteilt.

- Die Italiener wurden, wie viele meinten, von fremden Dynastien gegängelt, von den Habsburgern wie den Bourbonen.
- Die Ungarn lösten sich mehr und mehr von der Bevormundung durch Wien.
- Mehr Autonomie strebten auch die Tschechen an – ermuntert durch einen „Weltgeist" wie Johann Gottfried Herder, der als evangelischer Theologe und Philosoph den Westslawen moralische Aufrüstung verordnet hatte.
- Und da waren auch die christlich-orthodoxen Griechen, deren Geheimbund *Filiki Eteria* den Befreiungskampf gegen die islamische Türkei führte – unter den Griechen viele junge Leute, die sich als Erben der antiken Hellenen sahen.

Nun, Geheimbünde im klassischen Sinne waren die Verbindungen in deutschen Landen nicht, vielmehr Kommers-Tischtäter, die ihre „Umsturz"-Philosophien als deutsches Liedgut ausgaben und ihren Frust mit kollektivem Biertrinken besänftigten. Es galt, den Obrigkeiten „Farben zu zeigen", wobei sich der französische Ausdruck „Couleur" für *akademische Courage* einbürgerte. Viele (heute nach wie vor existierende) Korporationen wurden damals gegründet, erweitert, umbenannt, neue Farben zugelegt. Vielfach orientierte man sich auch an mittelalterlichen Wappenschildern, Landesfarben und Stadt-Emblemen. Was bemerkenswert ist: An mehr und mehr Universitäten im katholischen Süden entstanden lose Vereinigungen, die sich in der beständigen Opposition gegen die protestantische Militanz sahen.

Ansonsten waren die Regeln höchst vage: Wer sich besonders zu Preußen hingezogen fühlte, trat bei „Borussia" ein; die Farben orientierten sich am Schwarz-Weiß-Rot der alten Brandenburger. „Silesia" orientierte sich an Schlesien, dessen altes Wappen der Reichsadler war; weiß-blau ist Bayerns Fahne. Die „Bavarias" und „Bajuvarias" repräsentieren den Süden, die „Frankonias" das Universitätsland der Franken. Die „Alemannias" beziehen sich auf den Lebensraum der historischen Stämme in Südwestdeutschland. Am Corps „Brunswigia" erinnert der Name an Braunschweig, „Guestphalia" an Westfalen. Und „Rhenania" nennt man sich am Rhein, Danubia an der Donau …

Nun ist die Farbenlehre insofern verwirrend, als es an einer einheitlichen Systematik hapert. Zuerst Landsmannschaften, dann Corps, Verbindungen, Burschenschaften, Turnerverbände, später Sängerschaften – das alles spielte in der Phase der Konsolidierung in den Vormärz-Jahren eine Rolle. Metternich und seine Scharfmacher hatten es dadurch einigermaßen schwer, jegliche studentische Vereinsbildung zu unterbinden, wenn diese in anderen Teilen des Deutschen Bundes eingeschränkt oder gänzlich freizügig möglich war.

Erzherzog Johann: Kraft in den Bergen

Erst nach und nach zeigten Couleur-Abzeichen dann an, wer wo korporiert war. Haupterkennungszeichen war das (normalerweise) dreifarbige Band, von der rechten Schulter zur linken Hüfte getragen; weiters die studentische Mütze – zumeist als „Deckel" bezeichnet –, die am Stirnrand gleichfalls die drei Verbindungsfarben aufweist. Die Deckelfarbe war (und ist) jedenfalls das stärkste Signal zur Erkennung, hat aber keinen Bezug auf das weltanschauliche Programm der jeweiligen Korporation. Ist jemand in Couleur, dann ist klar, dass er zumindest Obermittelschüler sein muss; ob dieser aber ein „Schlagender" oder ein CVer ist – oder ein Pennäler im MKV, kann ein Unkundiger nicht erkennen, es sei denn, er studiert die hundertfältige Farbenlehre zwischen der Bildungslandschaft Hamburg und jener Südtirols.

In dieser wahrhaft bunten Szene bewegten sich viele Figuren, die keineswegs ihr Studium und ihre Fortbildung, das Lernen und Forschen auf akademischem Niveau betreiben wollten, sondern Freude an Radau, Spaß, Jokus und Schabernack fanden; auch darüber gab (und gibt) es viele Belege in der Dicht- und Sangeskunst. Und hätte es damals schon die Wissenschaft der Soziologie gegeben, wäre die Analyse einer Gesellschaft in einer bewegten Zeit wohl erheblich präziser möglich gewesen. Dann müsste man auch nicht nur an Hand von biografischen Daten auf politische Vorgänge zurückschließen. Voilà – zwei typische Kinder der Zeit seien hier herausgehoben und vorgestellt. Sie repräsentieren zwei Generationen des Werdens und Wachsens im Zeichen des Studentenwesens.

Fall 1: Da ist das Kind der Spätaufklärung; der 1761 in Weimar geborene Sohn eines höheren Staatsbeamten, niederer Adel; als Kind und Gymnasiast ist er trotz der unruhigen Zeiten wohlbehütet. Sein Name: August Kotzebue. Auch er inskribiert an Deutschlands bedeutendster Universität; diese ist – wir wissen es bereits – für jeden den Puls der Zeit suchenden Studenten Jena. Bald zeigt sich Kotzebues Interesse an der Literatur, aber nicht an der erdenschweren, dramatischen, sondern an Lustspielen aller Art. „Die Weiber nach der Mode" werden zur Erfolgsrakete, es folgt „Menschenhass und Reue". Als er nach Wien geht und Burgtheaterdirektor wird, ist er bereits der meistgespielte und reichste deutschsprachige Autor. Sowohl der österreichische Kaiser als auch der russische Zar überhäufen ihn mit Geschenken und protegieren ihn; sind doch seine Ansichten stockkonservativ, antidemokratisch und über literarische Zeitschriften weit verbreitet. Er erhält die Leitung des St. Petersburger Hoftheaters, tritt in den russischen Staatsdienst ein – und empfindet das alles keineswegs als Landesverrat an Deutschland. Ganz Wien lacht überdies beim Stück „Die deutschen Kleinstädter", was wiederum die (angeblich) humorlosen Menschen des Nordens ärgert. So landen 1817 Kotzebues Bücher in den Flammen auf dem Wartburgfest. Er ist für die Burschen ein Verräter – erst recht, als später bekannt wird, er habe für den russischen Zaren auch Geheimberichte verfasst – und zwar über die deutsche Universitätsszene.

Fall 2: Einer jener jungen Burschenschafter, die am 18. Oktober 1817 rund um den Scheiterhaufen am Wartenberg stehen und Kotzebues Bücher mit ins Feuer werfen, heißt Karl Ludwig Sand. Hineingeboren in eine Familie mit sieben älteren Kindern, wächst er als frommer

Protestant zwischen Kirche und Schule in Bayreuth auf (wo später Richard Wagner sein Festspielhaus errichten wird). Sand soll, so wird später berichtet, ein wenig langsam von Begriff und ein wenig plump gewesen sein; dennoch schaffte er die Inskription für evangelische Theologie an den renommierten Universitäten Tübingen und Erlangen. *Summa summarum* dürfte er sich jedenfalls weniger um das Studium als um die Politik gekümmert haben.

Er ist auch tief verstrickt in die Gründungsquerelen der Burschenschafterei. Zuerst beim Corps Teutonia-Tübingen, (1814 begründet); dann im Juni 1816 als Mitglied der Landsmannschaft Franconia zu Erlangen. Was er will, ist, der Öffentlichkeit die Sinnhaftigkeit der modernen Burschenschafterbewegung nahezubringen; was er erreicht, ist nach Streitereien sein Ausscheiden bei der Franconia.

Dafür wirkt Sand an diversen Projekten mit – so an einem „Gesetzescodex des akademischen Staates". Dort kann nachgelesen werden, dass „die Juden Feinde aller Volkstümlichkeit sind … und nicht Mitglieder einer Burschenschaft sein können". Sand wird Mitglied einer Teutonia. Er beendet schließlich sein Studium, predigt in der Neustädter Kirche – und zieht ins Burschenschaftsparadies Jena. Im Februar 1819 tritt er wieder aus. Er ist bindungslos, als er sich in seinen Tagebüchern mit Kotzebue beschäftigt, den er als „Verräter" bezeichnet. Dann taucht er erst nach ein paar Tagen in Mannheim auf, wo Kotzebue in A 2, 5 eine Wohnung besitzt.

Niemand weiß, was sich beim Zusammentreffen der beiden am 23. März 1819 ereignet hat. Aber plötzlich zog Sand einen Dolch und stieß diesen in Kotzebues Brust. Der Ruf „Hier, du Verräter des Vaterlandes!" ist belegt, auch der Versuch Sands, sich selbst einen Dolch ins Herz zu stoßen. Was misslingt.

Der vierjährige Sohn Kotzebues wird Zeuge der Ermordung seines Vaters und eines weiteren Selbstmordversuches von Sand.

***

Mord und Selbstmord erregten die Öffentlichkeit Europas auf das Äußerste. Was Sand beabsichtigt hatte, schien aufzugehen – nämlich die dramatische Zuspitzung des politischen Konfliktes zwischen liberalen Konservativen – für die Kotzebue symbolhaft stand – und

Deutschnationalen, deren Speerspitze die Burschenschafter bildeten. Der zweifellos verwirrte Sand erreichte auch sein „theologisches" Ziel: dass nämlich dann ein Verbrechen gerechtfertigt ist, wenn dadurch das Ziel der Bewegung erreicht wird (weshalb auch für die spätere NS-Bewegung Carl Ludwig Sand zum „Helden" avancierte). Nun war Sands Lunge durch den Selbstmordversuch zerfetzt. Und langsam dahinsiechend, wurde er mehr und mehr zum Märtyrer und zu einer zutiefst tragischen Figur. Während seiner Untersuchungshaft und seines langen Prozesses schwieg er konsequent über etwaige Mittäter und bekannte sich zu seiner Tat; auf ein Begnadigungsgesuch nach dem Todesurteil verzichtete er. So starb Sand am 20. Mai 1820 in Mannheim auf dem Schafott nach einer besonders antiquierten Methode: Der Henker schlug ihm mit dem Bihänder den Kopf ab. (Hinrichtungen mit dem Schwert erfolgten noch bis 1854.)

Die Menschenmenge bei der Hinrichtung Sands war jedenfalls erschüttert, ein Run junger Mädchen setzte ein, die ihre Taschentüchlein in das Blut des Getöteten eintauchten oder sich eine Locke vom Kopf schnitten. Bald wurde auch sein Grab auf dem Mannheimer Hauptfriedhof zu einer Wallfahrtstätte – wie das seines Opfers.

**

Metternich hatte jetzt endlich seinen „Vorwand". Er sah sich darin bestätigt, dass alles Übel von den deutschen Intellektuellen ausgehen würde und die „Herren Demagogen" – sprich: Professoren – die eigentlich unheilvollen Gegner wären. Sie würden „Tollheiten" begehen und wären in Wahrheit die „seichtesten aller Politiker". Hatte nicht zuletzt ein Rechtswissenschaftler an der Universität Jena – ein Karl Follen – allen Ernstes die Studenten auch dazu aufgerufen, in Haufen nach Mannheim zu ziehen, die Stadt anzuzünden und den inhaftierten Sand gewaltsam zu befreien? Die Burschenschafter mit ihrem Farbfimmel waren für Metternich verführte junge Menschen, eine Mischung aus rechtsrheinischen Jakobinern und deutschnationalistischen Republikanern, die sich in jugendlicher Aufwallung dem Staatsziel „Ruhe und Ordnung" nicht unterwerfen wollten.

Seiner Freundin Dorothea Lieven schrieb Metternich: „Vielleicht erwartet mich so ein Student irgendwo, um mich à la Kotzebue zu

Die Wartburg in Eisenach: Erinnerung an Martin Luther

ermorden. Seit diese Spitzbuben in Deutschland im Namen von Tugend und Vaterland Morde begehen, werde vielleicht auch ich umgebracht werden ... dann wirst Du mich hoffentlich beweinen – und mit Dir viele anständige Leute, die noch nicht wahnsinnig geworden sind."

Prompt erwiesen sich die Befürchtungen als real: denn ein weiteres Attentat erschütterte die Öffentlichkeit. Der junge Apotheker Karl Löning aus Wiesbaden stürzte sich auf den Herzoglich-Nassauischen Regierungspräsidenten Carl von Ibell, der sich aber schützen konnte. Löning wurde festgenommen und es stellte sich heraus, dass er einer Geheimvereinigung mit dem Namen „Deutsche Gesellschaft" angehörte. Obwohl er offenbar ein einzeln agierender Psychopath war, konstruierte die Bundes-Central-Behörde in Frankfurt ein Komplott, eine Verschwörung, die von einem „vom Wahnwitz gesteigerten politischen Fanatismus" getrieben wurde. In der Haft trat Löning in den Hungerstreik und schluckte später Glassplitter. Er starb unter schrecklichen Schmerzen.

Für Metternich und seine Staatsrechtler stellte sich aber dennoch als zentrales Thema die Frage, wie man bei den Hohen Schulen ansetzen könne, wo doch die Teilstaaten über ihre diversen hoheitlichen Rechte eifersüchtig wachten; in einer Denkschrift Österreichs an den Deutschen Bundestag gab Metternich jedenfalls den Kurs vor: „Die studierende Jugend bildet keinen besonderen Stand; die Universität ist eine unter Aufsicht des Staates stehende Lehr- und Erziehungsanstalt – weshalb eine gemeinsame Kontrolle aller Universitäten notwendig sei. „Schädliche" Professoren müssten überall entfernt und die Unterdrückung der Burschenschaft als „geheime Verbindung" erreicht werden.

Um darüber zu beraten, sollten alle Mitgliedsstaaten des „Deutschen Bundes" zu einer Ministerialkonferenz zusammentreten. Und weil der Sommer heiß zu werden versprach, schlug Metternich die waldreiche Kurstadt Karlsbad in Böhmen als Tagungsort vor. Konferieren und kuren zugleich – welche Kombination für die Neugestaltung Deutschlands!

Nun, jedenfalls hatte man in Karlsbad die österreichische Polizei zur Hand – und das war wohl das wichtigste.

Das Ergebnis der Ministerkonferenz, die vom 6. bis zum 31. August 1819 dauerte, entsprach voll und ganz Metternichs Wünschen. Am 20. September nahm der Bundestag in Frankfurt die „Karlsbader Beschlüsse" an – und unter diesem Begriff gingen sie in die Geschichte ein:

- Das Universitätsgesetz sieht die Überwachung der Hohen Schulen durch „landesherrliche Bevollmächtigte" vor. Akademische Lehrer sollen entlassen werden, wenn sie „durch Missbrauch ihres Einflusses auf die Gemüter der Jugend ... ihre Unfähigkeit zur Verwaltung des ihnen anvertrauten wichtigen Amtes unverkennbar an den Tag gelegt haben".

- Geheime oder nicht genehmigte Studentenverbindungen, insbesondere aber die Burschenschaft, werden verboten und müssen sich auflösen.
- Durch das Pressegesetz wird die Vorzensur eingeführt.
- Eine polizeiliche „Zentral-Untersuchungskommission" soll in Mainz errichtet werden, um „Demagogen" zu verfolgen. Die Gerichte der Bundesstaaten sollen diesen Tatbestand thematisieren.

Die „Demagogenverfolgung" führte schließlich dazu, dass auf dem Territorium des Deutschen Bundes gegen 10.000 Personen ermittelt wurde. 117 wurden angeklagt, 73 rechtskräftig verurteilt. Immerhin gab es auch in Wien an die 50 Personen, die der „Demagogie" verdächtigt wurden. Mehrere davon gehörten einem „Burschenschaftlichen Comcerceverein" an, der aufgelöst wurde.

Am schwersten traf es aber die Studentenverbindungen in den mittel- und norddeutschen Universitätsstädten, vor allem die Uni in Jena. Aber auch die Turnerbewegung wurde kollektiv aufgehoben, Turnvater Jahn gemaßregelt. Bedeutende „Demagogen" waren nach Ansicht der reaktionären Polizeibehörden nicht nur der (tatsächlich) extrem demagogische Populist und (wohl auch) Rassist Ernst Moritz Arndt, sondern auch August Heinrich Hoffmann von Fallersleben, Christian Sartorius, Georg Büchner, E.T.A. Hoffmann – später auch Karl Marx, der Katholik Joseph Görres und der Philosoph Friedrich Schleiermacher.

Bemerkenswert ist, dass es vor allem die preußische Regierung war, die rigoros gegen ihre studentischen Landeskinder vorging; und sogar Karl August, Großherzog von Sachsen-Weimar-Eisenach – Goethes großer Schutzherr – spielte bei der Demagogenhatz mit. Der Dichterfürst selbst blieb allerdings unbehelligt.

Die Studentenverbindungen aller Varianten machten angesichts des politischen wie öffentlichen Druckes dicht. Korporationen schlossen die Buden, Unterlagen über die Mitglieder wurden vernichtet, Couleurartikel versteckt. Die gastronomische Szene wurde arg dezimiert, humanitäre und soziale Vereinigungen aus dem Vorfeld der Verbindungen stellten ihre Arbeit ein.

Der aus Kiel stammende Daniel August von Binzer, von Beginn an Journalist und Mitglied der Burschenschaft von Jena, dichtete und komponierte 1819 eines der ergreifendsten Lieder zum traurigen Ende der Burschenschaftsbewegung. Die alten Lützow-Farben waren zu Couleurbändern der deutschen Studenten geworden – und sollten schließlich 1848 zu Feldzeichen des demokratischen Deutschlands werden. Der Text ist weder chauvinistisch noch gefühlsduselig, er ist schlicht ergreifend und berührend:

Wir hatten gebauet ein stattliches Haus
Und drin auf Gott vertrauet, trotz Wetter, Sturm und Graus.
Das Band ist zerschnitten, war Schwarz-Rot und Gold
Und Gott hat es gelitten, wer weiß, was er gewollt!
Das Haus mag zerfallen, was hat's denn für Not
Der Geist lebt in uns allen – und unsre Burg ist Gott!

Studentensturm auf die Frankfurter Polizei-Hauptwache (1833): „Feuer und Wasser"

„Deutschheit verdient ein großes Reich"

Was heißt Liberalismus und Nationalismus? | Hochverrat im reaktionären Biedermeier-Staat – und ein Sturm in Frankfurt

Es gibt Gegensätze so – und so. Während Resignation und Melancholie die Burschenschafter aller Richtungen betroffen machten, flüchteten die Radikalen über die Grenzen bis nach Übersee, die große Mehrheit blieb allerdings zu Hause, viele wegen ihrer Frauen und Kinder.

Der Schriftsteller Ludwig Pfau – Student der Philosophie in Heidelberg – verfasste ein überaus populäres Spottgedicht auf seine Zeitgenossen, dessen erste Strophe lautete:

> *Schau, dort spaziert Herr Biedermeier –*
> *Mit seiner Frau, den Sohn im Arm.*

Sein Tritt ist sachte wie auf Eier
Sein Wahlspruch: Weder kalt noch warm.

Pfau ging nach Frankreich und wurde Anarchist, nachdem er Pierre-Joseph Proudhon kennengelernt hatte. War der Herr Biedermeier Pfaus Erfindung – oder gab es jemanden, der wirklich so hieß? Immerhin finden sich Porträt-„Abbildungen" eines „Gottlieb Biedermaier" in den „Fliegenden Blättern". Er blickt zufrieden ins Land, ist pausbäckig, eingemummt in Schals, ein Langweiler, kleingeistig, unpolitisch, eben ein echter „Antiburschius", wie es im „Gaudeamus" heißt – das Feindbild schlechthin in den Augen der aufmüpfigen Couleurs.

Erst viele Jahre später wurde aus der „deutsch-menschlichen" Kunstfigur ein Begriff der Kulturgeschichte. Der Erfinder war Joseph Victor von Scheffel, ein fanatischer Couleurstudent bei der Heidelberger „Allemannia" sowie den Burschenschaften Teutonia und Frankonia II. Zwei weitere geistige Väter haben Herrn Biedermeier sodann extrem lächerlich gemacht: zum einen der Jurist und Schriftsteller Ludwig Eichrodt, Jura-Student in Heidelberg und Freiburg, zum anderen der Medizinstudent Adolf Kussmaul, gleichfalls in Heidelberg korporiert – beide im Corps Suevia.

Die „Schwaben" sind heute die älteste Korporation in der Universitätsstadt am Neckar und führen ihre Gründung auf das Jahr 1810 zurück, nachdem man die Traditionen einer Landsmannschaft übernommen hatte; was auch die Farben ausdrücken sollten – Schwarz-Gelb-Weiß erinnert an die Beziehung zu Voderösterreich.

Die Verlebendigung des „Herrn Biedermeier" ist also offensichtlich in Heidelberg und auf der Bude des Sueven erfolgt, er war keine Fiktion und der Spott der Studenten mit ihrem akademischen Dünkel muss wohl systematisch erfolgt sein, als Provokation und bewusste Beleidigungs-Strategie.

Dabei ist zu fragen: Verstand die breite Masse von beleidigten Bürgern, Bauern, Handwerkern auch den höheren „politischen" Sinn von Kritik und Räsonnement der halbstarken Aufreger und Unruhestifter an den Hochschulen? War gar der gewollte Rückzug so vieler Menschen ins Private eine Reaktion auf die ungewünschte Unruhestiftung?

Feindbild der Couleurstudenten: Herr Biedermeier, der „Antiburschius"
(Carl Spitzweg, 1841)

Weil die Herren und Damen Biedermeier kaum viel Sympathie für
ihren nationalen akademischen Nachwuchs empfanden, hatten sie
noch weniger Verständnis für die Intellektuellen und Professoren,
die den Jungen Flausen ins Gehirn zu setzen versuchten. So war auch
das Verständnis der einfachen und biederen deutschen Biedermeier-
Gesellschaft für den rabiaten Deutschnationalismus in der ersten
Hälfte des 19. Jahrhunderts nicht allzu groß; noch war man Bayer
oder Preuße, Tiroler oder Rheinländer in einem zerrissenen über-
nationalen Kaiserreich ...
Je skurriler jedoch die „Demagogenjagd" wurde, desto mehr Zulauf
hatten die Verbindungen – und umso heftiger schwappte eine neue

Welle der Politisierung über ganz Deutschland. Man sang bösartige Lieder gegen die „Welschen", verspottete die Lebensart der Slawen, Juden, Russen ... und denunzierte die Restauration der Bourbonen jenseits des Rheins.

Fragt sich nur, wie die Studentenverbindungen auf Dauer ein Leben im Untergrund führen konnten, verboten und gehetzt?

Die Sache war höchst diffizil. Die Polizeidienste wiederum unternahmen daher Hausdurchsuchungen, Visitationen der Kneipen und Buden, man nahm Verhöre vor und bewirkte Strafexamina durch die Universitätsbehörden; schärfere Strafen waren Inkarzerung, Demission und Relegation von der Hohen Schule.

Und als wichtigstes Schutzprinzip galt für die Verbindungen der Grundsatz: nur Verlässliche im Geheimen aufnehmen; ähnlich wie bei den Freimaurern auf der Grundlage von „Empfehlungen". Auch bedeutete eine Aufnahme als „Fux" noch nicht eine Vollmitgliedschaft.

- Im Zuge der Auflösung von Korporatitonen durch die Behörden wurden rasch neue mit veränderten Zielen begründet. Die einen verwandelten sich in Gesangsvereine, andere überlebten als Wissenschaftsverbindungen und viele Studenten traten auch den Corps bei, die als „adelig" galten.

- Weiters vermied man die Verwendung echter Familien- und Vornamen im Briefverkehr und nahm einen sogenannten „Couleurnamen" an. Unter diesem schrieb man einander mit seinem „Vulgo"-Pseudonym Briefe. Die Couleurnamen waren der germanischen oder antiken Mythologie entnommen oder an studentischen Gewohnheiten und Ausdrücken orientiert; viele davon waren sogar erfundene Begriffe .

- Um einander zu erkennen, kam damals schon die Beifügung des „Zirkels" zur Unterschrift auf – für Außenstehende ein Gekritzel, für Wissende ein ausgeklügeltes Buchstabensystem, das jeweils an den Wahlspruch geknüpft war und auch noch ein Rufzeichen enthält.

- Die jeweils gewählten „Chargen" – Vorsteher für ein Semester – zeigten und zeigen auch heute ihre Funktion durch ein oder mehrere x-Zeichen an.

Nun gibt es zusätzlich Rituale, die Außenstehenden nicht verständlich sein mögen, aber aus der Verbotszeit stammen. Eines davon ist der „Salamander", ein bei Kommersen und Kneipen im Chor gesprochener Text. Ein weiteres Ritual nennt sich „Landesvater".

Das Erstaunliche der polizeistaatlichen Vormärz-Periode war nun, dass die Rechnung der Reaktionäre nicht nur nicht aufging, sondern die Verfolgung der Couleurstudenten das Gegenteil bewirkte. Die Burschenschaften waren besser denn je organisiert, hatten vielfach Protektoren in regionalen Behörden und waren der Wichtigmacherei und Bevormundung Wiens überdrüssig. Kleinere Mitglieder des Deutschen Bundes wie das Kurfürstentum Hessen oder das Königreich Württemberg, das Herzogtum Sachsen-Coburg und Gotha oder das Großherzogtum Mecklenburg-Schwerin ließen den Dingen ihren Lauf; ja man empfand die Farbstudenten zunehmend als bunte Behübschung der tristen wirtschaftlichen Lage.

Auch das Schwarz-Rot-Gold hatte sich als Leitfarbe durchgesetzt. Die alte Jenaer Burschenschafterfahne hatte man vorsorglich in die Schweiz gebracht, wo sie viele Jahre blieb. Aber ansonsten verband man jeden festliche Anlass im akademischen Leben mit einem Fahnenkult, mit schwarz-rot-goldenen Bändern, Kokarden, Mützen.

Und schließlich gelang es den Korporationen sogar, gewisse Misstöne, die untereinander bestanden, abzustellen. Es ging um eine gemeinsame Strategie gegenüber der politischen Obrigkeit und um Zusammenarbeit auf Universitätsboden. Das führte angesichts des jugendlichen Spaßes an Verbotenem zu grotesken Zahnrad-Situationen – man lief Gefahr, zwischen die Autoritäten aller Grade zu geraten.

Das farbstudentische Katz-und-Maus-Spiel funktionierte jedenfalls so ausgezeichnet, dass man sich 1827 zu einem zwar offiziell *geheimen*, in Wahrheit aber *öffentlichen* Burschentag vor den Augen der Polizei entschloss, der im fränkischen Bamberg stattfand. Eine Herausforderung!

Zwei Richtungen zeichneten sich ab:
- Die sogenannten „Arminen" strebten die Fortsetzung der bisherigen Burschenschafterlinie an – nämlich kompromisslos die deut-

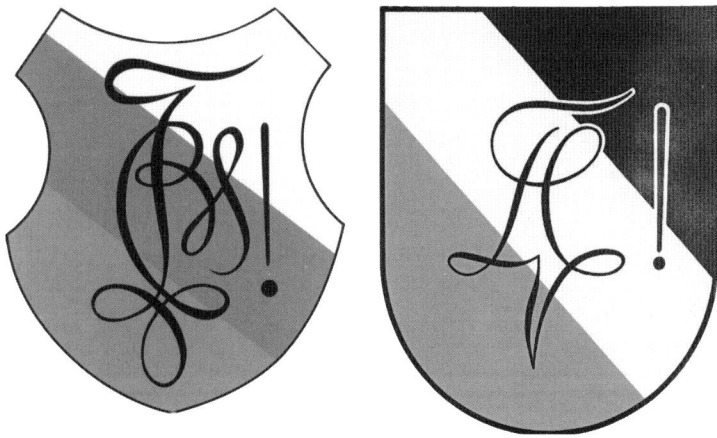

Zirkel als Geheimzeichen ...

sche Einheit ohne Wenn und Aber anzustreben, aber den Freund-
schaftsbund des Verbindungslebens weiterhin zu beleben.

● Den „Germanen" hingegen ging es um die mystische Verschwörung der „Elite" der Nation zwecks Befreiung der Deutschen von
den Banden der eigenen Adelsherrschaft – viele waren radikal
republikanisch.

Nun bewirkte Bamberg nicht viel mehr als den Austausch von unter-
schiedlichen Auffassungen – gesprengt wurde die Versammlung aber
auch nicht. Kurzfristig gab es ein „Judenverbot", das aber bald wieder
aufgehoben wurde. So vereinbarte man für 1832 die Durchführung
eines dreitägigen *Volksfestes* in Hambach, in Wirklichkeit aber war
von „Volk" kaum die Rede – es ging um ein Burschenfest unter Bei-
sein von Sympathisanten.

Jetzt, in Hambach, sollte der Höhepunkt darin bestehen, ein wort-
starkes „Manifest der Deutschen" zu verabschieden. Schon ganz wie
bei einem modernen Kongress wurden viele Statements abgegeben
und Papiere verteilt. Und erstmals kamen auch darin Worte vor, die
sich später im Vokabular der deutschen Politik wiederfanden; so z. B.
„Volkshoheit" oder „Volkssouveränität", vor allem aber „Demokratie"
und „Europa".

Die Burschen wurden jedenfalls in die Lage versetzt, die Weichen

... für die deutsche Einheit

neu zu stellen. Ein „Deutscher Preß- und Vaterlandsverein" sollte eine
Art literarisches Relais bilden.

Eigenartig war überdies – angesichts der späteren europäischen
Geschichte – der Umstand, dass in Hambach durch die Farben Weiß
und Rot ein neuer Partner im Geiste zur Hand war: Hatten doch
Polens Studenten gerade einen heroischen Aufstand hinter sich –
eine nationale Volkserhebung. Zum Zeitpunkt des Hambacher Festes
waren viele Polen auf der Flucht nach Frankreich und in die USA.
So traf es sich bestens, dass ihre Fluchtroute just über die Badische
Weinstraße verlief und neben den schwarz-rot-goldenen deutschen
Fahnen viele weiß-rote polnische im Wind flatterten. Nie mehr wieder sollten die Polen auf eine so überzeugende Welle der Sympathie
bei den Deutschen stoßen.

Schlussendlich zählten die Behörden nicht weniger als 20.000 „Volks-
fest"-Besucher, für das 19. Jahrhundert eine sehr beachtliche Zahl.
Ansonsten bestand Hambach aus ernsthaften Beratungen, es gab
„Redaktionsausschüsse", pathetische Reden und zahlreiche literarische Umrahmungen.

Die studentischen Teilnehmer trugen durchwegs schwarz-rot-goldene
Kokarden, pflanzten „Freiheitsbäume" und illuminierten die Schloss-
kulisse.

Ein eigener Ausschuss hatte zuvor bereits ausformuliert, was das Ziel des Treffens sein sollte: Nämlich „durch liberale Grundsätze ... der Forderung der deutschen Nation nach Ruhe und Zufriedenheit zu entsprechen".

So kam plötzlich der Begriff „liberal" in den Wortschatz präsumptiver Revolutionäre, bei denen es rein äußerlich ganz und gar biedermeierlich zuging.

Einen Augenblick der deutschen Geschichte hatte es den Anschein, als könnte man Liberalismus mit Nationalismus vereinen – also Wasser und Feuer zusammenführen.

Wie man sich das zusammenreimte, erklärte der Staatsrechtler (und Mitglied der Landsmannnschaft Franconia) Carl Theodor Welcker vor den Badischen Ständen: *Wir werden der Welt beweisen, dass Treue und Vertrauen – nicht aber, wie Briten und Franzosen mit empörender Verachtung wiederholen, Knechtssinn und Feigheit – die Grundlage unserer Hingebung sind. Und dass deutsche Kraft auf gesetzlichem Weg zu erringen vermag, was andere Völker nur durch Thronumsturz und blutige Revolutionen zu erwerben wussten.*

Wie gesagt: Feuer und Wasser. Nicht mehr, aber auch nicht weniger.

***

Wie das mit den Elementen zu definieren war, das verabredeten 40 Burschenschaftler – vor allem aus der Rhein-Main-Region – in der Absicht, eine Tat zu setzen, von der ganz Deutschland, ja Europa, sprechen würde. Seit Hambach war ein Jahr vergangen und nichts war aus der Sicht der Studenten weitergegangen.

Längst war also nicht mehr vom „gesetzlichen Weg" die Rede. Vielmehr griff die Auffassung unter den Burschenschaften um sich, nicht mehr zuzuwarten, sondern zu handeln. Hatte ein Johann Georg Wirth in Hambach vergeblich von der Umwandlung Deutschlands in eine „Republik" gesprochen, so machte ein paar Monate später die Forderung nach einem bewaffneten Aufstand und nach der Schaffung einer provisorischen Regierung in ganz Deutschlands die Runde. Einige Revolutionäre fuhren sogar nach Paris, um sich dort der Unterstützung deutscher Emigranten zu versichern.

Das Wort „Hochverrat" lag in die Luft; denn was man da im Geheimen tat, war auch überall sonst in der Welt ein Staatsverbrechen.

Und – wie in solchen Fällen immer – war „Verrat" möglich, und zwar durch die eigene Seite. Man fragt sich nur, warum Frankfurt am Main das Ziel des Staatsstreichs sein sollte. Nun, in Frankfurt tagte der ständige „Gesandtenkongress" – also die Vertretung aller Teile des Deutschen Bundes. Und hier lagerte ein großes Gelddepot – die Kasse des Deutschen Bundes im tiefen Keller.

Kurzum: Der Sturm der letztlich nur 40 Abenteurer am 3. April 1833 richtete sich gegen die Polizei-Hauptwache, ein sehr friedlich wirkendes Barockgebäude, das sogar den Bombenkrieg des Zweiten Weltkrieges überleben wird. Bereits im ersten Feuergefecht starben Soldaten und Studenten auf beiden Seiten. Schließlich blieben neun Tote und 24 Verletzte auf der Wallstatt. Und zu einem Sturm des Gesandtenkongresses im unweit der Hauptwache gelegenen Palais Thurn und Taxis kam es nicht mehr.

***

Im Zuge der nachfolgenden Verhaftungen und Verhöre kam heraus, dass der geplante Staatsstreich tatsächlich in den eigenen Reihen verraten worden war. Überdies gab es – obwohl vereinbart – keine Unterstützung seitens progressiver Bürger Frankfurts; sie kniffen ebenso wie jene hessischen Bauern, die vor der Hauptwache auftauchen sollten.

Schließlich gab es 1800 Verhaftungen; 39 Todesurteile wegen Hochverrats; 165 Verurteilungen zu Freiheitsstrafen. Etwas später wurden Begnadigungen ausgesprochen. 1848 wurden schließlich alle noch lebenden Burschenschafter freigelassen.

Hambach und Frankfurt hatten jedenfalls bewiesen, dass Deutschland – und zwar sein Bildungsbürgertum – theoretisch zur Hetze mit Argumenten bereit war, nicht aber das Volk zum praktischen Kampf. Ein Bürgerkrieg?

Die jungen Studenten als schwarz-rot-goldene Berufsrevolutionäre in einen deutschen Bürgerkrieg zu schicken, das wollten weder die geschreckten Alten Herren noch die Masse der deutschen Biedermänner unterstützen.

Die Jungen blieben also in den Hörsälen und zu Hause; dort konnte man am trefflichsten warten, wie die Eichen wuchsen. Und was in der Hohen Zeit der Jenaer und Greifswalder Einpeitscher vor allem gegen Frankreich gepredigt wurde, setzten jetzt erhabene Geister des National-Radikalismus fort:

- Da war Friedrich Schleiermacher, Philosoph, Theologe, Pädagoge. Er wurde mit seinen Parolen von der „historischen Mission" Deutschlands zum führenden politischen Prediger Deutschlands. Die Deutschen seien „das auserwählte Werkzeug und Volk Gottes" (weshalb das logischerweise die Juden nicht sein konnten) und der „Nabel der europäischen Erde".
- Der Philosoph Fichte wiederum ordnete den Deutschen „das Recht auf eine Weltregierung" zu.
- Und der populäre Turnvater Jahn meinte, die „Deutschheit" verdiene ein großes nationales Reich – „darum wir mit freudigem Mute beten: Unser Reich komme".

Schießbefehl in Wien: Das Volk löst sich von seinem Monarchen (1848)

Endlich Revolution!

Es rumort in den österreichischen Kronländern I Im März 1848 fallen die ersten Schüsse I Burschenschafter mischen sich ein, der preußische König wartet ab I Wem gehören die deutsche Hymne und das „Gott erhalte"?

Die Steiermark war Jahrhunderte hindurch ein Teil der Ländermasse, die das Haus Habsburg – entgegen anders lautenden Behauptungen – eher durch Kriege als Heiraten erworben hatte. Bewohnt von Deutschen und Slowenen im Verhältnis 2:1, reichte die Steiermark von den Gletschern des Dachsteinmassivs bis fast vor die Tore der kroatischen Hauptstadt Zagreb-Agram. Im Osten lag das unruhige Ungarn, im Norden die ungeliebte Metropole des Heiligen Römischen Reiches, nämlich Wien; im Süden hausten die Türken jenseits der verdammt nahen und mehr als tausend Kilometer langen Militärgrenze; und im Westen führten alle Wege zur Adria.

Im Schatten dessen lebte es sich nicht immer gemütlich und die Steirer neigten zur sturköpfigen Abschottung, wenn sie als wildes Bergvolk rund um den Erzberg oder im slowenischen Weinland ihre Bräuche pflegten. Gelten doch bis heute in der ganzen Welt Steireranzüge als die „deutschesten" aller Nationalkostüme. Die zur Metternich-Zeit etwa halbe Million steirischer Slowenen stand in natürlicher Verbindung mit den Slowenen des Kronlandes Krain um Ljubljana-Laibach und jenen von Triest-Trst, seit 1328 Österreichs wichtigster Hafenstadt, in der überdies hunderttausend Italiener lebten.

Was war nun den Slowenen, Kroaten, Italienern, Steirern und Kärntnern dieses Raumes gemeinsam? Erstens, dass sie ein Völkergemisch sondergleichen waren, zweitens, dass sie Untertanen des Kaisers von Österreich und zugleich Angehörige des Deutschen Bundes waren. Aber waren sie Deutsche?

Die Frage stellte sich im Nordwesten der Habsburgermonarchie sehr ähnlich, wo im Königreich Böhmen um Prag und in der Markgrafschaft Mähren um Brünn rund sechs Millionen Westslawen lebten. Ihre Vorfahren waren tausend Jahre zuvor eingewandert, während Deutsche und Juden erst im Hochmittelalter als Neusiedler ins Land geholt worden waren. Und in der Minderheit blieben.

Sowohl für den Süden wie den Norden dieses Riesengebildes konnte kaum jemand eine Antwort finden. Was also im 19. Jahrhundert tun mit Menschen, die vielfach kein Wort Deutsch lesen und schreiben konnten, aber ein unverzichtbarer Teil des landgrößten Mitgliedstaates des Deutschen Bundes waren? Wie sollte man auch mit den vielen slawischen Studenten der Habsburgermonarchie umgehen, die Slawistik-Lehrstühle forderten? Tatsache war, dass zahllose Lehrer, Schriftsteller, Journalisten, Historiker sowie katholische Geistliche ebenso Deutsch wie zumindest eine slawische Sprache perfekt beherrschten. Aber das war nicht das, womit sich die deutschen Nationalstrategen an den Universitäten in Berlin, Heidelberg oder München beschäftigen wollten. Denn da gab es auch noch die Völkerscharen, die zwar in irgendeinem österreichischen Kronland lebten, *nicht aber* im Reichsgebiet des Deutschen Bundes. Schon gab

Ermordung des Kriegsministers (1848 in Wien): Land, Volk und Kronen

es Ideen, die Slowenen, Tschechen, Slowaken etc. zu Kandidaten für eine Zwangseindeutschung zu küren (was erst rund ein Jahrhundert später teilweise verwirklicht wurde). Bei einer Aufteilung Österreichs wiederum wären mehrere Kleinstaaten übergeblieben – konkret der „Balkanisierung" zum Opfer gefallen: 8 Mio. Magyaren, ca 5 Mio. Serben und Kroaten, 4 Mio. Polen und ca. 3,5 Mio. Ukrainer. Noch weiter komplizierend: Die 2,5 Mio. Juden – und damit Europas größte Minderheit mit Wien als zeitweilig größter jüdischer Stadt der Welt – empfanden Konfession und „Volk" als idente Begriffe, und ab Ende des 19. Jahrhunderts lebten in Bosnien auch noch eine Million Moslems.

Alle diese Völkerschaften sangen nun bei festlichen Anlässen die gleiche Hymne, ihr „Gott erhalte" – ein wichtiges übernationales Symbol der Zugehörigkeit zu Land, Volk und Kronen „Österreichs". Bereits 1797 erstmals im Wiener Burgtheater vorgestellt, entpuppte sich die Kaiserhymne als Melodie eines kroatischen Kirchenliedes aus Westungarn – „Vjutro rano ..." –, das Josef Haydn, den Kapellmeister der (ungarischen) Fürstenfamilie Esterházy, inspiriert hatte. Den Text bezog Haydn wiederum von einem ehemaligen Jesuiten, der 1780 Freimaurer geworden war – einem gewissen Lorenz Leopold Haschka. Und dieser wiederum bugsierte nichts von „Nation" oder

Wiener Student und Revolutionär
Fischhof: „Burschen heraus!"

„Volk" in den Text, sondern nahm ganz auf Seine Majestät Bezug: „Gott erhalte Franz den Kaiser."

Dem Wiener Biedermeier-Monarchen gefiel das Geburtstagsgeschenk, nachdem es dank des simplen, ja primitiven Textes ganz auf die Bedürfnisse seiner Monarchie zugeschnitten war. Man übersetzte die Hymne einfach in das Dutzend Monarchie-Sprachen und konnte für alle Zukunft – mit nur wenigen Änderungen – auf einen jeweils neuen regierenden Monarchen abstellen; was ein fast perfektes Konzept war: keine Aggressivität, keine speziellen Feindbilder, keine Grenzverschiebungswünsche.

Nun hätte die Hymne kaum besonderes Aufsehen erregt, wäre nicht die Melodie „ins Ohr" gegangen. Und hätte nicht der 1798 geborene Germanist und (spätere) Universitätslehrer August Heinrich Hoffmann (nach seinem Geburtsort „von Fallersleben" bei Wolfsburg) einen ausschließlich auf Deutschland zugeschnittenen Text für vier Louisdor einem Verleger verkauft. Er nahm nämlich einfach 1:1 das österreichische Vorbild zur Hand, unterlegte ihm einen neuen Text und stülpte alles gewissermaßen über das Haydn-Werk. Ein halbes Jahr später wurde es als „Chorlied" im Hamburger Hotel „Jungfernstieg" uraufgeführt: kein Kaiser, kein Monarch – nur Deutschland, die neue Nation ...

Hoffmann war seit 1819 Mitglied der „Alten Bonner Burschenschaft", die heute als (pflichtschlagende) Alte Schlesische Burschenschaft der Raczeks aktiv und munter ist und im Jahr 2007 sogar den Vorsitz der aus 43 deutschen und österreichischen Korporationen bestehenden Gemeinschaft innehatte.

Nun war – obwohl Hoffmann seine Gedichtsammlung *Unpolitische Lieder* nannte – das „Deutschlandlied" hochpolitisch. Wenn man überdies im Introitus-Text einer Hymne festlegt, dass Deutschland „über alles in der Welt" gestellt wird – dann setzt man sich dem Vorwurf der politischen Hetze aus:

> *Deutschland, Deutschland über alles,*
> *Über alles in der Welt.*
> *Wenn es stets zu Schutz und Trutze*
> *Brüderlich zusammenhält.*
> *Von der Maas bis an die Memel*
> *Von der Etsch bis an den Belt,*
> *Deutschland, Deutschland über alles*
> *Über alles in der Welt!*

Man kann es drehen wie man will – die Maas mit der Stadt Maastricht war 1841 niederländisch, die Memel ein litauisch-russischer Fluss namens Nemunas und beide Flüsse waren weit weg vom damaligen wie heutigen Deutschland. Weiters mündet die Etsch als Fluss Adige südlich von Padua und Verona in die Adria; und der Belt ist ein Herzstück Dänemarks. Eine Grenzziehung entlang der vier genannten Gewässer musste also für Nachbarvölker eine permanente Herausforderung darstellen, wenn die Deutschen Gebietsforderungen geltend machen sollten.

Jedenfalls muss die Vorgangsweise Hoffmanns auch viele Österreicher irritiert haben; man hatte ihnen in gewissem Sinn ihre Hymne „gestohlen". Gäbe es

Hoffmann von Fallersleben: Premiere im Hotel „Jungfernstieg"

andererseits zwei Hymnen mit gleicher Melodie, dann hätte eine verwirrte Welt einiges zum Lachen gehabt.

In der damaligen Habsburgermonarchie gab es nur wenige Persönlichkeiten, die sich in einer fairen Weise mit den echten Nationalitätenproblemen Mitteleuropas beschäftigten. Eine von ihnen war politisch ungemein talentiert, wenngleich gewissermaßen ein Privatmann – und damit für den Wiener Hof ein krasser Außenseiter: Erzherzog Johann. Er betätigte sich als Unternehmer, Grundbesitzer, Philantroph und Anwalt der Bewohner, bis er sich in eine Bürgerliche verliebte, die Tochter des Postmeisters von Bad Aussee im Salzkammergut.

Nun erhöhte die Romanze Johanns Popularität enorm. Aber nachhaltiger noch imponierte Johanns Kompetenz in Bezug auf die Modernisierung der Wirtschaft in der Industriellen Revolution. Über die Wiener Hofburg meint er: „Nichts als Lärm, eitles Treiben, Selbst- und Scheelsucht, niedrige Kniffe, da verlernt sich das Gute, da erstickt es in diesem Schlamm.“

Viele Österreicher teilten diese höchst kritische Haltung Johanns gegenüber den Verantwortlichen der Wiener Außen- und Innenpolitik – vor allem in Bezug auf die Deutschland- und Nationalitätenpolitik im Habsburgerreich. Wer, wenn nicht ein überzeugter *deutscher* Österreicher könnte die Nationalismus-Problematik lösen? So hatten auch die Herren des Staatsrates in Wien einen klugen Einfall. Man beschloss nämlich, Johann als habsburgisch-österreichischen Staatsgast an den Rhein zu entsenden, wo Preußen Militärmanöver abhielt. Johann machte sich auf und zeigte überall viel Interesse an der deutschen Entwicklung, erwies den Patrioten seine Reverenz – und nahm die Beifallskundgebungen der Bevölkerung mit Genugtuung zur Kenntnis. Vor allem für die Gebildeten war Johann ein „anderer“ Österreicher, einer, der Modernität und Zeitgeist verkörperte; ein Menschenfreund mit hohem Sozialempfinden.

Dass sich zwischen Johann und dem Preußenkönig Friedrich Wilhelm IV. – seit 1840 in der Nachfolge seines Vaters Herrscher über Preußen – so etwas wie Sympathie entwickelte, erleichterte überdies das politische Gespräch. Feierte man doch auch den gemeinsamen Weiterbau eines deutschen Symbols – des Kölner Domes, der im Mit-

Oben: Huldigung der Akademischen Studenten-Legion, 1848
Unten: Mensur im Freien (um 1860).

Die „Pauskirche" in Frankfurt/Main. Eine Mehrheit der Abgeordneten in diesem ersten demokratisch gewählten Parlament Deutschlands bilden Corpsstudenten und Burschenschafter.

Stiftungsfest einer Burschenschaft um 1880.

telalter nicht fertiggestellt worden war, weil es Reformation, Glaubenskämpfe und 30-jähriger Krieg verhindert hatten. Den protestantischen Preußen und den katholischen Österreichern des 19. Jahrunderts ging es allerdings um Wichtigeres, nämlich um die raschestmögliche Beilegung dieses alten Konfliktes. Im Schloss Brühl brachte Johann einen Trinkspruch an, der auch auf eine Gedichtzeile des Radikalnationalen Arndt Bezug nahm – und er sprach aus, was in Deutschland die Runde machte, auch wenn es grammatikalisch unrichtig formuliert war: „Solange Preußen und Österreich, solange das übrige Deutschland – so weit die deutsche Zunge klingt – einig sind, werden wir unerschütterlich dastehen wie die Felsen unserer Berge." In einer rheinischen Zeitung erschien eine Verkürzung: „Kein Preußen, kein Österreich, ein großes einiges Deutschland!"

Johanns Rückfahrt quer durch Deutschland – von Köln und Bonn über Frankfurt/Main, Heidelberg und Ulm – wurde zu einer Huldigungsorgie. Gut möglich, ja wahrscheinlich, dass auch viele Burschenschafter zu den improvisierten Zusammenkünften des Durchreisenden mit den Fürsten und dem Wahl-Volk gekommen waren. Zu Hause angekommen, trafen zahlreiche Grußbotschaften aus dem Norden und Osten ein, erhielt Johann besonders viel Applaus von Studenten, von Burschenschaften und Corps, Landsmannschaften und Sängerschaften. Ein wiederkehrender Wunsch: Johann möge bei der Aufhebung der Karlsbader Beschlüsse hilfreich sein.

Noch wichtiger für Johanns Popularität unter der Intelligenzia war die „Versammlung deutscher Naturforscher und Ärzte" im Herbst 1843. Es handelte sich bei dieser um die Elite der deutschen Medizin, Mathematik, Ethnographie, Mineralogie etc., die ihre 21. Versammlung nach Graz verlegt hatte. Auf dieser Tagung der bedeutendsten deutschen Gelehrten der Zeit hinterließ Johann einen charismatischen Eindruck. Der Berliner Professor Carl Ritter, der zusammen mit Alexander von Humboldt als Begründer der wissenschaftlichen Geographie gilt und eifrig in Burschenschaftskreisen verkehrte, schrieb über Johanns Auftritt in Graz, dieser habe „kaiserliche Würde mit größer Popularität vereint ...", indem seine Rede auch ohne Beredsamkeit hinreißend war.

***

1846 war ein Jahr der Missernten in halb Europa gewesen, besonders im Donauraum. Infolgedessen stiegen in der ersten Jahreshälfte 1847 die Fleisch- und Brotpreise massiv an. Die Industrieunternehmen setzten die Arbeitszeit auf 16 Stunden täglich hinauf, auch sonntags. Kinder mussten um die 12 Stunden am Tag arbeiten.

Am 10. Oktober 1847 wurden in Wien die Bäckereien gestürmt. In mehreren deutschen Universitätsstädten fanden angesichts der Missstände spontane Kundgebungen statt. Im Grunde forderte man nur das, was die Burschenschaften seit Jahren vorbrachten: Aufhebung der Zensur, Versammlungsfreiheit, Zulassung von politischen Parteien – alles klassischer „Liberalismus". Neu hingegen war die Forderung nach Volksbewaffnung – deshalb, weil die Franzosen angeblich beabsichtigten, den Rhein zu erobern, und die Slawen und Welschen gutdeutsche Siedlungsgebiete im Visier hätten ...

Summa summarum bildete das alles eine klassische vorrevolutionäre Situation.

Nun erwartete man allgemein, dass die Nationalitäten an der Peripherie des Reiches als Erste revoltieren würden; aber wider jedes Erwarten ging es in Wien los. Und gleich von Beginn an war die Revolution in der Reichshaupt- und Residenzstadt der Habsburger gewalttätiger als irgendwo sonst, und sie war eine Studentenrevolte im Zeichen der Farben Schwarz-Rot-Gold. Für viele Österreicher war es nur logisch: Wir kämpfen dafür, dass wir unbestritten Deutsche sind – und zeigen das auch aller Welt; und innenpolitisch: Die Metternich-Clique soll sich aus der Politik zurückziehen.

Burschenschafter machten in diesem Wunderjahr Weltpolitik. Und sie hatten gute Pokerkarten ... bis hin zu einem gewissen Journalisten Karl Marx, korporiert bei der Landsmannschaft der Trierer zu Bonn, der die Zukunft seiner Landsleute zu durchschauen vermeinte: „Die Emanzipation der Deutschen ist die Emanzipation des Menschen. Der Kopf dieser Emanzipation ist die Philosophie, ihr Herz das Proletariat ... wenn alle inneren Bedingungen erfüllt sind, wird der deutsche Auferstehungstag verkündet werden durch das Schmettern des gallischen Hahns."

Kaiserliches Militär, die brennende Wiener Hofburg (1848): „Hetz" und „Remasuri"

Die Demokratie siegt – nicht!

Frankfurt, Berlin und Wien sind 1848 in der Hand der Burschenschafter | Ein „Reichsverweser" versucht im Wirrwar sein Bestes | Die Revolution frisst jedoch bekanntlich ihre Kinder

Die Iden des März haben es bekanntermaßen in sich. Aber drei Tage früher? In Wien friert man im März noch in den Morgenstunden – Zeit für Katzenmusik. Der 12. März 1848 ist der Tag der Provokation. Wobei das wienerische Wesen als besondere Spezialität die sogenannte „Remasuri", auch „Hetz", kennt. Und so marschieren zuerst Gruppen von Studenten und Handwerkern, Bauernsöhnen und Arbeitern aus den Vorstädten in die Innenstadt, um ein aufregendes Amüsement nicht zu versäumen. Genauer: ins Universitätsviertel.

Dort soll in der hochbarocken Jesuitenkirche der Priester Anton Füster flammende Predigten halten. Dabei weiß niemand, wo die einflussreichen Jesuiten politisch stehen und wen die katholische Amtskirche und der Vatikan gerade bevorzugen. Nur die Studenten glauben allen Ernstes, die Herren Kardinäle seien auf ihrer Seite.

Die Remasuri ist im Gang. Seit dem frühen Morgen werden Zettel verteilt, sogenannte „Studentenadressen". Es sind Angehörige der Burschen-Vereine Arminia und Germania. Darin werden nebst den allgemein bekannten Forderungen auch Lehr- und Lernfreiheit, Öffentlichkeit des Gerichtsverfahrens, Schaffung einer Volksvertretung verlangt – plus die Gleichstellung der Konfessionen. Aber nix passiert.

Am 13. März ist zuerst wieder Treffpunkt vor der Jesuitenkirche. Kaiser Ferdinand habe den Empfang einer Delegation abgelehnt, berichten der angesehene Botanikprofessor Stephan Endlicher und der Rechtsprofessor Anton Hye, beide Vertreter des Universitätsmanagements wie der Studentenschaft.

Also hinüber zur Herrengasse! Dort tagen die niederösterreichischen Stände, die als Lobby allerdings nicht mehr sehr mächtig sind. Da ist ein junger Arzt aus dem Allgemeinen Krankenhaus, der im Landhaus-Hof eine zündende Rede hält, Adolf Fischhof, Jude aus Ungarn: *Wir haben heute eine ernste Mission zu erfüllen, entschlossen zu sein und mutig auszuharren.*

Danach diskutiert man lautstark die Forderungen der Arminen und Germanen, die mit ihren schwarz-rot-goldenen Bändern in den Hof drängen. Was sie fordern, ist mutig, und Applaus bricht auf: *Volksbewaffnung und Anschluß an Deutschland ist unser Ziel!*

Fischhof bezieht sich auf den Forderungskatalog der Burschenschaften und verlangt gleichfalls, in die Hofburg zu marschieren, es sind ja nur ein paar Schritte. Alle sollen mithelfen, aufs Erste den Vater aller Übel zum Rücktritt zu zwingen – den Gottseibeiuns Clemens Wenzel Fürst Metternich!

Es ist nicht belegt, aber wahrscheinlich, dass dort jenes Lied erklingt, das der bayrische Mineralogiestudent Franz Kobell vom Corps Ivaria-München gedichtet hat, die klassische Kampf- und Lustmelodie für all jene, die die Revolution bejubeln. Die dritte Strophe lautet:

Burschen heraus, lasset es schallen von Haus zu Haus!
Wenn es gilt fürs Vaterland, treu die Klingen dann zur Hand
Und heraus mit mutgem Sang
Wär es auch zum letzten Gang, Burschen heraus!

(Noch heute erklärt bei Kommersen das Präsidium mit dem Hieb eines Schlägers auf den Kommerstisch ein *Surgite!* Dann stehen alle Korporierten auf, es blitzen die Waffen und die Deckel werden abgenommen. Obwohl sich der Brauch des „Burschenherausrufens" aus früheren Jahrhunderten herleitet, hat das Lied erst in der Revolution seine „Aufladung" mit politischer Emotion erlangt.)

Im allgemeinen Hin und Her im Viertel zwischen Herrengasse und Hofburg erhält an diesem März-Tag des Jahres 1848 das Militär unter dem Befehl von Erzherzog Albrecht einen unglücklichen Einsatzbefehl: „Feuer!" Die Soldaten schießen. Unter den ersten Toten ist der Technikstudent Heinrich Spitzer. Schließlich sind am Abend dieses Tages innerhalb und außerhalb der Stadtmauern 50 Tote zu beklagen, es gibt hunderte Verletzte.

Aber was tun? Der debile Kaiser Ferdinand ist wie immer ratlos, die anderen Politiker und Familienmitglieder auch. Tatsache ist, dass schließlich Erzherzog Johann in den schon etwas abgewohnten Räumen im ältesten Teil der Hofburg mit dabei ist. Als man über die Forderungen der Stände diskutiert, soll Johann seine Uhr herausgezogen und zu Metternich gesagt haben: „Wissen Sie, dass die Volksführer Ihre Demission verlangen?" Tatsache ist weiters, dass Johann als moralischer Sieger dieses Tages galt; denn noch vor Mitternacht verließ Metternich die Stadt und das Land, wo er fast vier Jahrzehnte geschaltet und gewaltet hatte. Sein Ziel: Asyl in England.

In Wien kam es in dieser Nacht noch zur Entscheidung, dass eine „Nationalgarde" bewaffnet werden solle. Die Tore des Zeughauses am Hof wurden geöffnet und Gewehre ausgegeben. Das bedeutete die Kapitulation des Hofes und der Regierung; und wieder behauptete man in den Straßen, dass dies Erzherzog Johann bewirkt habe. (Tatsächlich war es der Universitätsrektor, der die Waffenübergabe organisiert hatte.)

Wiens Studenten traten nun in die Öffentlichkeit. Sie nannten sich „Akademische Legion" und waren Teil der neu formierten Nationalgarde. Von zahlreichen Bildern und Stichen wissen wir, wie sie aussahen, die Legionäre: blauer Rock, graue Hosen und ein schwarzer Hut mit einer Straußenfeder, „Kalabreser" genannt. Viele, wenngleich nicht alle trugen Couleurbänder, die von der rechten Schulter zur linken Hüfte liefen.

Die Bedeutung von Kleidung und Adjustierung geht auch aus einem Gedichtlein des Wiener Schriftstellers Ludwig Eckardt hervor, der zu Ehren der Wiener Akademischen Legion reimte und seine Ergüsse als Flugblatt überall verteilen ließ:

> *Das Band am Hut, der Sinn im Kopf,*
> *sind beide schwarz-rot-golden.*
> *Schwarzgelbe fassen wir beim Schopf,*
> *wenn sie rückgehen wollten.*

Schwarzgelb waren die historischen Farben der Kaisertreuen, abgeleitet (wahrscheinlich) vom alten Reichswappen mit dem Doppeladler und jetzt heruntergeholt von den Dächern und Türmen der Stadt. Immerhin werden später an die 6.000 Studenten Mitglieder der Legion werden, allein 1.700 von ihnen sind Mediziner. Die Wachstuben werden dekoriert mit schwarz–rot-goldenen Emblemen, über den Eingängen weht die schwarz-rot-goldene Fahne der Revolution, die jetzt auch die österreichische war, nachdem sie von Metternich jahrzehntelang verboten worden war.

Wem aber gehorchen diese Revolutionäre? Gegenüber welcher Autorität des Staates waren sie wirklich loyal? Später werden sich die Deutschnationalen als Sieger sehen, die den Gang der Geschichte beeinflusst hätten. Ein späterer Chronist wiederum meinte, es wäre die Akademische Legion gewesen, die „Wiens deutsches Bewußtsein zur Begeisterung entflammt" habe. Für den kaiserlichen Hof war die Sache natürlich nicht ausgestanden. Kaiser Ferdinand versprach am 15. März 1848 den Studenten eine liberale Verfassung, während im österreichischen Venedig die Revolution ausbrach und die Matrosen österreichischer Schiffe zu den Aufständischen überliefen. In Mailand kämpft man um jede Straße. Auch in Ungarn hatte man mittlerweile Zugeständnisse gemacht. Freilich nur im Sinne der grundbesitzenden Magnaten. So erhoben sich Rumänen und Slowaken – gegen Budapest und in der Hoffnung auf Wien.

Das große Deutschland hingegen ordnete sich ein wenig verspätet in den Fluss der Ereignisse ein. Preußens König Friedrich Wilhelm IV. nahm zuerst Maß an Wien – und wartete dann ab. Als ihm eine Groß-demonstration am Schlossplatz in Berlin naherückte, trat der König auf den Balkon und ließ Konzessionen verkünden, die er zu geben bereit war. Das beruhigte die Menge nicht ganz, sie schrie „Die Sol-daten fort!" – was den königlich-preußischen General der Infanterie Karl Ludwig Wilhelm von Prittwitz veranlasste, seinen Männern den missverständlichen Auftrag zur Räumung des Schlossplatzes zu geben.

Unter den Augen des Königs kam es zu einem blutigen Gemetzel. 230 Tote blieben auf dem Platz und den Straßen ringsum liegen. Der König selbst und alle Gemäßigten waren erschüttert. Die Reaktionäre hingegen applaudierten im Hintergrund.

So wurde für Friedrich Wilhelm der Ritt zu Pferd durch Berlin zur persönlichen Tragödie. Er trug tapfer die schwarz-rot-goldene Binde – das verhasste Zeichen seiner Gegner –, als er vor der Universität zu den Professoren und Studenten die ergreifenden Worte sagte: „Ich trage die Farben, die nicht meine sind, aber ich will keine Krone, keine Herrschaft, ich will Deutschlands Freiheit, Deutschlands Einig-keit, ich will Ordnung, das schwöre ich zu Gott!" Und noch etwas: „Preußen geht fortan in Deutschland auf."

Das hieß im Klartext: Preußen unterstützt eine demokratische Ini-tiative und man wird sich in Berlin nicht gegen den Plan stellen, eine Volksbefragung zu befördern ... und das in Frankfurt, der europäi-schen Krönungsstadt zwischen Nordsee und Adria. So hatte ein „Vor-parlament" aufs Erste freie Bahn, das in Frankfurt am Main zusam-menkam, um die Voraussetzungen für demokratische Wahlen zu schaffen und das Procedere für eine künftige Verfassung zu beraten. Unter den Mitgliedern des Vorparlaments waren allein 32 Mitglieder von Corps, wahrscheinlich noch mal so viele Burschenschafter; und natürlich war auch der Vorparlaments-Vorsitzende Joseph Mitter-maier korporiert (Bavaria Müchen).

Hier ging es zuerst einmal um die Ausgangsposition. Eingeteilt wurde das deutsche Bundes-Staatsgebiet der 39 Staaten des Deutschen Bundes in 649 Wahlkreise. Als Parlamentsgebäude bestimmte man die „Paulskirche" im Zentrum von Frankfurt am Main. Im 13. Jahrhundert befand sich dort ein Barfüßerkloster, nach der Reformation eine Lateinschule. Dann wurde daraus Frankfurts evangelische Hauptkirche und schließlich nach 1830 ein erneuerter Rundbau im klassizistischen Stil.

Wer aber sollte dem bunten Gremium vorsitzen, wer Deutschlands Staatsoberhaupt werden? Wie sollte das Verhältnis zu den nach wie vor regierenden Königen, Herzögen, Fürsten etc. geregelt werden, von denen keiner kapituliert hatte?

Und was tun mit den „Historischen Nationen", mit Tschechen, Slowenen, Italienern und anderen? Prompt sagten die Delegierten aus den habsburgischen Kronländern ab, und zwar im Namen aller Slawen, die bei einem Kongress in Prag zusammengetreten waren. Es war der große František Palacký, der in einem Brief das Problem „Österreich" beim Namen nannte und als Kern eines Missverständnisses freilegte. Palacký: „Wahrlich, existierte der österreichische Kaiserstaat nicht schon längst, im Interesse Europas und der Humanität müsste er geschaffen werden." Und: „Wenn Österreich aufgeteilt in eine Menge Republiken wäre, welch ein willkommener Grundbau zur russischen Universalmonarchie wäre das!".

Das verursachte wiederum in Frankfurt Kopfschütteln. Nur wenige verstanden die Mentalität der Tschechen. Da platzte in die Vorbereitungen zur Wahl der Nationalversammlung auch noch die Meldung, dass in Wien neue Unruhen ausgebrochen und Kaiser Ferdinand samt Hof nach Innsbruck geflohen sei.

Am 17. Mai scheiterte schließlich der radikale Versuch, in Österreich die Republik auszurufen. Nun lösten die Behörden die Akademische Legion auf, die ihrerseits in der ganzen Innenstadt und an den Ausfallstraßen Wiens Barrikaden errichtete.

Diese Sperren wurden aus den in Wien typischen viereckigen Granit-Pflastersteinen gebildet, die man einfach aus dem Boden herausriss. Holzpfosten wurden quergestellt, sodass ein Durchkommen für Kavalleristen ziemlich unmöglich war. Und ganz oben auf der Barrikade pflanzte man die schwarz-rot-goldene Fahne auf. Auffallend war der hohe Anteil von jungen Frauen, die nach Ausbruch der Kämpfe bei den Studenten auf den Barrikaden ausharrten.

In gewissem Sinn bildete der „Maiaufstand" den Höhepunkt des verrückten Jahres. Und zweifellos wurde das Szenario in Österreich emotionsloser, aber auch zynischer empfunden als in Deutschland, wo infolge einer doch weitgehend beliebten Studentenbewegung viel mehr positive Energie mitspielte. Außerdem verstieg sich die Deutschtümelei bis ins Lächerliche, berichteten die zahlreichen Zeitungen blauäugig und veröffentlichten zahlreiche Karikaturen gegen die alten wie neuen Autoritäten.

Umso ernster nimmt man jetzt in Frankfurt die Arbeit auf. Im ganzen „Reichsraum" hat man Wahlen durchgeführt – ein Meisterstück deutscher Organisationsfähigkeit. Die Nationalversammlung mit den gewählten Abgeordneten wird für den 18. Mai einberufen. Zwar nicht alle, aber viele kommen, unter ihnen 115 Deutsch-Österreicher, keine Tschechen, Mährer, Slowenen.

Für den 29. Juni 1848 ist vorgesehen, dass ein Staatsoberhaupt demokratisch bestellt werden soll, das den Titel „Reichsverweser" tragen wird. Der Begriff ist althochdeutsch, *fuerwesan* bedeutet „jemandes Stelle verwalten". Reichsverwalter wäre also für das neue Staatsoberhaupt entsprechender gewesen …

Aber immerhin: Noch nie vorher wurde in deutschen Landen ein Staatsoberhaupt von den Bürgern erwählt, demokratisch – wenngleich ohne Teilnahme der Frauen. Immer öfter fällt in den Couloirs aber jetzt der Name des „steirischen Prinzen" aus dem wilden Südosten, was ein einzigartiger Bruch mit dem gut tausendjährigen Feudalismus, adeligen Erbgesetzen und dem Nepotismus ist.

Nur: Johann ist mittlerweile auch „persönlicher Vertreter" des österreichischen Kaisers Ferdinand, der bekanntlich in Innsbruck sitzt – und der Johann bittet, die Regierungsgewalt in Wien zu übernehmen. Johann sagt zu, bestellt ein Kabinett aus bewährten Honoratioren mit dem Innenminister Anton Freiherr von Doblhoff an der Spitze und übernimmt es, in Wien gleichfalls einen durch Wahl zu bestellenden österreichischen Reichsrat ins Leben zu rufen.

Tatsächlich will Johann beides zusammenführen: die Funktion des Staatsoberhauptes in Deutschland und die Regierungsmacht in Österreich … im Interesse der Überwindung der Gegensätze zwischen Rhein und Donau. So wird er ein Zerrissener, ein Spielball der Interessengruppen, ein Puppenspieler der Mächtigen.

Vorerst aber gerät Frankfurt am 11. Juli 1848 in einen orgiastischen Taumel der Farben. Noch nie war die Stadt so bunt dekoriert – und das mit den Farben Schwarz, Rot und Gold. Mitten im Gewusel ein schmächtiger Mann in weißer Uniform, der Einzug in die altehrwürdige Krönungsstadt seiner Vorfahren hält: Johann Josef, Erzherzog von Österreich. Der Reichsverweser nimmt die Huldigungen dankbar entgegen, hatte er doch lange warten und viele Zurücksetzungen hinnehmen müssen. Denn Mitglied des Erzhauses Österreich zu sein, bedeutete Warten und Hoffen, Verzicht und Verantwortung. Und so sehen die Frankfurter jetzt einen 66-jährigen müden Mann, der zwar keine Schmisse im Gesicht trägt, aber von den Narben des Lebens geprägt ist.

Aber im Augenblick des Sieges vergisst man allzu schnell die Ungereimtheiten der politischen Konstellation, die innere Zerrissenheit der Deutschen in Liberale und Nationale und die herandämmernde Problematik von Groß- und Kleindeutschtum.

Das Einzugskomitee geleitet Johann in Frankfurts „Russischen Hof". Hier soll sein Hauptquartier sein – und dort erwartete ihn Heinrich Wilhelm August von Gagern (Teutonia-Heidelberg) mit den wichtigsten Abgeordneten. Gagern war es gewesen, der Johann zum Reichsverweser vorgeschlagen hatte; und für sich selbst auf diese Funktion verzichtete. Der mittlerweile fast 50-jährige Jurist war ein begeisterter Burschenschafter in Heidelberg und Göttingen, Jena und Genf gewesen. Und Burschenschafter waren es jetzt auch, die sich hinter Gagern als größte Fraktion sammelten. Sie alle sind auch da, als der neue Reichsverweser am 12. Juli 1848 in der Paulskirche vereidigt wird. Stehend, in Zivil, eine schwarz-rot-goldene Rosette als Bekenntnis zur neuen deutschen Wirklichkeit am Revers, spricht Johann die Eidesformel.

Nun hatte der Reichsverweser mit den vielen Burschenschaftern eine hochpolitische Gesellschaft um sich, die er nicht einschätzen konnte. Von manchen hatte er am kaiserlichen Hof in Wien und in Innsbruck nur Übles gehört; aber die meisten schienen es zu verdienen, dass

Erzherzog Johanns Einzug in Frankfurt: Begeisterung mit Schwarz-Rot-Gold (1848)

man ihnen Vertrauen entgegenbrachte. Dass Frankfurts Paulskirchenparlament keine revolutionäre „Assemblée Nationale" war – darüber bestand selbst unter Erzkonservativen kaum eine Diskussion. Ein Erzherzog Johann war kein Robespierre und die kleinen deutschen Demagogen keine Dantons oder Mirabeaus.

Mit Recht nannte man später die Paulskirchenversammlung ein „Professorenparlament". Drei Viertel waren Akademiker; davon hatte die

Hälfte Jura studiert. 49 waren Hochschullehrer und unter diesen fanden sich Fremden-Hetzer vom Zuschnitt des Herrn Professor Arndt aus Greifswald. 57 waren Gymnasialprofessoren, 157 Richter oder Staatsanwälte, 115 kamen aus dem höheren Verwaltungsdienst, 140 aus der Wirtschaft, 40 waren Journalisten, 20 Ärzte. Ansonsten: kein Arbeiter, kaum Bauern. Neuere Recherchen besagen: 150 bis 160 Abgeordnete waren Burschenschafter, Corps-Mitglieder, Landsmannschafts-Angehörige.

***

Nun waren diese Männer nicht unbedingt die Exekutoren des „Volkswillens", vor denen sich die alten Mächte fürchteten. Als sie den Charakter der Paulskirche erkannt hatten, erinnerten sich die Könige, Herzöge, Fürsten, Grundherren – aber auch Militärs – nur mehr halb und halb an ihre Zusagen.

Um diese Zugeständnisse ging es auch den „Linken" in der Paulskirche. Schon durch ihr Äußeres wollten ihre Vertreter deutlich machen, dass sie die Avantgarde der Revolution bildeten. Langhaarig, bärtig-struppig, salopp gekleidet, fühlte man sich den Pariser Jakobinern seelenverwandt, im übrigen aber mit den revolutionären Gruppen in ganz Europa solidarisch. Im „Deutschen Hof" sprach man offen von der Republik, und im „Donnersberg" wurde über die permanente Revolution diskutiert. Einer der Abgeordneten war Robert Blum, ein Buchhändler und eine eigenartige Figur der Leipziger Szene, wo er als Agitator Erfolg gehabt hatte. Zuvor hatte er alle Auf- und Ab-Bewegungen der ältesten Burschenschaft Sachsens, der Germania Leipzig, mitgemacht. Dann waren da der Schriftsteller Arnold Ruge, der noch die Jenaer Urburschenschaft erlebt hatte, der Mineraloge und Verleger Julius Fröbel (Arminia Jena), der Jurist Lorenz Brentano (Alemannia Heidelberg), dazu der radikale Freimaurer Franz Heinrich Zitz aus Mainz und der schlesische Fabrikant Friedrich Wilhelm Schlöffel, eine Art Frühkommunist und Burschenschafter. Blum selbst war in diesem Haufen von linken Burschen bald ein „Kompromissler", der von den jeweils noch Radikaleren an den Rand gedrängt wurde.

Dabei war die Paulskirche lange Zeit eindeutig der großdeutschen Idee verpflichtet, ohne dass Österreich diese Tatsache würdigte oder politisch honorierte. Und prompt wuchs wohl gegen Jahresende 1848 die Zahl der Anhänger einer kleindeutschen Lösung massiv. Wenn aber der neue österreichische Kaiser Franz Joseph, ein blondes Bürschchen von 18 Jahren, lieber mit gewalttätigen Generälen regieren wollte als mit der intellektuellen Elite Deutschlands – dann habe er im Deutschland der Zukunft sowieso nichts verloren …

Der Erste, der in einem solchen Fall nicht mehr länger das Vertrauen der Parlamentarier in der Paulskirche in Anspruch nehmen könne, würde aber der Reichsverweser Johann sein – der steirische Prinz mit dem schwarz-rot-goldenen Band um die Brust.

Die preußenfreundlichen Gruppen spielten mittlerweile auch schon mit der Erwartung, der österreichische Reichsverweser würde sich bald so sehr abnützen, dass im richtigen Augenblick die Machtergreifung eines Preußen eine unkomplizierte Sache sein würde. Und die Gazetten im Norden und Westen kommentierten, dass die Habsburger ihre Chance gehabt – und verspielt hätten. Wien sollte nicht mehr länger seine historische Arroganz ausspielen können. Der Abgeordnete Johann Gustav Droysen, der bei der Albertina-Kiel aus- und eingegangen war und später als Historiker großen Ruhm erwarb, gab in einem Brief seiner Hoffnung Ausdruck, dass „an Österreich die ostensible (herzeigbare) Ehre, an Preußen aber die Macht" gehen sollte.

Die Revolution des Jahres 1848 scheiterte schließlich an der bürgerlichen Feigheit ihrer Anstifter und Claqueure, und damit nicht zuletzt an der notorischen Zerstrittenheit der Akteure. Man wollte sich weder in Wien noch in Berlin, aber auch nicht in Frankfurt die Hände wirklich mit der Revolution schmutzig machen, lieber schlug man Kommerse und sang die alten hübschen Lieder von Rhein und Wein. Und doch: War alles ein Misserfolg? Sicherlich: Die Ergebnisse von 1848/49 standen in groteskem Missverhältnis zu den Zielen, die man sich gesetzt hatte. Und die Reaktion war hart, ja grausam. Der Kampf um die Konstitution war 1848 keine Episode, sondern ein wesentlicher Anstoß. 1848 bildet somit auch den Ausgangspunkt für die Herausbildung von Volksvertretungen und Massenparteien, von Rechtsstaat und Sozialverfassung. Wer heute die Reden, Dokumente und vor allem die Verfassungsentwürfe des Paulskirchenparlaments liest, weiß, dass dort in wenigen Monaten alles vorgedacht und vorberaten wurde, was für drei nachfolgende Generationen zum bestimmenden Schicksal wurde. In Frankfurt war auch keine „liberale Schwatzbude" zusammengetreten, sondern die Paulskirche war trotz allem ein Vorbild für später.

Für die sogenannte „Deutsche Frage" bedeutete das Jahr 1848 allerdings den Beginn einer klaren Neuentwicklung. Der Bundestagsgesandte Preußens, Otto von Bismarck, wusste, wovon er sprach, wenn er vor der „faulen Gärung" warnte, die aus dem Süden kam – und eisern Preußen eine „Stahlkur" verordnete.

Johanns Rückkehr nach Österreich führte ihm die neue Lage auch deutlich vor Augen. Im Oktober 1848 war der Widerstand einer ins Anarchische abgerutschten Revolution blutig von kaiserlichen Generälen zusammenkartätscht worden. Im Dezember hatte Kaiser Franz Joseph seinen Onkel Ferdinand abgelöst. Der Reichstag, der in Kremsier zusammengetreten war, hatte einen Verfassungsentwurf ausgearbeitet, den jedoch der junge Kaiser ablehnte – wohl auf den Rat seines Ministerpräsidenten Felix Fürst Schwarzenberg hin. Franz Joseph erließ in der Folge eine „oktroyierte", also aufgezwungene Verfassung, die Österreich als zentralistischen Einheitsstaat organisieren sollte.

Und in Wien waren die alten lemurenhaften Gestalten wieder präsent, deren Verschwinden – zusammen mit jenem Metternichs – nicht aufgefallen war. Und doch. Die Zeiten hatten sich geändert.

Preußischer König Friedrich Wilhelm IV. (sitzend), Frankfurter Abgeordnete: „Gegen Demokraten helfen nur Soldaten."

„Ein Reif aus Dreck und Letten"

Neuerlich droht der Zerfall der Farbstudentenschaft I Otto von Bismarck vom Corps Hannovera-Göttingen hat jedoch eine glänzende Idee: Deutsche gegen Deutsche als blutige Körperertüchtigung

Bereits seit dem 22. Oktober 1842 existierte zwischen Berlin und Frankfurt eine Eisenbahnverbindung. Enthusiastisch hatte die *Vossische Zeitung* diese grandiose Erfindung, die das 19. Jahrhundert beherrschen würde, beschrieben; jeder könnte mit jedem verbunden werden – Städte, Länder, Zivilisationen. So auch die junge preußische Hauptstadt und die vergleichsweise uralte deutsche Krönungsstadt, also Berlin und Frankfurt.

Nun war die Verkehrsverbindung nicht mehr das Hauptproblem, als am 3. April 1849 nicht weniger als 32 Abgeordnete der Paulskirche

von Frankfurt nach Berlin reisten. Es war jedoch keine Vergnügungs-
fahrt, die sie an die Spree führte, sondern die Erfüllung eines Auftrages. Erst ein paar Tage zuvor hatte nämlich die Nationalversammlung in der Paulskirche über eine *zukünftige* Verfassung für Deutschland abgestimmt. Das denkbar knappe Ergebnis von 267 zu 263
ergab die Erhebung Deutschlands zu einem „Erbkaisertum". Aber für
wen?

Nur einen Tag später sprechen sich 290 Abgeordnete (bei 248 Ent-
haltungen) dafür aus, dem preußischen König Friedrich Wilhelm IV.
die Deutsche Kaiserkrone anzubieten. Wobei jedermann in diesen
Tagen die Konsequenzen begriff: Waren doch die deutschsprachigen
Österreicher über Nacht nicht länger Deutsche und als solche im
neuen Reich nicht mehr erwünscht; der Staatenverbund mit einem
Reichsverweser wird aufgelöst. „Kein Teil des Deutschen Reiches darf
mit nichtdeutschen Ländern zu einem Staat vereinigt sein" (Paragraph 2 der gesamtdeutschen Verfassung).

Österreich entscheidet erwartungsgemäß. Wien lehnt die kleindeut-
sche Lösung ab.

Und viele Deutsche – erst recht viele Österreicher – empfanden den
erwünschten Hinauswurf aus dem neuen Preußen-Deutschland als
das Ende jeglicher patriotischer Pflicht. Und manche sorgten sich
auch, ob die Liquidierung der großen vaterländischen Idee ohne Blutvergießen vor sich gehen könne. Österreich würde sich wehren, denn
nicht einmal ein Jahrhundert war es her, dass Preußen und Österreich
sieben Jahre lang Krieg geführt hatten – gegeneinander.

Das also spiegelt in etwa die Stimmungslage der Frankfurter Delegation wider, an deren Spitze am 4. April 1849 als Berlin-Pilger der Präsident der Nationalversammlung steht: Eduard Sigismund Simson
(Corps Lituania Königsberg), Sohn eines jüdischen Kaufmanns und
Jusprofessor.

Die Delegation wird erwartet. Der König will nicht unfreundlich sein.
Er will aber auch den Abgesandten aus Frankfurt zeigen, wer im Norden das Sagen hat. Auf zeitgenössischen Darstellungen sitzt Friedrich
Wilhelm IV. leicht vorgelehnt auf seinem barocken Thronsessel, links
und rechts davon seine Regierung, alle Herren in Uniformen und
ohne Ordensschmuck. Vor dem sitzenden König haben die Pauls-

kirchendemokraten Aufstellung genommen, alle in Zivil – und ohne Orden. Es ist klar, was hier symbolisiert wird: Der König von Gottes Gnaden inmitten derjenigen, die die Macht in Preußen ausüben – und vis-à-vis die vom Volk gewählten Abgeordneten, die sich um den Erhalt eines Zipfels von Mitbestimmung bemühen. Jetzt standen sie also da, die Herren Professoren: Und was folgte, nannten die Zeitgenossen eine deutsche Tragikomödie – besser wäre Schmierentheater gewesen. Mit wohlgeformten und eingelernten Sätzen erklärte Eduard Simson als Wortführer dem König, dass jetzt Deutschland durch Mehrheitsbeschluss in der Paulskirche Erbmonarchie werden würde und man Seine Majestät bitte, die deutsche Kaiserwürde anzunehmen.

Was aber macht Friedrich Wilhelm?

Er bleibt sitzen und lehnt das Kronen-Offert kaltblütig ab! Wobei er die Verweigerung damit begründet, dass die Nationalversammlung weder das Recht gehabt hätte, eine verbindliche Verfassung zu erlassen, noch ihn als Monarchen zu erwählen …

Die Sensation ist perfekt; ganz Europa ist verblüfft; die reaktionären Freunde Preußens hochzufrieden. Die 32 Paulskirchler hingegen ziehen mit langen Gesichtern ab. Friedrich Wilhelm erklärt danach noch mit brutalerer Offenheit einigen Fremden gegenüber – wie dem Großherzog von Hessen etwa – den Grund für seine Ablehnung: Die Krone sei eine „Schweinekrone" und ein „Reif aus Dreck und Letten". Ernst Moritz Arndt, dem Dichter des deutschen Hasses, erklärte er noch deutlicher: „Die Kaiserwürde ist das eiserne Halsband der Knechtschaft – und ich lasse mich nicht durch ein Parlament in die Leibeigenschaft ziehen." Gegenüber Ernst August von Hannover war schließlich von einem „Hundehalsband" die Rede und seinem Gesandten in London machte der König plausibel, dass er die Kaiserwürde nur von seinesgleichen entgegennehme. Wodurch bereits damals das Motiv und Motto der preußischen Politik um die Welt geschickt wird: „Gegen Demokraten helfen nur Soldaten."

***

Nach der Königs-Verweigerung verließen die meisten pro-preußischen Abgeordneten Frankfurt, die Österreicher waren schon früher abgereist. Nur Erzherzog Johann harrte noch eine Weile aus – machtlos. Die verbleibenden Abgeordneten verlegten die Nationalversammlung nach Stuttgart, also in den Südwesten Deutschlands. Dort in Baden war auch die alte Burschenschafter-Welt am längsten intakt geblieben. Die Juristen Gustav Struwe, Friedrich Hecker und Lorenz Brentano riefen zusammen mit Linksradikalen die Republik aus. Als preußische Truppen daraufhin losmarschieren, fliehen sowohl Abgeordnete der Paulskirche wie notorischen Unruhestifter und Gewalttäter ins Ausland. Sie bilden in den USA bis heute als „Forty-Eighters" eine Erinnerungsgemeinschaft.

Ein Teil, vor allem Burschenschafter und Korpsstudenten, leisten im Raum Baden weiter Widerstand. Schließlich treiben preußische Truppen die letzten Widerständler in der Festung Rastatt zusammen. 6000 Menschen samt Familien kapitulieren am 23. Juli 1849: Tausende werden inhaftiert, 27 Revolutionäre werden zum Tode verurteilt und erschossen.

Bis heute kennen im Badischen die Kinder ein schauriges Lied, das viel vorwegnimmt, was später die Geschichte Deutschlands belasten wird:

> Schlaf, mein Kind, schlaf leis
> Dort draußen geht der Preuß.
> Deinen Vater hat er umgebracht,
> Deine Mutter hat er arm gemacht.
> Und wer nicht schläft in stiller Ruh,
> dem drückt der Preuß die Augen zu.

Die Generäle der alten Heiligen Allianz waren also die Sieger, in Deutschland hatte Preußen als gewaltbereite Macht gegen Republikaner und Liberale zu imponieren gewusst. In Österreich hatten sich die multinationalen Armeekorps gegen aufständische Italiener, Ungarn und Polen durchgesetzt – und gegen die eigene Bevölkerung. Wiens Kapitulation als Bastion der Revolution kostete rund 2000 Menschen das Leben, mit dem Wiener Stadtkommandanten Wenzel Messenhauser und dem Paulskirchenabgeordneten Robert Blum, die beide erschossen wurden, gab es zwei Märtyrer.

Gefallenendenkmal in Mannheim: Verurteilt und erschossen …

Nun nahmen aber trotz des blutigen Endkampfes die Burschenschaften sehr schnell eine wesentliche Rolle im weiteren politischen Spiel
in Anspruch. Immerhin existierten seit den Jenaer-Tagen schon zwei
Generationen und nahmen die Burschen an den Universitäten eine
zahlenmäßig beachtliche – und nicht mehr zu revidierende – Mei-
nungsführerschaft in Anspruch.

Was sie aber bewirkten, entsprach im Kern den preußischen Interessen. Immer mehr Alte Herren und Professoren auf ihren Lehrkanzeln
fanden sich mit der Idee eines Großpreußens ab. Ebenso vordergrün-

dig orientierten sich aber auch immer mehr Studenten nach dem praktischen Nutzen der akademischen Vergünstigungen – und wurden zu handfesten Nationalisten, ja Chauvinisten.

Geradezu missionarisch wirkten sie in die Gesellschaft hinein und unterstützten jegliche Deutschtums-Propaganda. Um aber auch zu zeigen, dass das Dichten und Singen übers Vaterland nicht der guten Stimmung allein dienen könne, sondern der „tägliche Beweis" von Patriotismus zu erbringen sei, entwickelte sich ein eigenartiges Ritual, das zu einem der problematischsten Phänomene der Studenten-Kultur wurde: die Mensur.

Keine andere Studentenschaft im Europa des 19. und 20. Jahrhunderts erfand auch nur annähernd ein so ausgeklügeltes System von blutigem Hirn- und Körpertraining zwecks Abbau von jugendlicher Aggression wie das deutsche. Wobei die Mensur zunehmend auch an Gymnasien praktiziert wurde. 1842 entstanden die ersten „Pennalien" (vom lateinischen *penna* – Feder), es folgte eine Kaskade von Pennalie-Verbindungsgründungen bis in die Gegenwart, wobei die Commentregeln jenen der Hochschulverbindungen durchaus glichen.

Die Steigerung im Ansehen der Verbindungen ergab sich aber auch aus der Bildung von Altherrenschaften. Wer einst in schweren Zeiten einer Verbindung angehörte, zog jetzt mit Stolz wieder Mütze und Band hervor und wurde „Philister".

Als Besserverdiende in akademischen Berufen spendeten die Alten Herren auch ausgiebig für die Verbindungskassen zwecks Anschaffung von Gemeinschaftseinrichtungen. Für die Verbindungshäuser und Buden übernahmen die Philister längerfristige Verpflichtungen.

Noch Student oder schon Akademiker zu sein, hieß aber auch in der zivilen Gesellschaft, im Sozialprestige des weiblichen Bevölkerungsteiles als „gute Partie" zu gelten. So entstanden sehr bald Kontaktebenen zwischen Verbindungsmitgliedern und Damen „aus gutem Haus". Das Kennenlernen der Geschlechter, nicht die Promiskuität wurde von den Verbindungen gefördert. Dass die Sexualität kein wirkliches Thema war, hing allerdings eher mit dem Zeitgeist des 19. Jahrhunderts zusammen als mit den Sitten der Männerbündelei.

- Das in der Phase nach 1848 herausgebrachte „Allgemeine Deutsche Kommersbuch" mit seinen rund 700 Liedern enthält im Rahmen von 165 Auflagen viele Beispiele des studentischen Liedgutes. Da wird das „Mägdelein" geradezu im Stile der mittelalterlichen Minne verehrt, literarisiert, manchmal aber auch derb angesungen.
- Das „Gaudeamus" spendet freundlich den Frauen eine ganze Strophe: „Vivant omnes virgines, faciles formosae" (Es mögen die Jungfrauen hochleben, die Gefälligen und Schönen).
- „Du liegst mir am Herzen", ist zweifellos doppelsinnig: „So wie ich dich liebe, so liebe auch mich, die zärtlichen Triebe fühl ich einzig für dich."
- Die wohl amüsanteste Liebesstrophe ist der „Filia hospitalis" gewidmet, die als „Haustöchterlein" von vier studentischen Mietern verehrt wird. Der Jurist ist ihr jedoch zu fein, der (jüdische) Mediziner kein Christ, der Theologe zu weise ... so bleibt der Philosoph als Sieger. Und der singt freimütig, wie sich die Schürze auf der Brust bauscht und eitel Lust bedeutet ...

**

Das Leben, das sich an den zu Preußen gehörigen oder mit Berlin verbundenen Universitäten entwickelte, diente bald ausschließlich den preußischen Staatsinteressen. Immer mehr Alte Herren und Professoren auf ihren Lehrkanzeln hatten sich mit der Idee eines Großpreußens abgefunden. Immer unpassender wurde Arndts Gedicht vom *ganzen Deutschland*, das es sein müsse. Und die katholischen Süddeutschen und Österreicher? Waren sie nicht selbst an ihrer Isolierung schuld? Ließ der junge Kaiser Franz Joseph nicht die Völkerschaften kujonieren, ebenso wie die eigenen Studenten, die über keine Rechtsgrundlage für ein liberales Vereinsrecht verfügten, obwohl man es ihnen – wie auch den anderen revolutionären Gruppen – wiederholt zugesichert hatte? Vor allem aber: An den österreichischen Universitäten wurden bis auf weiteres keine studentischen Verbindungen zugelassen.

Ganz anders im Norden: In kleinem Kreis erzählte Bismarck zum Beispiel immer wieder genüsslich vom eigenen Studentenleben; von

Göttingen und dem Corps Hannovera, vom Bummel mit den Kommilitonen; von der erzieherischen Wirkung des Farbentragens als Bekenntnis, von der Verbundenheit unter den teuflisch roten Mützen – und der Symbolik der Farben Rot-Blau-Gold. Ganz und gar hielt er den Wahlspruch der Hannoverana für lebensbestimmend: *Numquam retro, fortes iuvat fortuna* (Niemals zurück, den Tapferen hilft das Glück).

Mittlerweile war auch das Schwarz-Rot-Gold aus der Mode gekommen, denn die Farben der ungeliebten Revolution wurden zunehmend durch das preußische Schwarz-Weiß-Rot ersetzt.

***

Wie aber ging es weiter mit dem Mensuren-Schlagen, mit der blutigen Übung für den ganzen Mann? Wie sehr war die Männertugend „Tapferkeit" eingeordnet in das Phänomen der lebenslangen Gewalt? Warum wird nunmehr schon gut 200 Jahre lang nur in den deutschsprachigen Regionen dieser Mannbarkeitsritus geübt?

Hat vielleicht die Nationalkultur damit zu tun, das Milieu, in dem junge Menschen mit der Gesellschaft vertraut werden – etwa bereits durch die Kinderliteratur?

Oder ist es der Protestantismus, der nichts gegen die Formalisierung der Gewalt einzuwenden hat?

Immer wieder Mensuren: „Mannesmut, innere Stärke, Überwindung von Feigheit"

Mehr als ein Tattoo

Vom Schneewittchen zum Struwwelpeter und von Winnetou zur
scharfen Mensur | Schlagende Verbindungen lassen das Blut
spritzen | Preußen und Österreicher geraten aneinander

Es gab im 19. Jahrhundert kaum ein deutsches Kind, das nicht die
Märchen der beiden Burschenschafter-Brüder Jacob Ludwig und Wilhelm Carl Grimm gehört oder gelesen hätte. Die beiden Germanisten
vermittelten den deutschen Sprößlingen Märchen, die vor unglaublicher Grausamkeit strotzen. Und kein Bildungsbürger des 19. Jahrhunderts kennt sie nicht. In „Hänsel und Gretel" wird Hexenverbren-
nung betrieben, in „Schneewittchen" vergiftet die Königin ihr Stief-
kind, in „Mädchen ohne Hände" schlägt ein Vater seinem Kind die
Arme ab.
Oder: Wilhelm Buschs beliebteste Versgeschichte von „Max und
Moritz" erzählt von zwei Kindern, die – weil echte Lausbuben – in
einer Mühle zerhackt werden. Der Arzt Heinrich Hoffmann (Corps

Alemannia Heidelberg) ist der Autor des legendären „Struwwelpeter" – darin verbrennen Kinder, werden Daumen abgeschnitten und böse Kinder von Hunden gebissen, „recht tief bis ins Blut hinein".

Wer die grauenvollen Märchen altersbedingt ausgelesen hatte, auf den wartete ein gewisser Karl May, im 19. Jahrhundert wohl der beliebteste deutsche Jugendschriftsteller. Die Begeisterung unter der deutschen Jugend kannte keine Grenzen und man könnte annehmen, dass die Reisegeschichten pädagogische Wirkungen ausgeübt hätten. Und tatsächlich sind auch Mays Geschichten voll von Sympathie für indigene Völker; er geißelte Genozide bedrohter Gesellschaften.

Und ausgiebig beschrieb Karl May – obwohl er nie dort gewesen war – Sitten und Gebräuche der Menschen in der weiten Welt, je obskurer, desto besser; und jedenfalls Geschichten aus zweiter Hand. Die zumeist grausamen Riten und Gewohnheiten prägten mehrere Generationen, ja die Romane waren das geistige Futter, mit dem pubertierende Gymnasiasten damals die weite Welt zusammenfassten und sie für „wahr" hielten. Die bekannteste Romanfigur Karl Mays war Old Shatterhand, ein deutscher Vermessungsingenieur, der beim Bahnbau im „Wilden Westen" der USA anheuert. Shatterhands Vis-à-Vis ist der Häuptlingssohn Winnetou, ein Apache, der den grausamen Brauch des Skalpierens aufgibt, nachdem er mit dem „edlen" Old Shatterhand in Kontakt gekommen ist. Ähnliches erlebt der deutsche Nahostreisende Kara Ben Nemsi, der zahlreiche Abenteuer mit seinem treuen moslemischen Begleiter Hadschi Halef Omar im Nahen Osten absolviert.

Was Karl May besonders ausgiebig darstellt und beschreibt, sind Einrichtungen wie Blutsbrüderschaft und den Marterpfahl in Nordamerika, Blutrache und Sklaverei im Nahen Osten. Es gibt Stereotypen vom guten und vom bösen „Wilden" in der Prärie, so wie es christen-freundliche und fanatische Moslems in der Wüste gibt. Es sind aber keineswegs die Abenteuer, die Menschen zu „Guten" oder „Bösen" machen, sondern anerzogene Charakterstärken und -schwächen. Das heißt, es geht um Tugenden wie Mannesmut, Überwindung von Feigheit und innere Stärke. „Deutsche Helden" müssen sich in feindlicher Umwelt mobilisieren. Dafür aber gibt es Hilfs- und Übungsmittel – und das wichtigste ist im Laufe des 19. Jahrhunderts fester Bestandteil des akademischen Erziehungsrituals – die studentische Mensur.

Unbewiesen, aber ein interessantes Faktum: 1888/89 verfasste nämlich Karl May eine Fortsetzungsgeschichte „Der blaurote Methusalem": Da durchreist der deutsche Farbstudent Fritz Degenfeld in voller Wichs das krisengeschüttelte chinesische Kaisertum. Karl May war natürlich nie in China, beschreibt aber die Chinesen kollektiv als betrügerisches, listiges, verschlagenes und opiumverseuchtes Gesindel. In seiner Vollwichs mit Bart, Hund und Diener selbst eine Karikatur, zeigt er aber auf Schritt und Tritt den Chinesen seine deutsche Überlegenheit. Es gibt nun keinen Hinweis – aber eine interessante Koinzidenz: Am

Ein deutscher Farbstudent in China

27. Juli 1900 verabschiedete nämlich Kaiser Wilhelm II. das nach China aufbrechende deutsche Expeditionskorps und hielt seine berühmte „Hunnenrede". Er sagte: „Ihr sollt fechten gegen einen verschlagenen, harten, gut bewaffneten grausamen Feind. Kommt ihr an ihn, so wisst ihr – Pardon wird nicht gegeben. Gefangene werden nicht gemacht!"

Der Gewaltforscher und Yale-Professor Peter Gay hält die Mensur für eine Konsequenz der damaligen Aggressionsstimmung. Daher gibt es nach Gay auch den engen Zusammenhang von Kleinkinderlektüre, Jugendabenteuer und Beschreibungen der „Männlichkeit" der Mensur.

Der Salzburger Psychiater Thomas Radauer geht noch weiter und meint, dass Mensuren-Fechten bei schlagenden Burschenschaften,

Corps etc. mit den Initiationsritualen außereuropäischer Völker zu vergleichen ist. Dort ist es die gelassene und mutige Hinnahme des Zähne-Ausschlagens, das Ertragen von Tätowierungen und Skarifizierungen (Hautritzungen), um jemanden zum Mann zu machen. In Europa will man „Ritterlichkeit und Selbstdisziplin" anerziehen und damit eine Art ritueller „Selbsterfahrung" erreichen. Das gilt im Übrigen auch für Pennalien, also Gymnasialverbindungen, die die Rauferei von Buben zum Erziehungsritual stilisieren.

Ein Beispiel dafür ist die Gothia Wels (Oberösterreich), deren Paukanten mit freiem Oberkörper fechten, wobei Säbel zum Einsatz kommen, die stumpf, schartenfrei, abgerundet und mindestens einen Finger breit sind. Das Internet-Portal der Gothia betont, dass es auch bei den Pennälern nicht um Sieg oder Niederlage geht, sondern darum, sich selbst zu überwinden und eine bestmögliche körperliche Leistung unter Beweis zu stellen – Stich- und Schnittwunden sollen „unmöglich" sein: „Trefferbereich ist bei uns der Oberkörper, Kopf, Ellenbogen, Hals und Genitalbereich sind ausreichend geschützt." Und auch hier das Ritual, das man 15- und 16-Jährigen verpasst: „Die Mensur ist ein Mittel zur Selektion, zur Erziehung, zur Traditionsbewahrung, zur körperlichen Ertüchtigung, zur Unterscheidung und zur Gemeinschaftsbildung."

**

In diesem Zusammenhang erinnern sich Insider daran, dass der Chef der Freiheitlichen Partei Österreichs – und Nachfolger des tödlich verunglückten Jörg Haider – 2004 eine Mensur ausgefochten hat, die auf der Bude der Mittelschulverbindung Germania-Ried in Oberösterreich stattfand.

Die Vorgeschichte: Heinz Christian Strache war 15 Jahre alt, als er der Wiener pennalen Burschenschaft Vandalia beitrat. Auch dort trug man Mensuren nicht mit scharfen Schlägern aus, sondern kannte die Form des Säbelkampfes. Nach Schulbesuch bei den Patres von Strebersdorf in Wien-Floridsdorf sowie einer Handelsschule absolvierte er eine Ausbildung als Zahntechniker. An der Universität Wien studierte er ein Jahr lang Geschichte, machte sich danach selbständig – und beschloss, Politiker zu werden. 2004 war

Student Graf Bismarck: In drei Semestern 28 Gefechte

es so weit: Er wurde Chef der FPÖ-Landesorganisation der Bundes-
hauptstadt Wien.

Mehrmals hatten Institutionen, die die Lebensläufe prominenter
FPÖ-Politiker recherchieren, das Interesse Straches für Wehrsportar-
ten festgestellt, etwa Paintball, Spiele mit Gummiknüppel, Pumpguns, Schreckschussrevolver etc.

Unbestätigt ist, dass Strache in diesen Jahren, da er seinen Aufstieg
in der FPÖ vollzog, ein Fechttraining absolviert hat. Umso erstaunli-
cher, dass er einen Salzburger Arzt zur Mensur aufforderte, der über
ihn abfällige Bemerkungen gemacht hatte.

Am ersten Adventsonntag 2004 fand bei den Rieder Germanen der
Kampf statt – und das nach einem Pennälerbrauch vor Ort mit nack-
tem Oberkörper und stumpfen Säbeln.

Die Details der Prozedur vereinbarte man stillschweigend im kleinen
Kreis, sodass bis heute der Name des Strache-Kontrahenten, eines
Salzburger Orthopäden, zwar bekannt ist, aber von den Medien vor
Ort nicht bekannt gegeben wurde. Strache soll aus der Sache mit
roten Striemen und blauen Flecken ausgestiegen sein; aber auch der
Arzt habe ganz schön etwas abgekommen, wiewohl niemand „Kamil-

lesäckchen" auflegen wollte. Die tapferen Burschen gingen also mit einem Handshake auseinander – und nur der FPÖ-Stadtrat und Germane aus Ried, Elmar Podgarschek, erklärte gegenüber einigen Zeitungen: „Natürlich ist das Fechten ein Anachronismus, aber in der Katholischen Kirche werden ja auch immer noch Selbstgeißelungen praktiziert" – die Germania und ihre Buben aber seien zusätzlich „lupenrein demokratisch".

***

Es ist dem Corps Teutonia-Stuttgart zu danken, dass man dort vor nicht allzu langer Zeit ausrechnete, dass seit Einführung der verpflichtenden Bestimmungsmensuren nicht weniger als zwei Millionen Partien geschlagen wurden. In Bad Kösen wurde beschlossen, dass jedes Corpsmitglied vor der sogenannten „Burschung" – also dem Übertritt vom Fux zum Burschen – wenigstens eine Mensur ausfechten musste, was vorausgehende „Dummer Junge"-Rufe notwendig machte, um zum Kampf-Erlebnis zu kommen. Früher musste nämlich eine „Beleidigung" vorliegen, sollte die Mensur rechtmäßig sein. Und so rief man der Einfachheit halber demjenigen „Dummer Junge" zu, den man sich als Mensurgegner wünschte. In einem bösartigen zeitgenössischen Kommentar über die Gilden der Tapferen an den deutschen Universitäten heißt es:

> *Sie schlagen sich Schmisse ins Gesicht,*
> *denn auf dem Hintern sieht man's nicht.*

Eindrucksvoller noch hat Kurt Tucholsky 1929 den Mensuren-Wahn literarisch verarbeitet:

> *Der deutsche Geist? Hier steht er.*
> *Wie unsere Tiefquart sitzt!*
> *Wir machen Hackepeter,*
> *Dass die rote Suppe spritzt.*
> *Wir sind die Blüte der Arier*
> *Und verachten kühl und grandios*
> *Die verrohten Proletarier*
> *Auf die Mensur! Gebunden! Los!*

Nun ist das genau jener Vorwurf, der heute allgemein verbreitet ist: dass die Mensur gewollt ist und Verletzungen hervorrufen soll, die als eine Art „Statussymbol" lebenslang sichtbar bleiben (was im Übrigen auch für die schmerzhafte Tätowierung bei Gegenwarts-Teenagern gilt).

Was aber sagen die Waffenstudenten selbst zum Sinn und Unsinn der Mensur? Seit es das World Wide Web gibt, sind ja auch Wortmeldungen der Schlagenden selbst in alle Welt möglich und üblich geworden.

Da sind z. B. die Burschenschafter der Normannia-Bielefeld mit ihren Farben Grün-Weiß-Gold und dem Wahlspruch „Vivat-Crescat-Floreat!" bzw „Ehre-Frei-

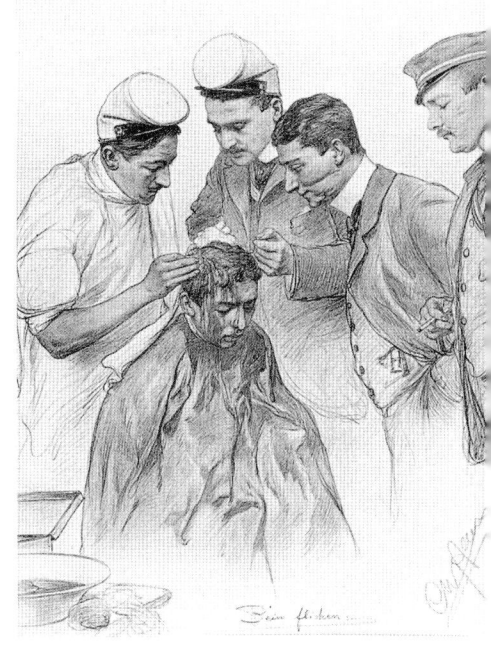

Versorgen des Paukanten: Den inneren Schweinehund überwinden …

heit-Vaterland!". Erst 1993 haben sie nach mehreren Teilungen der Korporation die Bestimmungsmensur wieder eingeführt und verstehen sich heute als aufgeschlossene Gemeinschaft, die dem freiheitlichen Denken, sozialem und ethischem Handeln verpflichtet ist. Und die Weiterführung der Tradition des Waffenstudententums? Die besteht in der Verpflichtung zum Schlagen von zwei Mensuren während der aktiven Zeit: *Oftmals wird so getan, als ob wir es in einem Anflug von Masochismus auf Mensurverletzungen („Schmisse") anlegen würden. Dabei geht es bei einer Mensur nicht darum, seinen Gegenpaukanten und einander zu verletzen – sondern sich kennenzulernen und seinen inneren Schweinehund zu überwinden. Die Möglichkeit einer Verletzung ist ein kalkulierbares Risiko und zeigt den restlichen Bundesbrüdern, dass man bereit ist, im wahrsten Sinne des Wortes den Kopf für seine Verbindung hinzuhalten … denn die schlagenden Studentenverbindungen nutzen das akademische Fechten als Erzie-*

hungsmittel, andere als Charakterschule ... wobei die Mensur vor allem eines stärkt: das Selbstvertrauen und Gemeinschaftsgefühl innerhalb unseres Bundes ... ähnlich wie bei Extremsportarten Fallschirmspringen und Klettern. Nach einer Mensur ist man jedenfalls stolz auf das Geleistete. Man weiß, was man sich zutrauen kann ...

***

Tatsache ist allerdings, dass es über die Mensuren und ihr Reglement verbindungsintern verschiedene Auffassungen gibt. Ja, mehr noch: Zeitweilig ist das Thema „Mensur" ein zentrales Thema der Aktiven, weil der Erfolg der Nachwuchspflege von der öffentlichen Meinung abhängt.

Seit es das Internet gibt, sind jedenfalls dort oft interessante Meinungsäußerungen aus dem Kreis der „Schlagenden" zu finden, die eine beachtliche Bandbreite aufweisen. Der „Mainstream" wird zwar zumeist von Alten Herren bestimmt, die Jungen haben aber durchaus differenzierte Meinungen. Auch gibt es Burschen, die vor allem bei Journalisten und Kommilitonen, Familienmitgliedern und Freundinnen auspacken. Da machte sich die Jungjournalistin Nicole F. auf den Weg, sich mit der Technik des eigentlichen Kampfes zu beschäftigen und die Schutzmechanik zu erkunden. Der tapfere Bursch erzählte ihr frei von der Leber:

Du bist geschützt am Hals durch eine Halskrawatte, somit schützt du die Aorta, die Schlagader ... weiters bist du geschützt mit einer Schutzbrille, die eigene Kanäle bei den Pupillen hat – und auch Kanäle für den Gehörgang, damit im Ohr nichts passieren kann, zum Beispiel beim Trommelfell, beim Gleichgewichtssinn. Das heißt, du bist nur zu treffen am oberen Bereich des Kopfes sowie unter der Brille bis zum Kinn ... Was das Ausweichen betrifft, gilt: Wenn ich ausweiche und irgendwohin haue, dann treffe ich den Gegner vielleicht nicht am Kopf, sondern bei der Nase, beim Mund, bei den Lippenbändchen oder sonstigem ... Die Paukanten stehen einander in einem gewissen Abstand gegenüber, also sehr nah beieinander, sodass wirklich nur Schmisse in der oberen Hälfte des Kopfes oder im Wangenbereich passieren können. Wobei der Wangenbereich extrem schwierig zu treffen ist, das geht fast nicht, weil du ihn nie scharf triffst. Das Fleisch in der Wange ist einfach so weich, wenn ein Gegenstand hinkommt, richtet sich die Wange das selber, man muss also exakt hinkommen, damit wirklich was passiert. Aber der Kopf ist ja hart, da braucht es nicht viel, dass ein Schmiss entsteht ...

Und wie geht es bei einer Mensur zu? Ein zweiter Bursche erzählt: *Die Atmosphäre im Mensurlokal ist archaisch und beklemmend ... es riecht nach Blut, Schweiß und Sagrotan. Der Geruch von verschüttetem Bier wird durch diese Mischung übertönt. Das Licht scheint nur schwach, obwohl die Mensurteams angekommen sind. Die Herren Gegenpaukanten sind jung, die Haare sind kurzgeschoren, sie sehen martialisch aus in ihren Rüstungen und Bandagen aus schwarzem Leder. Die stählernen Mensurbrillen werden gerade gesetzt. Mit einem kräftigen Ruck wird die Brille so festgezurrt, dass die Paukanten das Gefühl haben, dass ihre Köpfe gleich zerspringen werden und der Puls der Paukanten in Anflügen von kaum anzukämpfender Panik hämmert. Die Halsbinde liegt wie die Finger einer Riesenfaust um die Kehlen, so eng, dass jeder Herzschlag spürbar wird. Die Körper der Paukanten sind mit Adrenalin vollgepumpt und die damit verbundene Spannkraft sorgt für die nötige innere Unruhe. Dann haben die Paukanten plötzlich einen Meter geschliffenen Stahls in der Hand und sehen dem Gegenüber in die Augen ... jedenfalls werden sie alles Mögliche tun, um dem Gegenüber zuerst die kalte, scharfe Klinge quer durchs Gesicht zu ziehen ... denn die einzige Emotion, die dem Fechter im Moment der Konfrontation bewusst wird, ist Furcht – Furcht vor Verletzung, Furcht vor dem Liegenbleiben oder dem Mucken. Also: Ganz besonders Angst vor dem Gesichtsverlust ... denn auf Technikfehler folgen Schmisse, auf Fehler in Haltung und Moral folgt die moralische Abfuhr. Im Raum hört man die bellenden germanischen Kommandos der Sekundanten: „Hoch bitte – fertig! – Los!"*

Ein Paukant einer Kölner Burschenschaft berichtet: *Die Waffe des Gegenpaukanten schlägt plötzlich in die Richtung des Gesichtes. Es gibt einen Zusammenstoß der Kräfte ... scheinbar ohne Plan oder Zweck rattern die Hiebe wie Hagel. Ein Büschel Haare fliegt plötzlich durch die Luft: „Warum Halt, Herr Gegensekundant?" Die Antwort: „Ihr Paukant ist getroffen."*

Der Paukarzt schaut sich den Treffer kurz an und spricht anschließend beunruhigend lange mit dem Sekundanten. Dann sagt dieser: *„Wir danken für die gehabte Partie. Unser Bund führt ab auf Schmiss".* Und der Unparteiische beendet mit den Worten: *„Silentium ex, Partie ex."*

Von der Premiere eines Jungburschen nach der ersten Pflichtmensur: *Die Partie ist Gott sei Dank überstanden. Das Blut fließt langsam in zwei kleinen Strömen, doch das ist irrelevant. Niemand hat ‚gemuckt' und niemand ist ‚liegengeblieben'. Der Kampf gegen den inneren Schweinehund wurde gewonnen.*

Nun werden die Paukanten tatsächlichen den Premierentag nicht vergessen. Und nach dem Motto „Schafft euch Erinnerungen" vielleicht eines Tages ihren kopfschüttelnden Enkeln davon berichten …

Mittlerweile versorgt der „Bader" die Verletzten medizinisch und auch hier gilt: Man ist ein toller Bursche, wenn man stillhält, denn gereinigt und genäht wird ohne Narkose. Die Schmerzen können daher beim Versorgen größer sein als während der Mensur.

So spannend nun das Ritual auch sein mag, so selten finden sich Beschreibungen und Meinungen, Diskussionen und Chats in deutschen und österreichischen Printorganen oder gar im Fernsehen. Eine Art Tabu liegt über der Thematik.

Zweifellos ist aber auch die Bereitschaft, sich mitzuteilen, bei so manchen schlagenden Verbandsbrüdern nicht übermäßig ausgeprägt. Man habe sie, so behaupten viele in den Korporationen, allzu oft „hineingelegt".

Daher gilt vielfach die Parole: Wir bleiben unter uns. Und wer einmal eine Mensur durchgestanden hat, tritt auch aus seiner Verbindung erfahrungsgemäß kaum aus. Die „Lebensgemeinschaft" hält – und das trotz diverser Streitereien, Spaltungen, Neugründungen der Verbände, Convente, Kartelle, Pennalien, Ringe, Studentenvereine etc.

Mensuren schlagen heute normalerweise die Corps, Burschenschaften, Turner- und Sängerschaften, ja sogar Akademische Rudervereine.

Derzeit sind *pflichtschlagende* Korporationen: die Verbindungen des Kösener Senioren-Konvents (KSCV), des Weinheimer Seniorenconvents (WSC), des Koburger Konvents (CC), des süddeutschen Kartells (SK); weiters die Deutsche Burschenschaft in Österreich (DBÖ), die

Österreichischen Landsmannschaften, der Turnerschafter Convent (OLTC), der Delegiertenkonvent der Fachstudenten Österreichs (CDC), der österreichische Pennälerring (OPR), der Schweizerische Waffenring.

„Fakultativ" schlagende Verbindungen verpflichten nur zum Erlernen des Mensurfechtens – auch „Pauken" genannt; „freischlagend" sind jene, die nicht mit scharfen Waffen kämpfen, sondern nur auf Wunsch hin; Mittelschulverbände stellen dafür den höchsten Anteil. Dazu kommen die Nichtschlagenden: Sie verzichten gänzlich auf Mensuren, einige stellen sich aber auch mit stumpfen Waffen gegeneinander auf.

***

Rein äußerlich mag auch der Eindruck entstehen, dass es bei Mensuren weder Sieger noch Besiegte gibt. Da haben sich die Bundesbrüder der Baltica-Borussia-Danzig zu Bielefeld die Mühe gemacht, eine Mensur in Zeitlupe nachzustellen: Demnach werden jeweils 40 Gänge zu je vier Hieben gefochten. Insgesamt gibt es also 160 Möglichkeiten für einen Schmiss. Es gibt – um getroffen zu werden – „hohe" und „tiefe" Partien. Bei den einen fließt Blut oberhalb der Paukbrillen, bei den anderen ist die Wange dem „scharfen Zieher" ausgesetzt.

Interessant ist in diesem Zusammenhang wohl auch die Tatsache, dass das blutige Ritual in den verschiedenen Regionen Mitteleuropas eine unterschiedliche Bedeutung besitzt. Was Statistiken betrifft, besteht insoferne eine Verzerrung, als es jahrzehntelang in der DDR weder schlagende noch konfessionelle Korporationen gegeben hat. Traditionellerweise – wie auch infolge der politischen Umstände – weisen kleinere und überschaubare Universitätsstädte wie Heidelberg, Göttingen, Jena etc. eine größere Dichte von Angehörigen schlagender Korporationen auf als Studierende an Massenuniversitäten von Millionenstädten.

Treppenwitz der Geschichte: Sowohl die meisten schlagenden Korporationen wie die konfessionellen finden sich – gemessen an der Gesamtbevölkerung – in Österreich. Hier ist auch das Farbstudententum extrem politisiert und lebt ein sehr offenes gesellschaftliches Leben aus. Wobei es natürlich Verbindungen gibt, die sich selbst für außergewöhnlich halten und es in gewissem Sinn auch sind. Da können tatsächlich vor allem in Deutschland die Corps mit hochadeligen und prominenten Mitgliederverzeichnissen aufwarten:

Nicht nur Bismarck war ein „Eiserner Corpsstudent"; ihm folgte etwas später der Kronprinz, der spätere Kaiser Wilhelm II., der das Corps Borussia-Bonn zur ersten Wahl machte. Ludwig Prinz von Baden ließ sich beim Corps Suevia Heidelberg rezipieren und Max Prinz von Baden, der letzte kaiserliche Reichskanzler, war beim Corps Rhenania-Freiburg aktiv. Der spätere Reichspräsident (und historische Unglücksrabe) Paul von Hindenburg war Mitglied der Montania Freiburg und Wilhelm Liebknecht, der Mitbegründer der SPD, fand sich beim Corps Rhenania Gießen in bester Gesellschaft.

Es würde jedoch eine eigene Studie verdienen, den erstaunlichen Zusammenhang zwischen Corps und Burschenschaften einerseits und dem „Militärisch Industriellen Komplex" des Deutschen Reiches andererseits zu recherchieren. In zwei Weltkriegen haben Couleurstudenten in fast allen entscheidenden technischen Bereichen eine ganz besondere Rolle gespielt.

- Da ist Friedrich Bayer, Begründer der Bayer-Werke Leverkusen, der beim Corps Saxonia-Bonn aktiv war.
- Gottlieb Daimler, Erfinder und KFZ-Industrieller, war ebenso wie Fritz Henkel, der Begründer der Henkel-Chemie, Mitglied des Corps Stauffia-Stuttgart.
- Carl von Opel gehörte zum Corps Franconia-Darmstadt, Ferry Porsche zum Corps Teutonia-Stuttgart ...

Umso bemerkenswerter ist, dass sich auch Dichter, Musiker und Wissenschaftler von der Romantik und Gemeinschaftsethik des Farbstudententums angezogen fühlten:

Corps-Studenten waren etwa der Komponist Robert Schumann (Saxo Borussia-Heidelberg), Joseph von Eichendorff (Silesia Halle), der Humorist Ludwig Thoma (Suevia München), der Mediziner Alois Alzheimer (Franconia-Würzburg) und der Naturforscher Alfred Brehm (Saxonia Jena).

***

Der Vorgriff im Zeitablauf erspart uns jedoch nicht, noch einmal zur Periode nach 1848/49 zurückzukehren, als man neue „Lokomotiven" auf alte „Gleise" stellen wollte, nichts verändern, aber dem spürbaren Auftrieb doch Rechnung tragen – das hieß neuerlich Feuer mit Wasser zu verbünden. Im Grunde waren zwar Preußen und Österreich nicht in bilaterale Konflikte verstrickt, geschweige denn in einem Kriegszustand, aber man lauerte in Berlin wie in Wien darauf, den Konkurrenten zu schwächen. Es gab noch immer den fatalen Deutschen Bund als Fleckenteppich der Macht, nur hatte man die Versprechungen, Verfassungsentwürfe und Amnestien kaltblütig wieder außer Kraft gesetzt. Preußen saß in Norddeutschland damit fest im Sattel, im Süden hatten die Österreicher ihre Nationalitäten zwangsberuhigt, die Italiener sogar geknebelt – und das unter den Klängen des feschen Radetzky-Marsches, der legendären Siegesmusik von Johann Strauß Vater.

Doch halt: Österreich hatte seinen neuen Kaiser samt einer blendend schönen Frau zu bieten, während sich Preußens Friedrich Wilhelm mit seinem Kaiserkronenspiel für eine gute Weile selbst in die zweite Reihe gestellt hatte. Franz Joseph in Wien schien überdies ein interessanter Charakter zu sein, so ziemlich das Gegenteil des debilen Kaisers Ferdinand, der vor der Revolution ins tiefkonservative Tirol geflohen war. Es war 1848 daher ein guter Beschluss des Familienrates, dass Ferdinand auf den Thron verzichtete und sein „Adieu" durchhielt. Die Krönungszeremonie in der mährischen Stadt Olmütz – denn Wien war viel zu unsicher – geriet zum G'spaß nach dem Gusto der „kleinen Leut": Denn als sich Franz Joseph kniend und betend bei seinem Onkel auf den Thronwechsel vorbereitete, sagte dieser zu ihm: „Bleib nur brav, es ist gern g'schehen."

Nun hätte Franz Joseph I. aus dem Hause Habsburg-Lohringen einen passablen Wiener Couleurstudenten abgegeben, hätte er nicht Staatspolitik betreiben *müssen*. Notabene – weil ihm seine Mutter und diverse Berater fleißig dreinredeten. Franz Joseph war freilich auch alles andere als ein Intellektueller oder Mann der Wissenschaft. War er doch zum Offizier ausgebildet worden und zog seine innere Uniform 68 Jahre lang nicht mehr wirklich aus. Franz Joseph hatte auch wenig Verständnis für gesellschaftliche Experimente, Freigeisterei, hielt nichts von Rede-, Lern- und Lehrfreiheit und hatte ergo auch kein Interesse für das Farbstudententum, für kollektive Geselligkeit und Lebensfreundschaften. Vereinsdemokratie war ihm ein Gräuel und er hasste die Germanenspielerei der Korporationen. Für Symbolträchtiges hingegen hatte der Militärfetischist Interesse. Fahnen, Uniformen, Orden hielt er für etwas Eindrucksvolles und für eine wichtige Machtdemonstration seines Imperiums nach außen. Mit dem Ende der Revolution flatterten auch keine schwarz-rot-goldenen Fahnen mehr über den Dächern Wiens. Sogar sein Onkel Johann, der Reichsverweser der Paulskirche, legte das schwarz-rot-goldene Couleurband ab, als er Frankfurt verließ. Jetzt war wieder alles konservativ schwarz-gelb in Österreich und es brauchte eine gute Weile, bis man die Formen, Farben und Riten der deutschen Studentenverbindungen überhaupt kennen lernte – dank deutscher Studenten, die an österreichischen Universitäten inskribiert hatten.

Hingegen befürwortete Franz Joseph höchstselbst das Duell als Pflicht für Offiziere, ihre Ehre zu schützen. Er dürfte es für unvermeidlich angesehen haben, dass seine Soldaten einem inoffiziellen Kodex entsprachen, dass durch Duelle viele Offiziere zu Tode kamen oder schwer verletzt wurden. Er nahm es stoisch hin, bestand aber ebenso darauf, dass der Sieger in einem Duell den Abschied aus der Armee oder aus einer öffentlichen Spitzenposition nahm.

Seinen wichtigsten – und von Gottes Gnaden ihm gegebenen – Auftrag sah Franz Joseph in der Erhaltung seiner Monarchie. „Was Du ererbt von Deinen Vätern, erwirb es, um es zu besitzen", hatte Goethe gedichtet; und der junge Kaiser nahm (im Vergleich zum Heute) beachtlich viele Flüchtlinge, Asylanten und Wanderarbeiter in den österreichischen Kronländern auf; Hauptkontingent: Juden und andere Minderheiten aus dem russischen Zarenreich. Überdies kamen zahlreiche Balkanchristen über die ehemalige Militärgrenze aus dem Türkischen Reich – und wollten nach Russland.

1850 wies die Habsburgermonarchie über 31 Mio. Einwohner auf, Wien umfasste erst 444.000 Einwohner, Budapest folgte mit 178.000, Prag war eine mehrheitlich nicht-tschechische Stadt.

Das Königreich Preußen hingegen stand an zweiter Stelle: Die zum Deutschen Bund gehörende Einwohnerschaft betrug 24 Mio. Einwohner, Berlin war schon auf 800.000 angewachsen. Die Verstädterung ging also in Deutschland schneller vor sich als im weitgehend agrarischen Habsburgerreich; die Eröffnung neuer Universitäten auch. Das rapide Wirtschaftswachstum hatte auch etwas mit den Konfessionen zu tun. Angesichts des besonders innigen Verhältnisses der super-katholischen Habsburger zum Papsttum erwartete man in Rom eine Art Interessensvertretung durch Wien. Stattdessen suchte Franz Joseph engeren Kontakt zu den Juden unter seinen Untertanen und ergriff auch dann keine repressiven Maßnahmen gegen sie, als mehr und mehr emanzipierte österreichische Juden in der Kulturpolitik eine Rolle zu spielen begannen. Allerdings wiederum nur für kurze Zeit: Mit dem „Silvesterpatent" vom 31. Dezember 1851 hielt sich Franz Joseph für ausreichend gefestigt und nahm den Juden wieder den Großteil der Zugeständnisse weg; was ihnen blieb, war lediglich eine Art interner Selbstverwaltung durch eine „Israelitische Kultusgemeinde", die heute noch existiert.

Als die Residenzstadt Wien schließlich völlig erneuert sowie die Stadtmauern geschleift worden waren, spielten Juden beim technischen und kommerziellen Management eine hochaktive Rolle. Und auch immer mehr Kaufleute, Ingenieure, Architekten aus dem deutschen Norden – konkret aus Preußen – machten an der Donau gute Geschäfte. Hinter ihnen her zogen zahlreiche deutsche Studenten, denen das Studium im Süden mehr Vergnügen bereitete als das Pauken im kühlen puritanischen Norden.

So kam relativ schnell das Korporationswesen – das man an der Donau nur vom Hörensagen gekannt hatte – in seiner deutsch-nationalen Ausformung in die habsburgische Welt, die damit arg politisiert wurde. Bismarcks Preußen hatten jedenfalls binnen kurzer Zeit in Österreich eine „Fünfte Kolonne" im Einsatz, die für ein Zusammenführen der Deutschen eintrat und mit den habsburgtreuen Nationalitäten nichts zu tun haben wollte (ja diese insgeheim verachtete). Endlich eine Vereinigung – und diese sogar unter preußischem De-facto-Kommando … Bismarck sprach es ganz offenherzig aus, wie Erzherzog Johann berichtete. Ein Jahr vor seinem Tod traf die alt gewordene Galionsfigur der Paulskirche mit dem preußischen Bundestagsgesandten zusammen. „Ein sehr gebildeter, artiger Mann", beschrieb der Steirische Prinz danach den vergleichsweise jungen Bismarck: „Aber er ist des Sinnes, Österreich müsse heraus aus

Deutschland, Preußen an die Spitze und dann kann eine Allianz zwischen den beiden Großmächten ... eine sehr erfreuliche Ansicht, welcher ich nicht beipflichten kann."

Bismarck hatte zuvor die Burschenschaftsbewegung – neben den Corps – richtig in Stellung gebracht. Es entstanden nämlich diverse Verbände wie das Norddeutsche und später das Süddeutsche Kartell oder der „Eisenacher Burschenbund". Maßgeblich für die Stimmung war der ungeheure nationalistische Schwung, der an den Universitäten Deutschlands wie Österreichs zu Friedrich Schillers 100. Geburtstag im Jahre 1859 entstand; mitgetragen wurde dieser Schwung auch von den Schulen und Theatern. Schiller und die deutsche Klassik wurden zum Maß aller literarischen Deutschtümelei, die den Charakter der „Kulturnation" herausstreichen sollte. In nicht weniger als 440 deutschen und 50 nichtdeutschen Städten fanden Aufmärsche und Fackelzüge statt – und überall tauchten Studenten in Couleur auf. Farbentragen hieß ja, ein Glaubensbekenntnis zur kulturellen *Überlegenheit* der Deutschen in der Welt abzugeben. Wobei selbst die Schweiz kräftig nationalistisch mitwirbelte, wurde doch damals Schillers *Wilhelm Tell* zum eidgenössischen Nationsdrama schlechthin, historisch ein wenig ungenau, aber voll von Emotion.

In Österreich bedeutete Couleur-Tragen noch mehr: Der Träger eines Farbbandes zeigte nämlich nicht nur an, die überlegene, führende und beherrschende deutsche Sprache zu sprechen, sondern damit auch seine Abneigung gegenüber zu viel Slawischem, Magyarischem, Welschem zum Ausdruck zu bringen. So kam es zum Sprachen-Konflikt, aus dem sich Österreich später nicht befreien konnte.

Notabene, weil das Schillerjahr überschattet war von der Blamage von Solferino. Die glorreiche Diplomatie des Ballhausplatzes hatte es in den Jahren nach 1848 nicht geschafft, Italien, das bis in die Toskana habsburgisch war, nachhaltig zu befrieden. In Wien übersah man überdies, dass Frankreichs Kaiser Napoleon III. bereit war, dem Risorgimento – also der „Wiedergeburt" – Italiens auf die Sprünge zu helfen und von Turin aus den „Befreiungskampf" gegen die Österreicher zu führen. Kaiser Franz Joseph übernahm höchstpersönlich das Oberkommando und verlor erbärmlich die Entscheidungsschlacht wie den ganzen Feldzug; eine Blamage, die den in Prag in Pension lebenden Kaiser Ferdinand I. zur Bemerkung veranlasste: „Also, das hätt ich auch zusammengebracht!"

***

Das wirklich Miserable war in diesem Zusammenhang freilich das Verhalten Preußens. Obwohl Frankreich und Sardinien gegen Österreich aufrüsteten, hatte sich Bismarck in Frankfurt – just in Frankfurt! – beim öffentlichen Spaziergang Hand in Hand mit dem Botschafter des Möchtegern-Staates Sardinien gezeigt. Was Bismarck längst vorbereitete, war ein massiver militärischer Angriff auf Österreich – wie er auch schrieb: *Die gegenwärtige Lage hat wieder einmal das grosse Los für uns im Topf, falls wir den Krieg Österreichs mit Frankreich sich scharf einfressen lassen – und dann mit unseren Armeen nach Süden aufbrechen, die Grenzpfähle im Tornister mitnehmen und sie entweder am Bodensee oder da, wo das protestantische Bekenntnis aufhört, wieder einschlagen ...!*

Schließlich erklärte der preußische Gesandte Viktor von Unruh – ein Burschenschafter aus dem Paulskirchen-Parlament –, dass Preußens Ziel es sein müsse, *Österreich aus dem eigentlichen Deutschland zu entfernen.* Antwort Bismarcks: *Es gibt nichts Deutscheres als die Entwicklung richtig verstandener preußischer Partikularinteressen.*

Letztlich trat die österreichische Niederlage schneller ein, als Preußens Dolchstoß öffentlich wurde. Aber auch andere Zelebritäten vertraten schon damals keinen deutsch-patriotischen Standpunkt, sondern kaltblütig nur die kleinstaatlichen oder parteipolitischen Interessen. Wie zum Beispiel der Corpsstudent Ferdinand Lassalle, der als großartiger Arbeiterführer die Schrift *Über den italienischen Krieg und die Aufgabe Preußens* herausbrachte; sein Tenor: Endlich die Chance für die Zertrümmerung der Habsburgermonarchie nützen ... Dabei waren immerhin die Gegenkräfte in Deutschland – ja, in Preußen – stärker, als man glauben hätte sollen; der Intellektuellen-Nationalismus erwies sich als *Quantité négligeable* im Vergleich zum Nationalismus der Masse.

Und das wirkte sich an den Universitäten aufs Erste dadurch aus, dass es mit den katholischen Verbindungen aufwärts gehen konnte.

An einigen Universitäten fiel damals auch das Verbot der Habilitation katholischer Professoren. Die katholische Korporation Bavaria-Bonn schloss mit der Sauerlandia-Münster und einem katholischen Leseverein ein Abkommen, das zuerst Gymnasiasten, später Studenten der Universität München den Zusammenschluss erlaubte. Die 1851 von dem späteren Missionar Pater Franz Lorenz Gerbl gegründete Aenania München wurde zur Ur-Korporation auf katholischer Seite – hatte sie doch die Mensur am energischsten gebannt. Allerdings tauchten auch Verbindungen auf, die nicht farbentragend waren, was zu allerlei Verwechslungen führte.

Das Corps Saxonia in Wien nimmt für sich in Anspruch, die erste couleurstudentische Verbindung Österreichs gewesen zu sein. Weiters soll die erste Schlägermensur zwischen dem Wiener Corps Saxonia und dem Wiener Corps Herulia stattgefunden haben. 1862 – ein Jahr später – standen die Saxen den Burschen der Silesia gegenüber. In Graz bildete sich ein „Blaues Cartell"; man strebte die Mitgliedschaft beim Kösener Senioren Convent an, allerdings ohne Chance. Dafür gab es den ersten Toten. Ein Student aus Jena forderte im Februar 1867 den Wiener Saxen Rudolf Kagerbauer, einen Studenten der evangelischen Theologie, aus nichtigem Anlass zum Duell. Man vereinbarte Kritzendorf bei Klosterneuburg als Ort des Ehrenhandels. Und dort, wo die Kehren zum Weißenhof aufsteigen, steht heute ein Gedenkstein … denn die Pistole Kagerbauers hatte versagt.

Immerhin: 142 Jahre später lud die Saxonia zu einem Gedenken ein und gab zu, „dass wir heute keinen Jubeltag feiern, sondern einen Mahntag, der uns an den vernünftigen Umgang mit unseren Mitmenschen erinnern soll".

Saxonia folgt da ganz ihrem Wahlspruch mit den Farben Blau-Rot-Gold: „Froh und frei."

Schlacht von Königgrätz (1866): „Sentimentalitäten zählen nicht."

„Gott war mit uns"

Ein Jude kann als missglückter Attentäter den grandiosen Sieg
Otto von Bismarcks nicht verhindern | Die Preußen besiegen in
Königgrätz die Österreicher | Kapellmeister Piefke spielt auf |
Dabei schießen die Preußen gar nicht so schnell … oder doch?

Er war kein Aprilscherz, der am 1. April 1815 geborene kleine Otto
Eduard Leopold von Bismarck-Schönhausen; vielmehr ein ausgesprochen hübsches und aufgewecktes Kind mit Locken und einem schel-
mischen Blick.
Otto war der zweite Sohn eines adeligen Rittmeisters und einer Bürgerlichen. Man lebte, wie preußische Junker damals lebten. Nur, Otto
ging nicht in die hinterpommersche Kadettenanstalt, sondern kam
nach Berlin ins humanistische Gymnasium. Lutherisch, deutschnational – was sonst? – wurde er nach bekanntem preußischem Drill
erzogen. 1832 entschloss er sich zum Jusstudium und inskribierte in
Göttingen.

Dort trat er in das Corps Hannovera ein und schaffte es während dreier Semester, 28 Mensuren zu schlagen. Unglaublich! Schließlich ließ er sich auch noch in ein Pistolenduell ein, bekam eine Karzerstrafe und ging nach Berlin, wo er sich gleich in Schulden stürzte.

In dieser Zeit muss ihm wohl schon der Gedanke gekommen sein, die Potenz der erwachenden Farbstudentenbewegung für Staat und Gesellschaft einsetzen zu können. Warum nicht der jugendlichen Kraft seiner Kommilitonen Ziel und Richtung geben?

Etwa zur Zeit seines Militärdienstes begann er, sich für Politik zu interessieren.

Und dort wurde man auf den konservativen Kraftlackl bald aufmerksam, Berlin war ja noch eine kleine Stadt und Kennenlernen wichtig. Bismark trat in den diplomatischen Dienst ein und der König schickte ihn zwecks Bändigung nach Frankfurt zum Bundestag, dann nach Petersburg und Paris. Interessant, was König Friedrich Wilhelm IV. von ihm hielt: „Nur zu brauchen, wo das Bajonett schrankenlos waltet."

Wahrscheinlich richtig, dieses Urteil; denn es dauerte noch ein paar Jahre, bis den jungen Bismarck der Ruf erreichte. Am 24. September 1862 wurde er jedenfalls zum preußischen Ministerpräsidenten ernannt.

Und damit hätte allen Zeitgenossen klar werden können, dass sich Preußen bereit machte – bereit für große Reisen in europäische Kriege. Aber die Zeit war noch nicht reif, um durch Aufklärung und Spionage gegnerische Absichten rechtzeitig zu erkunden. Ja man glaubte einander die in gedrechselten Briefen eingesetzten Schönfärbereien sogar bis hin zu den glatten Lügen.

Preußen war aber wohlgerüstet und modernisierte jetzt unter Bismarck die Armee. Zuerst unternahm man aber gemeinsam mit Österreich eine Strafaktion gegen das Königreich Dänemark. Man siegte bei Oeversee, eroberte die Düppeler Schanzen und die Preußen überließen der Binnenmacht Österreich sogar den Ruhm eines Seesieges vor Helgoland. Man feierte einander, stritt sich aber bald um die Beute – nämlich Schleswig-Holstein und das Herzogtum Lauenstein.

Trotzdem hätte in Wien niemand angenommen, dass der neue Mann in Berlin gegen den Bundesgenossen und Partner etwas im Schilde führte. Erst nach und nach setzte man – wie in einem Puzzlespiel – die unfreundlichen Akte und Äußerungen zusammen.

Denn Bismarcks in 28 Mensuren gehärteter Schädel ist stur: „Sentimentalitäten zählen nicht", sagt er. „Für die Phrasen vom Bruderkrieg bin ich stichfest – ich kenne keine andere als ungemütliche Interessenpolitik ... Zug um Zug und bar."

Wer also war dieser Mann wirklich? Warum wollte er so konsequent einen Krieg gegen die Österreicher?

Bismarck mied in diesen Tagen Menschenansammlungen und den „Demonstranten-Pöbel"; er entscheidet allein, weshalb er wohl an Depressionen leidet. Aber er zeigt dann wieder Zeichen der Liebe für das brave einfache „Volk", wenn es sich nur von der Obrigkeit führen und leiten lässt. Bald gewinnt er schließlich die praktische Einsicht, die die zahllosen späteren Vorurteile vorwegnimmt: „Man kann in Deutschland nur etwas ausrichten durch Vereine im Bunde, Zollverein, Militär-Konvention usw."

Diese Innenansicht zielt auf seine außenpolitische Absicht – die Neuordnung des noch immer existierenden, aber lächerlich ohnmächtigen Deutschen Bundes.

Wobei der psychologische Hintergrund wohl damit zu tun hat, dass nach den Jahren des Vormärz-Absolutismus der Ära Metternich – und nach der Periode des Neoabsolutismus – der allgemeine Wunsch nach „brüderlicher Einigkeit" in deutschen Landen stärker ist denn je. Freilich: Was Bismarck will, ist das genaue Gegenteil.

Was man heute als „Vereinsmeierei" abqualifiziert, war in der Zeit der wenig funktionierenden Kommunikation evident. Sie würden zusammenrücken, die Deutschen, und – wenn man es ordentlich organisiere – zu den größten Taten fähig sein. Wie die Burschen auch, die Verbands- und Bundesbrüder.

Also erfindet sich Bismarck sein deutsches Volk als riesigen Olymp von Verbands- und Bundesbrüdern in Couleur und Wichs, von Turnern und Wanderern, singenden und tanzenden Chören und Trachtenvereinen. Noch kann man nicht von einer Freizeitgesellschaft reden, aber man dichtet und musiziert und probiert neue Gemeinschaftsformen. Erst jetzt formt sich auch der endgültige Comment bei den Farbstudenten heraus, der sich bis heute als stabiles Geselligkeitsritual erhalten hat.

Ein neues Phänomen sind auch die Massenzeitungen; und Lesevereine. Die Familienzeitschrift *Die Gartenlaube* etwa ist voll von kleinbürgerlichem Pathos und übernimmt von den Burschenschaften einen regen Germania-Kult. Die Zeitschrift *Daheim* in Bielefeld ist an den Werten der christlichen Familie orientiert, in Stuttgart erscheint das illustrierte Wochenblatt *Über Land und Meer*.

Sie alle machen dem Philister des Corps Hannovera die Freude, wie fromme Schafe mitzumachen: bei der Hatz Bismarcks gegen Österreich. Ein Jahr nach seiner Bestellung hieß es da auch schon auf dem hoch-pathetischen Cover der *Gartenlaube* (wobei „deutsch" jeweils „preußisch" bedeutet):

> *Dass Deutschlands Volk, ein Volk in Waffen*
> *Nach außen hält und innen steht ...*
> *in reger Wettlust frohem Spiel*
> *von Reck und Barren ruft hernieder*
> *Euch bald ein andres, ernstes Ziel ...*
> *Und hallen einst die Siegerglocken*
> *Dann prangt in wahrem Festesglanz*
> *Auf unsrer Mutter goldnen Locken*
> *Der ewig grüne Eichenkranz ...*

Überhaupt wird Grün zu einer attraktiven Farbe – als ob man mit grünen Joppen, Gamaschen und Mützen die Natur besser erobern könnte. Während Schwarz-Rot-Gold gegenüber dem preußischen Schwarz-Weiß-Rot mehr und mehr in den Hintergrund tritt, kraxeln in den Alpen akademische Bergsteiger sogar in Couleur auf Felsen herum, rutschen über Eisplatten, stapfen durch dichtes Schneetreiben. Im Jahr von Bismarcks Bestellung existiert der „Österreichische Alpenverein" bereits, 1862 wird er sich mit dem „Deutschen Alpenverein" verbinden. Noch ein Jahr später gründet sich in Leipzig sogar ein „Allgemeiner Deutscher Arbeiterverein", der die deutschen Proletarier vom Alkohol wegbringen und zum *Frisch-fröhlich-fromm-frei* überzeugen will.

Da überall mitzumachen, fällt im Gegensatz dazu den Österreichern entschieden schwerer. Kaiser Franz Joseph, Oberhaupt eines Reiches mit 14 Sprachen, definiert sein Imperium zuletzt höchst diffus am Deutschen Juristentag in Wien: „Ich bin vor allem Österreicher, aber entschieden deutsch und wünsche den innigsten Anschluss Österreichs an Deutschland" – was in Anbetracht von alldem, was da noch kommen soll, als fatale Aussage zu werten ist.

Bismarck kann aufs Erste zufrieden sein, ist doch das intellektuelle Wirrwarr auf österreichischer Seite unübersehbar. Auf die Mentalität seiner Preußen, ja der Deutschen insgesamt, kann er sich verlassen. Seinem konservativen Vertrauten Leopold von Gerlach erklärt er, dass es auch nicht große Reden seien, auf die es ankomme, sondern auf „Eisen und Blut".

Welches Blut, welches Eisen aber meinte er wohl? Napoleon Bonapartes Revolutions-Franzosen sind längst tot, die Italiener Verbündete von Bismarcks Preußen, die Russen mit eigenen Problemen beschwert. Es gibt nur eine Landmacht der besonderen Art, die Bismarck für überflüssig hält. Und so schreibt er: „Wir atmen einer dem anderen die Luft vom Munde fort, einer muss weichen oder vom anderen gewichtet werden, bis dahin müssen wir Gegner sein."

Wen er meinte, hätte eigentlich überall immer klarer werden müssen. Ging es doch Schritt für Schritt in den Krieg hinein: „Wenn Österreich ein Pferd vorn anspannt, spannen wir eines hinten an", ist Bismarcks Devise. Dass freilich ein derartiges Manöver riskant ist, erweist sich kurz später ... denn nicht alle Untertanen lieben dressierte Pferde – erst recht nicht, wenn der Dompteur ein preußischer Junker ist.

***

Als Bismarck am 7. Mai 1866 Unter den Linden zu Fuß allein nach Hause geht, drückt ihm ein junger Mann einen Revolver gegen den Überzieher. Es ist an diesem Mai-Abend ziemlich kalt und Bismarck hat viel Unterwäsche an – die ihm jetzt das Leben rettet. Die Kugeln streifen nur seine Rippen und er kann sein Wohnhaus sogar ohne fremde Hilfe erreichen. Der preußische König besucht samt Leibarzt Gustav von Lauer noch am gleichen Abend den Mann, den er erst kurz zuvor zum Grafen geadelt hat. Und dieser wundert sich als echter Lutheraner: „Hier ist keine andere Erklärung als Gottes Hand dazwischen".

Der Attentäter, stellt sich heraus, ist Jude; Liberaler; Student in Tübingen und Stuttgart; Sohn und Stiefsohn von Burschenschaftern des 48er-Jahres. Sein Name: Ferdinand Cohen-Blind. In einem Augenblick der Unaufmerksamkeit seiner Bewacher schneidet er sich jetzt die Halsschlagader auf. Am nächsten Morgen ist er tot.

Es findet sich ein Brief an die Frau eines seiner Professoren: Er, der jüdische Student, habe immer die Freiheit geliebt und Tyrannen gehasst. Aber zuletzt die Überzeugung gewonnen, dass ein deutsch-deutscher „Bruderkrieg" unmittelbar bevorstehe – als provozierter Krieg Preußens gegen Österreich: „Wenn man, wie ich es getan, durch die blühenden Gefilde Deutschlands gewandert ist, die bald unter den harten Fußtritten des Krieges verwüstet sein werden ... so fällt es einem nicht schwer und kommt der Gedanke von selbst, den Urheber dieses Übels zu strafen."

Cohen weiter: Er wolle sich nicht mutwillig in die Affäre stürzen – aber nur wenn dieser „Verräter an Deutschland besiegt sein werde, könne man den Krieg vielleicht noch verhindern: „Es ist doch wenigstens des Probierens wert, durch das Opfer zweier Leben viele Leben zu retten."

Tatsächlich rüttelt das Attentat vor allem die Katholiken und Süddeutschen auf – Politiker wie Bürger. Cohen-Blind wird zum Märtyrer; eine württembergische Zeitung gibt die allgemeine Meinung wieder: Es wäre falsch, „den jungen Mann für einen schlechten Menschen zu halten, denn er habe sein Leben daran gegeben, das Vaterland von einem solchen Unhold wie Bismarck zu befreien ..."

Und schließlich wacht man auch in Wien auf; aber sowohl am Kaiserhof wie in der Regierung und in der Armeeführung ist man sich des Ernstes der Situation noch immer nicht wirklich bewusst. Dabei ist das Resümee vernichtend: Der Krieg droht verloren zu gehen, noch bevor er überhaupt begonnen hat. Die Preußen haben nämlich eine neue Wunderwaffe – das Zündnadelgewehr mit sieben Schuss in der Minute. Darüber war der österreichische Generalstab wohl informiert: Die Preußen würden in einer „an das Unglaubliche grenzenden Schnelligkeit" schießen können. Später ergeben Messungen, dass die Feuergeschwindigkeit eine dreifache ist.

Österreichs Generalstabschef Ludwig Ritter von Benedek ersucht Kaiser Franz Joseph, Friedensgespräche anzubahnen. Aber der Kaiser will seine Schlacht. Und nennt Benedek, der keine grandiose Ahnenreihe aufweisen kann, einen „Trottel".

Die gravierendsten Fehler haben freilich die Diplomaten am Ballhausplatz und die Militärs zu verantworten: Der Nachteil Österreichs lag in Bismarcks außerdeutscher Bündnispolitik. Das Königreich von Sardinien, das sich „italienisch" nennt, greift – mit Frankreichs Billigung – Österreich an und will sich Venetien einverleiben. So müssen die Truppen von Kaiser Franz Joseph in einen Mehrfrontenkrieg ziehen.

***

Der „Deutsche Krieg" wird mit der Schlacht von Königgrätz zum blutigsten Gemetzel des 19. Jahrhunderts, fürchterlicher als alle napoleonischen Schlachten einschließlich jener von Waterloo; rücksichtsloser als die revolutionären Kriege von 1848 und die Schlacht von Solferino, wo Henri Dunant das „Rote Kreuz" begründet hatte; vor allem auch schrecklicher als die Schlachten des Amerikanischen Bürgerkrieges wie Gettysburg oder Petersburg.

Am 3. Juli 1866 stehen 230.000 Preußen und Verbündete den 220.000 Österreichern samt Alliierten gegenüber, erstmals herbeigekarrt durch ein weit gespanntes Eisenbahnnetz. Den ganzen Tag über röhren in und rund um Königgrätz die Kanonen. Es sind aber die preußischen Gewehre, die das wirklich verheerende Blutbad anrichten, auch unter den Pferden beider Kampflinien. Königgrätz ist eine der letzten großen Kavallerieschlachten der Weltgeschichte.

Am Nachmittag zieht sich die österreichische Nordarmee entmutigt in Richtung der Stadt Olmütz in Mähren zurück, die Preußen besetzen ein paar Tage später Prag, anschließend Brünn und stehen am 17. Juli in Lundenburg – mit freiem Blick auf das fruchtbare Weinviertel, eine angenehme Hügellandschaft, die sich bis Wien erstreckt. Marschieren die Preußen weiter?

Nein, Bismarck verhandelt – und das gegen den Wunsch seines Königs. Denn dieser möchte jetzt sehr wohl als strahlender Sieger in

Wien einrücken und die Österreicher demütigen. Der Sieg der Österreicher über die Italiener in der Seeschlacht von Lissa ist schließlich nur noch ein militärisches Postskriptum, ein psychologisches Element, politisch nicht wirklich wichtig.

Bismarck setzt sich schließlich wie gewohnt durch; es ist fast so wie bei seinen Mensuren. Der „Nikolsburger Friede" ist moderat. Er erspart den Habsburgern – die mit dem halben Hochadel Europas verheiratet und verschwägert sind – die totale Blamage. Und Bismarck denkt offenbar schon an die nächste kriegerische Auseinandersetzung – gegen Frankreich, wo er die Österreicher nicht im Rücken haben will …

Voll von Enthusiasmus feiern jedenfalls die Preußen mehr oder weniger heftig. Die Universitäten zelebrieren in den norddeutschen Hochschulstädten die Erfüllung des Auftrages der Urburschenschaft. Österreich scheidet aus dem „Deutschen Bund" aus, der aufgelöst wird. In einem Schutz-und Trutzbündnis müssen alle Teilstaaten Gefolgschaft geloben. In Wahrheit sind sie pseudo-souveräne Vasallen Preußens. Dieser „Norddeutsche Bund" zeigt aber auch, welche Bedeutung die Farbstudenten haben: Im „Reichstag" in Berlin gibt es 297 Mandatare, davon sind 69 Corpsstudenten und nochmal so viele Burschenschafter.

Man ist dem deutschen Schicksal dankbar. Auf der Erinnerungsmedaille des preußischen Heeres steht: „Gott war mit uns, ihm sei die Ehre."

Die Österreicher prägten nichts. Nur erbten sie ein Sprichwort, das die Zeiten überdauert hat und eine Hoffnung zum Ausdruck bringen soll: „So schnell schießen die Preußen nicht." Das Zitat hat mit Königgrätz gar nichts zu tun. Aber es ist bringt höchst einmalig eine fatale Situation zum Ausdruck, einen Anfang vom Ende …

Neuerlich begegnet uns auch der Königlich-preußische Musikdirektor Johann Gottfried Piefke. Diesmal im österreichischen Weinviertel. Er komponiert hier den „Königgrätzer Marsch", der einen Monat nach der Schlacht von Königgrätz in Gänserndorf Premiere hat – von wo man an klaren Tagen die Silhouette Wiens sehen kann.

Der Marsch wird bis heute von den Musikkorps der Deutschen Bundeswehr gespielt. Eifrig gespielt.

Otto von Bismarck (rechts), preußische Armeeführung:
„Wach auf, es nahet gen den Tag"

Glanzzeit

Bismarck macht die Farbstudenten zur Speerspitze Preußens |
Im einsetzenden Kulturkampf gegen die Katholische Kirche wird
Richard Wagner zum musikalischen Herold des Deutschtums |
Hinter ihm stehen ein paar Millionen Wagnerianer

Man muss dergleichen zustande bringen: Da verliert ein Imperium
nach einer unglaublichen Niederlage seine militärische Bedeutung;
der propagandistische Sinnspruch des Hauses Habsburg – AEIOU –
ist über Nacht obsolet; und zusätzlich bricht in der Residenzstadt die
Cholera aus, von der auch 490 Ortschaften im Umland betroffen sind.
Die Rede ist von Wien in Österreich. Kaum hatte man die Toten von
Königgrätz bestattet und alle Witwenbriefe zugestellt, da begann
man darüber nachzusinnen, wie man die Ballsaison 1866/67 ertragen
würde.
Und deshalb rumorte es in der Hofburg, in den Wiener Vorstädten,
auf dem Land. Wie einen Ausweg finden? Schon nach kurzer Zeit

hatte man eine Lösung parat: Der hochpopuläre Johann Strauß – dessen Vater schon den rasanten Radetzkymarsch als österreichische Siegesmusik im 1848er-Krieg komponiert hatte – wurde vom Wiener Männergesangsverein um eine Komposition ersucht. Man einigte sich: Statt eines Narrenabends sollte es im Diana-Saal, direkt an dem gar nicht blauen Hauptarm der Donau, eine „Liedertafel" geben; mit einem gesungenen Dialog im Walzertakt.

So wurde das Wienervolk aufs Erste „ruhig gestellt" und konnte es den verblödeten Obrigkeiten sogar noch elegant hineinsingen, ähnlich wie es die Rheinländer im Karneval mit den Besatzungsmächten gehalten hatten.

Die Geschichte des Donauwalzers ist insofern bezeichnend, als sie die starke Verbundenheit der bürgerlichen Öffentlichkeit mit der Musik der nun einsetzenden liberalen Ära aufzeigt. Musik bildete für alle Schichten den Hintergrund für Zeitgemäßes; und trotz der militärischen Katastrophe und des unvermeidlichen Wirtschaftsdesasters nach Königgrätz war es das Couleurstudententum, das jetzt für Schwung sorgte. Was in Deutschland politisch unter Bismarck gelungen ist, imponierte in Wahrheit den Österreichern. Besonders die akademische Jugend kopiert die deutschen Commentgewohnheiten, tritt den vielen Neugründungen der Korporationsverbände bei und germanisiert sich unverblümt. Dabei spielte die Musikerfamilie Strauß eine besondere Rolle.

Mit Ausnahme von Josef Strauß, der als Absolvent des Wiener Polytechnikums einen zutiefst bürgerlichen Beruf als Bautechniker ergriffen hatte, konnte keiner der Brüder eine akademische Ausbildung genießen. Aber sie schöpften aus einem unglaublichen musikalischen Brunnen und produzierten für eine erstaunliche Nachfrage.

In den zehn Jahren von 1852 bis 1862 schrieb Johann Strauß für Studentenveranstaltungen 28 Walzer; Josef Strauß zwischen 1862 und 1868 17 Walzer. Viele haben ihren Titelbezug; für Mediziner gibt es „Erhöhte Pulse" oder die „Äskulap-Polka"; für Juristen „Controversen" oder „Sentenzen"; für Techniker „Motor-Quadrille" oder „Schallwellen".

Dazu kamen Titel mit direktem Bezug zum Studententum: „Aula-Lieder", „Fideler Bursche", „Studentenstreiche" und „Burschenwanderung", „Studententräume", „Studentenliebchen" und „Bruder Studio". Und dabei rutschte dem Über-Österreicher Johann Strauß auch Politisches in die Partitur; zum Beispiel im Walzer op. 55, der mit den Klängen von „Der Gott, der Eisen wachsen ließ" beginnt.

Etwas später hat dann Johannes Brahms die Beziehung zwischen Musikwelt und Studentenschaft intensiviert, als er die Ehrenmitgliedschaft des 1858 begründeten Wiener Akademischen Gesangsvereins annahm, aus dem die Universitätssängerschaft „Barden" hervorgegangen ist. Zu dieser bis heute existierenden Wiener Burschenschaft fanden auch Anton Bruckner, Max Bruch sowie Richard Wagner ihre Wege. Sie alle frönten dem Motto der Sängerschaft: „Im Liede deutsch und wahr."

Brahms verarbeitete vieles von dem, was er bei den „Barden" so erlebt hatte, in seiner Akademischen Festouvertüre c-Moll, op. 80, heute einem absoluten musikalischen Muss bei allen akademischen Großveranstaltungen. Hineinverarbeitet in die Festouvertüre ist eine Reihe wichtiger Lieder, die den politischen Kampf der deutschen Studentenschaft spiegeln: „Wir hatten gebauet ein stattliches Haus", weiters „Alles schweige, jeder neige ..." Fröhlicher ist das Fuxenlied „Was kommt dort von der Höh" und natürlich blühte im Finale das „Gaudeamus" regelrecht auf. Brahms inspirierte sich wohl am „Commers-Buch für den deutschen Studenten" aus dem Jahr 1861.

Der musikalische Weltenbummler Franz Liszt, geboren an der (heute) österreichisch-ungarischen Grenze, war gleichfalls ein Freund des Korporationswesens. Zum hundertsten Jubiläum der „Akademischen Konzerte zu Jena" komponierte der Klaviervirtuose eine „Humoreske für Orchester, Soli und Chor – Gaudeamus igitur". Inspiriert haben ihn wohl das Milieu von Weimar und Umgebung, war er doch von 1848 bis 1861 Hofkapellmeister in der Goethestadt.

Weniger Begeisterung fanden beim Publikum studentische Operetten. Eine Ausnahme ist Franz von Suppés Einakter „Flotter Bursche", der in Heidelberg spielt und vom Publikum begeistert aufgenommen wurde. Es geht in dem Libretto um Geldnot, Liebelei und kleine Betrügereien. Und etwas später entstand dann eine durchaus politische Operette, die einschlug, weil die Theaterbesucher gewisse Parallelen zur wahren Historie entdeckten: Es war der „Bettelstudent" von

Carl Millöcker, dessen starke wie einschmeichelnde Melodien das etwas verworrene Libretto problemlos überdecken. Der „Bettelstudent" spielt im Jahre 1704 in Krakau, als August der Starke Kurfürst von Sachsen und König von Polen ist. Im Gefängnis von Krakau sitzen Studenten aus politischen Gründen ein – wie so viele Deutsche rund um 1848.

„Der Polin Reiz ist unerreicht" ist ein Loblied auf die Frau zwischen Ostsee und Karpathen – der niemand, auch nicht ein deutscher Gouverneur, auf die Schulter küssen darf ...

Was hier verkürzt dargestellt ist, sollte für eine These ausreichen – dass es der Farbstudentenbewegung gelungen war, sich auch im intellektuell-künstlerischen Leben einen Platz zu erobern. Es war vor allem die Musik, die die kulturellen Ambitionen der deutschsprachigen Akademiker beflügelte. Eine Musik, die aus dem Volkstümlichen kam, zur bürgerlichen Musik Brücken schlug und schließlich sogar die Klassik inspirierte. Musik wurde für die deutschen und österreichischen Akademiker zur besseren Lebensart.

Mit dem aktiven Singen an primitiven Kneiptischen in verrauchten Kommers-Sälen hatte es begonnen, in opulenten Musiktempeln der Konzerthausgesellschaften setzte es sich fort. Schlussendlich wurde im bürgerlichen 19. Jahrhundert Musik zur Ideologie und diente der Heranbildung einer Art höherer Menschheit; und das war wiederum geradezu ein theologisches Programm. Kirchenmusik hatte auch nirgendwo in Europa eine solche Reife erlangt wie in deutschen Landen – schon ein Jahrhundert zuvor mit Johann Sebastian Bach und Georg Friedrich Händel im protestantischen Norden, mit Michael Haydn und Wolfgang Amadeus Mozart im katholischen Süden.

So kam es, dass ein deutscher *homo sapiens* in der zweiten Hälfte des 19. Jahrhunderts beinahe zwangsläufig auch Anteil am Musikleben nahm.

Richard Wagners Botschaft passte daher genau in das neue Bild vom deutschen Wesen, an dem die Welt genesen sollte: Gezeugt von und verwandt mit Göttern, von Freiheitsdrang trunken, sind sie Drachentöter, Gralsritter, Meistersinger; sie praktizieren ungeniert Geschwisterliebe, entzünden Inselwelten, erleiden Liebestode, kämpfen mit Wunderschwertern und Tarnkappen, dringen ein in Berge und erobern den tiefen Rhein ... bis die Kulissen schließlich in der Götterdämmerung brennend zusammenstürzen.

Gut zwei Generationen junger deutscher Akademiker bekräftigte wohl auch, was Wagner reimte: *Ehrt eure deutschen Meister, so bannt ihr gute Geister.*

Also brach das Fieber aus: Eine militante Anhängerschaft, geformt vor allem aus Burschenschaftern, nannte sich „Wagnerianer", frönte der Germanenlust und transportierte die Qualität der „Meisters" ins Unglaubliche: „Wach auf, es nahet gegen den Tag!"

Heinrich Heine hat die seltsamen Eskapaden des deutschen

Richard Wagner: Eintritt und Austritt aus der Saxonia-Leipzig

Geistes klug kommentiert, als␣er es dem Christentum als schönstes Verdienst zubilligte, „die brutale, germanische Kampflust besänftigt zu haben". Aber er sorgte sich: „Wenn einst das Kreuz zerbricht, dann rasselt wieder empor die Wildheit der alten Kämpfer, die unsinnige Berserkerwut, wovon die nordischen Dichter so viel singen und sagen." Und mit Blick auf die Zukunft: „Thor mit dem Riesenhammer springt empor und zerschlägt die gotischen Dome ..."

Von 1864 an ging sogar ein deutscher Monarch aus einem der ältesten regierenden Häuser dem Heer der Größenwahnsinnigen voran, ein „Kini" als größter Wagnerianer: König Ludwig II., der seine bayrischen Schlösser zu Tempeln des Germanentums gestalten ließ, der sich nach Art Wagnerischer Bühnenfiguren kleidete und der sich schließlich auf das schwindelerregende Abenteuer eines Festspielhauses in Bayreuth einließ.

Mit dem König applaudierte bald auch die wachsende Zahl der Farbstudenten des süddeutschen Raumes dem großen Meister der Exzentrik – insbesondere wenn er sich antisemitisch äußerte. 1850 erläuterte Wagner etwa in der Schrift *Die Verjudung der modernen Kunst* seine Ansicht zur Musikszene. Und mehr und mehr wurde das Germanengetue auch zu einer „bierernsten" Angelegenheit, die nicht mehr religiöse oder wirtschaftliche Seelenlagen animierte, sondern rassistische. Wagners jüdische Komponisten-Konkurrenz, nämlich vor allem Felix Mendelssohn und Giacomo Meyerbeer, griff er von seinem erhöhten Podest aus öffentlich an – weil die Juden nichts verloren hätten in der deutschen Sprach- und Kulturgemeinschaft …

Da war aber auch noch Jacques Offenbach, der 1819 in Köln geborene Sohn eines Kantors (Vorsänger in der Synagoge). Als Jude ging er nach Frankreich und machte sich lustig über die eigenen Werke; er persiflierte die antiken Götter, die – wie in „Orpheus in der Unterwelt" – vom Olymp herabstiegen, um sich mit den Sterblichen zu amüsieren. Oder er vergnügte sein Publikum mit der „Schönen Helena" – hinreißende Musik und eine spaßige Parodie über die Helden der *Ilias*, deren Namen sich auf den Couleurkarten der deutschen Studenten wiederfanden.

Nun hatte Richard Wagner damals selbst seine eigene farbstudentische Vergangenheit hinter sich. Er wollte nämlich in den 1830er-Jahren noch als Pennäler dem Corps Saxonia zu Leipzig beitreten, das die Farben Dunkelblau-Hellblau-Weiß unter dunkelblauem Deckel trug. Er brachte es aber nur zum Status eines *Renoncen* – wie die Corps die Spefüxe „im Wartestand" nannten. Was immer die Gründe waren, dass Richard Wagner noch vor der Aufnahme in die Saxonia seinen Abschied nahm – er tadelte später die Saxonia-Bundesbrüder wegen ihres mangelhaften Politikverständnisses: Sie hätten nämlich, wie andere Leipziger Corpsstudenten leider auch, die polnischen Kommilitonen nicht ausreichend unterstützt; was beim jugendlichen Richard „schmerzliche Trauer" hervorgerufen habe …

Man sieht: Solche Ausflüge in die große Politik spielten bei Farbstudenten stets eine bedeutsame Rolle – weil die korporierte Studentenschaft zu einem Faktor in der Innenpolitik Deutschlands geworden war. Längst saßen Burschenschafter und Corps-Mitglieder überall an wichtigen Schalthebeln.

***

Cartier

Für Graf Otto Bismarck sah nun das Bild folgendermaßen aus: Wenn es mit der Vollendung der deutschen Einheit unter preußischer Führung zu einem Ende kommen sollte, müsste man rasch den Elan nach dem deutsch-deutschen-Sieg ausnützen; aber noch galt es, die Wirtschaft in dem sich verändernden Land in den Griff zu bekommen. Er forcierte energisch das freie Unternehmertum, beendete die hemmende Tätigkeit der Zünfte, ermöglichte eine liberale Gewerbeordnung ... und rüstete auf.

Allerdings mit Unterschieden: Denn es stellte sich als wichtig heraus, ob eine Region in Deutschland katholisch oder evangelisch geprägt war. Was Soziologen später gründlich untersuchten und als „protestantische Ethik" bezeichneten, spielte spätestens seit der Ära Metternich eine bestimmende Rolle. Preußische Liberale sprachen vom „ultramontanen Verdummungssystem der jesuitischen Herrschaft", aber auch katholische Theologen hielten sich nicht zurück in ihrer Kritik an der Rückständigkeit des „alt gebliebenen" Katholizismus.

Da veröffentlichten im Herbst 1866 die *Historisch-Politischen Blätter für das katholische Deutschland* einen Bericht über die „Katholikenhetze" im Reich Bismarcks. Der Bischöfliche Sekretär Linus Mache beschrieb darin angebliche oder tatsächliche Übergriffe auf katholische Priester und Gläubige in Schlesien und Brandenburg.

Tatsache ist, dass mit der „Katholikenhetze" bald eine Spirale der bösen Worte in Bewegung gesetzt wurde. Aber nicht viel mehr. Denn es war nicht eingetroffen, was angesichts der Niederlage Österreichs in Königgrätz der Kardinalstaatssekretär Giacomo Antonelli gerufen hatte: *Casca il mondo!* („Die Welt bricht zusammen!") Sie tat es nicht.

Für Bismarck lautete bald die Vorgabe: Krieg gegen Frankreich, mit den Deutschen aller Konfessionen und Regionen, mit den Burschenschaften und Turnvereinen, den Corps und Sängerschaften hinter sich.

Kaiser Napoleon III. in Paris sah das ziemlich ähnlich, nur unter umgekehrten Vorzeichen. Er hatte seit seinem eigenen Machtantritt jede Menge Niederlagen überlebt und Gegner in Frankreich gesammelt. Daher: *Allons enfants de la patrie!* Warum eine Armee nicht einsetzen, wenn sie die beste Europas ist?

Die Wahrheit offenbarte Napoleon III. seinen Generälen: „Wir haben keine richtigen Kriegsgrund, trotzdem werden wir uns für den Krieg entscheiden müssen, um dem Willen des Landes zu gehorchen."

Was folgte, war zuerst ein Treppenwitz der Weltgeschichte, dann eine Blamage – und schließlich eine Katastrophe. Nach acht Wochen Krieg siegte Deutschland unter preußischer Führung – und es war ein Sieg total. Bismarck konnte ausrufen: *Der vor- und der gestrige Tag kosteten Frankreich 100.000 Mann und einen Kaiser.*

Alles drehte sich wie ein Karussell. Frankreich war auf dem Weg zur Republik ... und Deutschland hin zu einem Kaiser aus Preußen.

So war eingetreten, was die deutschen Studenten noch vor kurzem auf ihren Kneipen gesungen hatten und jetzt erst recht wieder als Balladen sangen, alte Blutlieder voll von blindem Hass, vor dem sich das übrige Europa zu fürchten begann:

> *So hat der Herr es gesprochen*
> *Der Schaffer, Helfer in Nöten.*
> *In Blut wird Sünde gebrochen*
> *Die Schmach des Eisens muss töten ...*
> *Dann wollen Männer nicht sterben*
> *Und Weiber Kindlein nicht wiegen*
> *Dann nahet Mord und Verderben*
> *Und Völker müssen erliegen ...*
> *Schlachten nähren das Alte*
> *Damit sich neues gestalte.*

Farbstudenten (links), Honoratioren, Kanzler Bismarck (rechts):
Der Gott, der Eisen wachsen ließ.

Burschenschafterstaat

Was ist Deutschnationalismus – Spott auf Slawen, Romanen,
Briten? I Der Antisemitismus erwacht unter den Farbstudenten:
„Hepp, hepp, Jude verreck!" I „Was der Jude glaubt, ist einerlei,
in der Rasse liegt die Schweinerei"

Dulce et decorum est pro patria mori – „Süß und ehrenvoll ist es, fürs
Vaterland zu sterben", meinte der große römische Dichter Horaz und
überließ der Nachwelt damit ein frivoles Zitat, das jedenfalls nicht
weniger dumm ist als die Nationalismus-Sprüche späterer Zeiten.
1870/71: Sie hatten gewonnen, die patriotischen Kämpfer Deutschlands, sie waren Sieger geblieben in einem Krieg unter Nachbarn.
Mehr noch: Sie verkündeten ganz Europa, dass sie den Ersten Platz
am Kontinent anzutreten gewillt seien: „Deutschland über alles."

Während die französische Provinz einen raschen Frieden anstrebte, formierten sich in Paris Barrikaden-Kämpfer. „Rechte" und „Linke" wurden zu außerparlamentarischen Kategorien in Frankreich – und blieben es.

Der eigentliche Höhepunkt der Siegesfeier aber fand am 18. Jänner 1871 statt. König Wilhelm I. von Preußen wurde auf französischem Boden zum Deutschen Kaiser proklamiert. Und das nicht irgendwo, sondern im riesigen, 73 Meter langen Spiegelsaal des Königsschlosses von Versailles, errichtet von jenem König Ludwig XIV., der seinerseits die deutschen Kleinstaaten und die österreichischen Habsburger ein halbes Jahrhundert hindurch gedemütigt hatte. Jetzt wurde Versailles zur pathetischen Emotion des deutschen Menschen, zum nationalen Zeichen der Revanche, zum Symbol für Durchsetzungswillen um jeden Preis. Es war eine große Mensur, die da ausgetragen wurde und in der zwei Nationen um ihr historisches Prestige kämpften: Deutschland kämpfte, siegte und bestand seine Mutprobe vor aller Welt.

Für viele Deutsche, ja selbst für die innerdeutschen Gegner Preußens war jetzt endlich der alte Traum der deutschen Einigung in Erfüllung gegangen – „in unendlich herrlicher Weise", wie der zum führenden Propaganda-Historiker Preußen-Deutschlands aufgestiegene Heinrich von Sybel deklamierte. Und natürlich war Sybel Angehöriger der „Burschenschaft der Norddeutschen und Niedersachsen", der späteren Guestphalia-Bonn.

Nachdem Frankreich nunmehr das „geraubte" Reichsgebiet Elsass mit der Metropole Straßburg und das alte Herzogtum Lothringen mit Metz an das neue Kaisertum Deutschland abtreten muss, verfällt das deutsche Bürgertum in einen Siegesrausch, der zum „Nationalbazillus" entgleitet. Der protestantische Pastorensohn Franz Emanuel Geibel (Burschenschaft Ruländer Bonn) dichtet ein neues, ebenso einschlägiges Gedicht, das ebenso zur Hymne wurde wie zuvor jenes über den „Gott, der Eisen wachsen" ließ:

> ... *und es mag aus deutschem Wesen*
> *Einmal noch die Welt genesen ...*

Der männliche Teil des akademisch gebildeten Großbürgertums war rund um das Kriegsjahr 1870/71 durchgehend korporiert und konnte die Tatsache für sich in Anspruch nehmen, so viel wie keine andere Gesellschaftsgruppe für das neue Deutschland geleistet zu haben. Burschenschafter, Corpsstudenten, Akademische Turner und Sänger standen als renommiertestes Milieu im Vordergrund – anders, als dies noch 1848 der Fall gewesen war. Was allerdings die wenigsten irritierte: War jetzt Preußen in Deutschland aufgegangen – oder Deutschland auf dem Weg, ein unkontrolliertes riesiges Preußen zu werden?

So begegnet uns wieder jener Johann Gottfried Piefke, Musikdirekor und Dirigent des Brandenburgischen Leibgrenadierregiments Nr. 8. Zur Siegesparade der aus Frankreich zurückgekehrten Truppen erklingt 1871 sein „Preußens Gloria". Und dieser Marsch wird bald so populär, wie es im Süden und Österreich nur der Radetzkymarsch ist. Überall dort aber, wo „Preußens Gloria" gespielt wird, stellt sich nicht nur Heimat-Patriotismus ein, sondern auch Vaterlands-Denken, das ein „Mutterland" nicht kennt.

Für die Österreicher wird der Name „Piefke" mittlerweile (und bis heute) zum Spottnamen für Arroganz, Großspurigkeit und Wichtig-macherei, was der arme Musikdirektor aus Mecklenburg wahrscheinlich nicht verdient hat. Andererseits konnten sich die Bayern auch nicht zurücknehmen. Ihr Begriff „Preissn" wird mit jenem Unterton ausgesprochen, der jenem der „Piefkes" entspricht.

Auch mit den „Wir-Empfindungen" ist es nicht gut bestellt. Wehmütig beschreibt der Wittelsbacherprinz Otto in einem Brief an König Ludwig II. von Bayern die Kaiserproklamation von Versailles: „Mir war unendlich weh und schmerzlich zumute ... alles so kalt, so stolz, so glänzend, so prunkend und großtuerisch, herzlos und leer" – wie dies eben nur eine „preußische Militärmonarchie" zustande bringt.

Andere Kritiker gaben dem Wandel einen Namen: Man sprach vom deutschen Nationalismus, von Herrenmenschendenken, Chauvinismus und Xenophobie. Und tatsächlich mehrten sich die Anzeichen von Antisemitismus. Der Bismarck-Staat zeigte mehr und mehr sein wahres Gesicht – und dieses Gesicht war eine arrogante Fratze in Couleur.

Bald zeigte sich auch, wer angesichts der neuen innerdeutschen Machtstrukturen zu den Siegern und wer zu den Verlierern gehörte:

- Da hatten sich mehr und mehr Protestanten in preußischen Zirkeln nach oben gedient; jetzt, nach der Gründung des Kaiserreiches, kam der lutherische Hintergrund des Bismarck'schen Staatsgefüges stärker denn je zum Ausdruck. Die Burschenschaftsbewegung und das Bündnis von nationalen Pastoren sowie fremdenfeindlichen Professoren war zum „Kulturkampf" angetreten. Den Katholiken verbot man, von der Kanzel aus den „öffentlichen Frieden" zu gefährden – sich also kritisch zu äußern. Binnen kurzem wurden 1.800 katholische Priester inhaftiert, ein „Brotkorbgesetz" senkte die Zuschüsse der Regierung an die katholische Kirche, Kirchenvermögen wurde konfisziert.
- Bismarck seinerseits reizte mit seiner Rigorosität auch die Hochkonservativen, vor allem die angestammten preußischen Großgrundbesitzer.
- Am schlechtesten erging es den Sozialisten, denn 1878 weitete sich der politische Kampf um die sogenannten „Sozialistengesetze" zu einem harten und rücksichtslosen Kampf zwischen Staatsmacht und Proletariat aus. Bismarck beobachtete zuerst eingehend den weltweiten Erfolg des Kapitalismus im Allgemeinen und jenen der angelsächsischen Wirtschaftsliberalen im Besonderen. Deutschland sollte nach diesem Muster aufholen. Das bedeutete Niedriglohnpolitik und rücksichtslose Ausbeutung der Arbeiterschaft.
- Der Versuch, durch Sozial- und Fürsorgegesetze die ärgsten Auswüchse des Kapitalismus abzufedern, erwies sich als ungenügend, jedes Jahr wanderten an die 100.000 Deutsche nach Übersee aus, ein schwerer Aderlass.

***

Aber noch eine Gruppe kämpfte für die Anerkennung ihrer Art des Patriotismus. Es waren die deutschen Juden. Im Mittelalter und der frühen Neuzeit nicht selten Opfer von Pogromen und Vertreibungen aus Deutschland, gelang ihnen in der Zeit der Aufklärung und der Freiheitskriege die kollektive Emanzipation. Wenngleich nicht für

Farbstudentisches Fest (um 1880): „Die Juden sind unser Unglück."

lange: Im 19. Jahrhundert setzte eine böse Jagd an den Universitäten ein, und das unter Berufung auf Martin Luther: „Ich will meinen Rat geben, erstens dass man ihre Synagogen und Schulen mit Feuer anstecken soll, und was nicht verbrennen will, mit Erde überhäufen soll ... zum anderen, dass man auch ihre Häuser desgleichen zerbreche und zerstöre."

Die These ist berechtigt: Der Antisemitismus ging durch alle Schichten der „christlichen" europäischen Gesellschaft querfeldein – aber nirgendwo hat er sich so stark verankert wie an den Universitäten des deutschen Sprachraumes. Und das nicht nur als *religiöser* oder *wirtschaftlicher*, sondern als *rassischer* Antisemitismus.

Es begann mit dem Literaten Hermann von Scharff-Scharffenstein, der sich in einer Streitschrift direkt an die deutschen Universitäten wandte und diese, wie im Untertitel ausgeführt, als „Blick in die gesamten angesehenen Kouleurverbände (sic!), Korps, Burschenschaften" verstand. Er schrieb: *Die Juden wollen die Herrschaft über Deutschland, ja über die ganze Welt erlangen … hier können sie wie Vampire das Blut der Christen saugen … nur in Palästina finden sie keine.*

Rasch populär wurde auch ein Kampf-Pamphlet über „Die Judenfrage als Rassen-, Sitten- und Kulturfrage" des Nationalökonomen Karl Eugen Dühring: *Der unter dem kühlen nordischen Himmel gereifte nordische Mensch hat die Pflicht, die parasitären Rassen auszurotten, wie man eben Giftschlangen und wilde Raubtiere ausrotten muss.* Dühring hält „Arier" als für die „Weltherrschaft", „Semiten" aber zur Unterlegenheit bestimmt. Und der Historiker Heinrich von Treitschke (Frankonia Bonn) schreibt in der *Deutschen Wacht* in jeder Ausgabe als Titel: „Die Juden sind unser Unglück."

So baute sich – und das im letzten Drittel des 19. Jahrhunderts – die antisemitische Hetze so nach und nach auf. Das Gift wirkte. So genannte Wissenschaftler und „Privatgelehrte" lieferten mehr und mehr Argumente gegen das Zusammenleben von Juden und Nichtjuden in Deutschland – und über die deutschen Grenzen hinaus. Emotionaler Müll wurde an den Universitäten zum Dünger für den Zeitgeist – der üble Geruch des Antisemitismus war bald allgegenwärtig.

Und da war noch etwas: Immer öfter war nach Kneipenschluss in den Universitätsstädten Deutschlands ein Ruf „Hepp! Hepp!" zu hören. Vorerst nur ein verbales Zeichen für Eingeweihte, wurde es später zum Spottvers, der sich als „Humor" verstand: „Hepp, hepp, Jude verreck!"

Die Gebrüder Grimm hatten bereits in ihrem Deutschen Wörterbuch diesen Zuruf als Imitation von Ziegen gedeutet und sprachen davon, dass Ziegen Reittiere des Teufels wären, ähnlich wie das den Juden nachgesagt wird.

In Danzig lagerte ein „Proklamations"-Papier über die Juden, das an der Ostseeküste verteilt wurde: *Dem ganzen preußischen Christentum droht der Umsturz … also auf zur Rache: Unser Kampfgeschrei sei*

Hepp, Hepp! Allen Juden Tod und Verderben, ihr müsst fliehen oder sterben.

In staubigen Regalen der Universitäten fand sich noch ein interessanter Bezug, der zurück zu den historischen Kreuzzügen führte: Im Hochmittelalter orientierten sich die Kreuzritter an dem Ruf *Hierosolyma est perdita* – also an den Buchstaben H, E. und P., auf Deutsch: „Jerusalem ist verloren."

Besonders aufgeregt gab man sich – Hepp!, Hepp! – in Würzburg. Dort hatten im Schatten der katholischen Erzbischöfe mehrmals Judenverfolgungen stattgefunden. Es war bereits im Sommer 1819 gewesen, dass sich die Judengegner organisiert hatten und es zu lautstarken Demonstrationen in der Bischofsstadt gekommen war. Es waren Burschenschafter und Corpsstudenten mit dem Ruf: „Hepp, Hepp – Juda verreck!" durch die Straßen gezogen.

Und dann ging die Szene in einen Hexensabbat über – in eine vorweggenommene Reichskristallnacht. Es flogen Steine, man plünderte jüdische Läden, warf deren Inventar auf die Straße und verprügelte Juden oder deren Beschützer.

Verspätet schritt Militär ein und man brachte Verletzte und Vertriebene rund um Würzburg in Zelten unter. Augenzeugen behaupteten, dass es auch Tote gegeben habe, wofür es allerdings keine Belege gibt. Rund 400 Juden verließen schließlich Würzburg unter dem Hepp-Hepp-Gejohle der „Sieger" – allesamt korporierte Studenten, Burschenschafter der Germania Würzburg mit den Farben Schwarz-Gold-Blau.

Antijüdische Ausschreitungen und Angriffe auf Juden waren aber relativ selten, kulminierten rund um das Revolutionsjahr und wurden heftiger, als 1873 der von Wien ausgehende Börsenkrach viele Handwerker, Bauern und Beamte um ihre Ersparnisse brachte. Was freilich erstaunt, ist der Umstand, dass die Hepp-Heppereien zeitlich synchron mit jenen „Erkenntnissen" zusammenfielen, die von neuen Wissenschaftsrichtungen produziert wurden. Dabei fühlte man sich in Deutschland auch durch die Tatsache bestätigt, dass ein 1809 geborener Naturforscher mit seiner Evolutionstheorie dem Antisemitismus in die Hand arbeitete: Charles Darwin mit dem *Ursprung der Arten durch natürliche Zuchtwahl* (1859).

Der eigentliche Start der organisierten Antisemitismus-Bewegung an den Hohen Schulen Deutschlands fällt in das Jahr 1879. Da gründete der lutherische Hofprediger Adolf Stoecker eine eigene „Antisemitenliga", die sich mit der „Deutschkonservativen Partei" zusammenschloss. Tenor der Schriften, Pamphlete und Predigten Stoeckers – wie seines publizistischen Mit-Schreiers Wilhelm Marr aus Hamburg – war aufs Erste, den Einfluss der Juden in der Politik massiv einzugrenzen; zweitens, sie durch Sondersteuern einzuschüchtern. Natürlich wurde Stoecker von seinen Corpsbrüdern massiv unterstützt – insbesondere von jenen des Corps Borussia-Halle. Man entschloss sich, eine „Antisemitenpetition" zu arrangieren, die 1880 eine Viertelmillion Unterschriften erreichte. Juden sollten demnach von allen öffentlichen Ämtern ausgeschlossen werden – selbstverständlich auch von jenen der Universitäten; die Hauptforderung aber lautete: Keine Einwanderung von Juden nach Deutschland, selbst wenn sie aus Russland kamen, wo Pogrome zum Alltag geworden waren und man Juden nachweislich an Leib und Leben bedrohte.

Es dauerte eine gute Weile, bis die Juden Deutschlands erkannten, dass sie Opfer einer *systematischen* Diskriminierung geworden waren. Und dass es ein Bündel von Verleumdungen war, mit denen die nichtjüdische deutsche Couleurstudentenschaft – unter Anleitung habilitierter Zeitgeister an den Lehrstühlen – die jüdischen Kommilitonen an den Pranger stellte. Bald machte eine Parole die Runde, die zur zentralen Problematik vorstieß:

Was der Jude glaubt, ist einerlei – in der Rasse liegt die Schweinerei. Und dieser Spruch war es nun, der nach dem Schneeballprinzip quer durch halb Europa Verbreitung fand. Einprägsam in seiner Dekadenz, war er auch sonst so punktgenau, dass jegliche gereimte Revanche verpuffte – wie jene jüdische: „Warum der Christ verfolgt, ist einerlei, in der Verfolgung liegt die Barbarei."

Tatsächlich enthielt die Verfassung der Urburschenschaft von Jena keinen Hinweis zur Judenproblematik. Am Rande des Wartburgfestes soll im Rahmen von Buchverbrennungen aber das Wort gefallen sein: „Wehe den Juden, die da festhalten an ihrem Judentum und wollen über unser Volkstum und Deutschtum spotten."

Unbestimmter ging es aber nicht: Einige Burschenschaften nahmen

Oben: Kaiser Wilhelm II. im Couleur des Corps Borussia Bonn.
Folgende Doppelseite: Vergnügliches über die Mensur, 1897.

Karte des Unparteiischen.

Bandagiren.

Deuts

Pause. „Speerkrumm"!

Versöhnung.

Nach dem Leben. Carl Gehrts Dü. 96.

BRENDAMOUR

Lieber als des
Hofrats Lehren, war mir stets der Schläger Klang,
Wer wird eitle Worte hören, den der Burschengeist durchdrang?
Wer wird in Collegien schwitzen, wenn empört's nicht die Natur,
Wenn die blanken Schläger blitzen, wenn begrenzt ist die Mensur?

Plakatwerbung in der Weimarer Republik (1928)

Juden auf, manche nicht. Und es war niemand Geringerer als der Göttinger Burschenschaftler Heinrich Heine (Corps Hildeso-Guestphalia), der das wahre Problem der deutschen Juden erkannte: Die lutherische Taufe sei das „Entreebillet zur europäischen Kultur"; der Eintritt in eine Verbindung ermögliche aber erst den gesellschaftlichen Aufstieg mit Hilfe eines dreifärbigen Bandes – ein Weg, den angesichts der stärker werdenden Antisemitismusbewegung auch immer mehr prominentere Juden wählten. Da war etwa das Haus der Familie Marx: Hirschel Marx ließ sich als „Heinrich" Marx 1824 evangelisch taufen, wodurch er

Corpsstudent Heine: Durch die Studentenverbindung gesellschaftlicher Aufstieg

problemlos preußischer Regierungsrat wurde. Sein Sohn Karl Marx trat sodann als Student der „Trierer Tischgesellschaft" bei, die eine besonders rauf-, streit- und saufstarke Burschenschaft war. Vater Heyman Lassal (auch Loslauer) war ein jüdischer Tuch- und Seidenhändler gewesen, sein Sohn als Mitglied der „Burschenschaft der Raczeks" in Breslau zum allgemein bewunderten Arbeiterführer namens Ferdinand Lassalle geworden. Moses Mendelssohn, aus einer hochangesehenen jüdisch-preußischen Familie stammend und Gesprächspartner der großen Philosophen in der Zeit der Hochaufklärung, war praktizierender Glaubensjude; sein Sohn trat zum Protestantismus über und nannte sich Mendelssohn-Bartholdy. Der Enkel, das Musikgenie, trat der Allemannia Heidelberg bei. Und bei der gleichen Burschenschaft wurde der Soziologe Max Weber aufgenommen, der ein Neffe Mendelssohns war.

Der Zutritt zum „Establishment" für getaufte Juden spaltete schließlich die akademische Gesellschaft Deutschlands:

- Die einen blieben dabei, dass es weder für Juden wie Nichtjuden ein Entrinnen aus den Bindungen der Abstammung gäbe. Die „Rasse" sei entscheidend, nicht das religiöse Bekenntnis.

- Die militante Antisemitenbewegung wurde durch das Streben von immer mehr assimilierten Juden nach akademischen Karrieren nicht besänftigt, sondern angestachelt; Die Angst vor einem Verdrängungswettbewerb setzte ein, vor allem in den Studienfächern Jus und Medizin.

- Ein kleiner Prozentsatz von Juden schloss sich jüdischen Organisationen an – vor allem in Österreich bildeten sich farbentragende, auch schlagende jüdische Verbindungen.

- Und schließlich koppelten sich einzelne Juden an die extreme politische Linke an, wurden konfessionslos und der Sozialismus für sie zum Lebensinhalt. Sie vermittelten schließlich den Eindruck, als stünde die politische Linke unter jüdischer Führung.

Falsch ist jedenfalls die These, Juden seien „vaterlandslose Gesellen" und hätten gegen das Deutsche Kaiserreich des Corpsbruders Bismarck im Geheimen agitiert. Die vielen jüdischen Namen, die im Burschenschaftsdenkmal in Eisenach eingraviert sind, beweisen den freiwillig geleisteten Blutzoll.

Dennoch meldeten sich weiterhin die Geister der Vergangenheit. Die Auseinandersetzung über die wahre Mission des Deutschen verlagerte sich nämlich vom deutschen Rhein und vom Norden in den Donauraum – über alle politischen Grenzen hinweg. Nicht mehr *Patriotismus* war gefragt, sondern eine Antwort auf alle Fragen mit Hilfe des *Nationalismus*. „Europa" war zum Unwort geworden.

Was als Auseinandersetzung der Studenten untereinander begonnen hatte, uferte schließlich aus und führte zu jenen schweren Verwerfungen, die zu Katastrophen führten, zu Katastrophen, die die Welt erschütterten.

Kneipe (1900): In der Warteschlange für Gott, Kaiser und Vaterland

Nationalismus ist nicht Patriotismus

Wie langweilig ist ein Kommers? | Wie deutsch eine Narren-
Sitzung? | Und warum trinken Farbstudenten Bier? | Ein Ausflug
nach Czernowitz und die „Schlacht von Kuchelbad"

Paragraph 11:
Die Alten tranken immer noch eins, bevor sie gingen.
Es wird weitergesoffen.
Neuer Jenaischer Biercomment,1853

***

Die Frage liegt nahe: Warum bindet sich eine gebildete und einflussreiche Kaste – nämlich eine akademische Gemeinschaft mit hohem
Kultur- und Lebensstandard – an ein Genussmittel, mit dem „Geselligkeit" erzeugt werden soll? Was ist der Grund, dass eine Gruppe mit

stark ausgeprägtem Selbstbewusststsein ihr Lieblingsgetränk mit jenem der Bauern und Arbeiter teilt? Warum hat nicht der Wein, der in deutschen Landen ausreichend vorhanden ist, die dominierende Rolle als Studentengetränk eingenommen? War der Umstand erheblich, dass Bier billiger ist als Wein? Warum auch nennt man das Bier sehr oft umschreibend „Stoff" oder „Streif" und bei seinem lateinischen Namen *Cerevisia*? Ansonsten und schließlich: Warum ist das schon zwei Jahrhunderte so, dass hartgesottene „Schlagende", fromme CVer, bäuerliche Landsmannschafter und exklusive Corpsstudenten das biedere Getränk konsumieren und singen oder grölen: „Bier her, Bier her, oder ich fall um ..."?

Wie ein langer Faden zieht sich die Bierdominanz durch die Universitätsgeschichte, sie beherrscht Kommerse und Kneipen, Convente und Tanzkisten. Und dafür kann es nur wenige plausible Erklärungen geben:

Mit der Akzeptanz des billigen Bieres als Arme-Leute-Getränk für Akademiker wurde im 19. Jahrhundert ein politisches Signal gesetzt: „Wir sind die Anführer eines jungen Deutschlands, einer neuen Nation, einer Jugendbewegung. Wir trinken ein traditionelles Getränk unserer Vorfahren, erzwingen aber zugleich eine äußere Ordnung und haben Regeln fürs Gesellig-Sein. Auch besitzen wir eine Hierarchie, die sich nur Mitgliedern erschließt und die bei unseren Festen wie Salamander, Landesvater, Grüßcomment und Liederbräuchen eingesetzt wird."

Die Verteidiger des Kommers-Comments weisen darauf hin, dass man auch heute das Alkohol-Phänomen nicht durch Verbot in den Griff bekommen kann. Der Kommers ist aus dieser Sicht eine disziplinierende, veredelnde, herzliche und frohe Form des männlichen Zusammenseins: Das Brauchtum ist so wichtig oder unwichtig wie bemalte Eier zum Osterfest oder das Zeremoniell bei einer englischen Krönung.

Nun bildeten sich in anderen europäischen Ländern ebenfalls außergewöhnliche studentische Rituale heraus. So wurden viele Universitäten in den Mittelmeerländern zu „lateinischen" Zentren der Wissenschaft und dort war die römische Kirche von Anfang an maßgeblich an den durchaus frivolen Lebensformen der Studenten beteiligt.

Dann jedoch kam die Lust auch in den Norden: Die derbe Frivolität eines Shakespeare in den „Sonetten" und in den Komödien offenbart die Vergnügungen in den elisabethinischen Universitätstempeln von Oxford und Cambridge – ohne dass England zusammenbrach. In Frankeich zog sich ein Band vernetzter Lebenslust von Rabelais über Racine bis Molière – und weiter ins 18. Jahrhundert. Allerdings gab es überall jede Menge Opfer von Raufereien und „galanten" Krankheiten. Die vorurteilsvolle Bevölkerung der Universitätsstädte in Deutschland hatte ihrerseits lange Zeit ein festes Bild vom deutschen Studentenleben: Es bestünde aus Saufen, Raufen und Huren. Bis sich die Korporationen selbst ein neues Image schafften. Denn: Wer nach 1870/71 staatstragend dem Kaiser zujubelte, die Kronprinzen in den eigene Reihen als Mitglieder führte, Professoren und große Geister die Welt durch deutsches Wesen verändern ließ, der musste sich im machtvollsten Militärstaat auf dem Kontinent selbst disziplinieren, freiwillig einem Ordnungsritual unterziehen und ja zum kollektiven Drill sagen.

So entstand der deutsche Comment: zynisch interpretiert eine Einordnung tausender deutscher Akademiker in die Warteschlange des Dienstes für Gott, Kaiser und Vaterland; humorlos und ohne Esprit – dafür mit dem billigsten Gesöff, das es am Markt zu kaufen gibt, dem Bier. Der deutsche Comment behindert sogar jede Form der Lockerheit und Lebensfreude und ist wegen seiner Männerdominanz auch noch spießig. Wer je eine spanische Fiesta miterlebt hat, weiß, wovon die Rede ist; aber auch die angelsächsische Party hat mit verschiedenen Drinks ihre Reize. Die Juden feiern nach Jom Kippur das fröhliche Laubhüttenfest, die Franzosen eröffnen ihre Gartenlokale – die *Guinguettes* – im Grünen als nationale Fete; in Ungarn ist ein *mulatság* mit Barack und Tokajer zu jeder Jahreszeit ein Vollgenuss. Nur die deutschen Farbstudenten haben einen anderen Stil. Da sitzen (bis heute) in einem durchwegs schmucklosen rechteckigen Kommerssaal – normalerweise einem Wirtshausraum– Couleurstudenten beim Bier, das vielfach nicht einmal vom Fass, sondern aus Flaschen vom Supermarkt stammt. Und seit auch das Rauchen verpönt ist, stellt sich die Frage nach dem Gaudeamus („wir freuen uns") auch nicht mehr, alles ist nämlich Routine ...

Kommerse mit Bier, das bedeutet auch noch zusätzlich verpflichtend: Sakko, Krawatte (Modernisten weichen erst seit kurzem davon ab); das Couleurband (bei Mehrfachmitgliedschaft auch mehrere Bänder) von der rechten Schulter zur linken Hüfte; der Deckel – nämlich die Mütze mit den Verbindungsfarben – auf dem Kopf; dazu gelegentlich auch „Cerevise" und „Stürmer" mit dem gestickten Verbindungszirkel oder Barette nach alter Landsknechtsart.

Der Kommers beginnt mit dem „Einzug der Chargierten". Diese sind normalerweise die Verbindungschargen – nämlich der für ein Semester gewählte „Senior", sein Stellvertreter und der „Fuxmajor"; Letzterer betreut die Jungmitglieder, die „Füchse" oder „Füxe" (bei den Corps auch „Renoncen" genannt). Füchse müssen auch leichte Arbeiten für die Korporation ausführen, haben zur Betreuung aber auch noch einen „Leibburschen" – und müssen vor allem eines eisern lernen: den Comment. Und so geht's weiter: Wenn die Chargierten in den Saal einziehen, steht die „Corona" auf; militärisch geschlossen. Die Chargierten sind gekleidet in der historischen Tracht der polnischen Revolutionäre, tragen eine als „Flaus" bezeichnete Jacke und darüber die Schärpe mit den Verbindungsfarben, schließlich weiße Hosen und schwarze Stulpenstiefel. Schon zur Zeit des Entstehens dieser Studenten-Uniform in der ersten Hälfte des 19. Jahrhunderts war sie nicht Alltagskleidung, sondern viel eher Kostümierung.

Wie aber geht es mit dem Kommers weiter? Die Chargierten lassen die Breitseite der Schläger am Vorsitztisch krachen und der Senior gebietet „Silentium". Dann begrüßt er die Anwesenden und fordert zum gemeinschaftlichen Singen des „Ersten Allgemeinen" auf. Es handelt sich um das „Gaudeamus"-Lied, zu dessen 6. Strophe wieder der Schläger benötigt wird: *Surgite!* („Erhebt Euch!") Alles springt auf, zieht die Deckel vom Kopf und bekennt sich in schlechtem Latein zur *Res publica, et qui illam regit* („zur Staatsgewalt, und wer diese führt"). Warum aber bedankt man sich bei der Staatsführung – und wofür? Hat nicht die Obrigkeit einst immer wieder die Farbstudenten verfolgt, bestraft, schikaniert? Hatten Polizei- und Universitätsbehörden nicht jahrelang gegen die patriotischen, großdeutschen und tapferen Urburschenschafter angekämpft? Und war die „Demagogen"– Hatz vergessen? Welchen Sinn sollte das „Hoch" auf die feudale Jagdgesellschaft haben, warum grüßte man ehrerbietig das jeweilige Staatsoberhaupt?

So heißt es jetzt im Kommersgeschehen: „Einen breiten Streif der Corona"; was bedeutet: Jetzt einmal einen ordentlichen Schluck, auch Stoff genannt, und ein paar Minuten „Colloquium" zum Reden.

So läuft es zwei bis drei Stunden; der Kommers-Lärm wird lauter und lauter, unterbrochen nur durch die Silentium-Rufe des Präsidiums und durch die Lieder, die den Charakter des Abends bestimmen. Biergläser und -becher oder gar Humpen füllen dann die Kneiptische, Zurufe sind sogar gestattet und bis zum nächsten „Silentium" darf gewitzelt werden. Man trinkt einander zu, wobei man höflichkeitshalber dazu aufsteht. Ältere Semester schicken Jüngere „in die Kanne", sehr oft nur, um die Hierarchie zum Ausdruck zu bringen.

Der große Wiener Romancier Stefan Zweig berichtete über seine Eindrücke, die er gewann, als er von seiner jüdischen Familie an die Universität geschickt wurde. Er beschreibt präzise und brillant die Lächerlichkeit des Ehrbegriffes der Burschen, aber auch glänzend die Unsitten des Trinkkultes – offensichtlich aus persönlicher Erfahrung: *Jeder Fux, das heißt jeder Neuling, hatte einem Corpsbruder sklavischen Gehorsam zu leisten und wurde dafür in den edlen Künsten des Comments unterrichtet, die da sind: Bis zum Erbrechen saufen und einen Humpen Bier in einem Satz bis zur Nagelprobe leeren, um so glorreich zu erhärten, dass man kein schlapper Bursche ist – oder Studentenlieder im Chor zu brüllen und im Gänsemarsch nachts durch die Straßen randalierend die Polizei zu verhöhnen. All das galt als männlich, studentisch, deutsch ... aber diese Lust an der Hordenservilität war offenbar das Schlimmste und Gefährlichste des deutschen Geistes. Überdies wussten wir, dass sich hinter dieser künstlich mumifizierten Romantik sehr schlau berechnete praktische Ziele versteckten, denn die Zugehörigkeit zu einer schlagenden Burschenschaft sicherte jedem Mitglied die Protektion der Alten Herren in hohen Ämtern und erleichterte die spätere Karriere.*

Aber war das alles? Nun, besondere festliche Kommers-Veranstaltungen in „voller Wichs" wurden und werden durch einen „Landesvater" gekrönt. Einst ein Bekenntnis zum regionalen Landesherren – und eine Loyalitätsbekundung zum Heiligen Römischen Reich Deutscher

Nation –, wollten die deutschen Studenten mit dem „Landesvater" auch dem Kaiser in Berlin-Potsdam ihre biervolle Reverenz erweisen: durch eben diese Zeremonie.

Zwei Burschen halten ihre Schläger gekreuzt über jeweils zwei Bundesbrüder; diese nehmen ihre Mützen ab und durchbohren sie; spezielle patriotische Lieder bekräftigen die „Deutschheit" der Kommilitonen und durch Handschlag wird die ganze Corona an den Burscheneid erinnert, durch den man auf ewig verbunden ist ...

Das Beispiel mag ausreichen. Aber es provoziert zugleich eine Antwort auf folgende Frage: Warum ist der studentische Comment zur Kopie militärischer Rituale verkommen, zum Steuerungsmechanismus für die politische Disziplin der Intelligenzia? Wie konnte es dem dominierenden Preußentum gelingen, seiner wichtigsten Nachwuchsgemeinschaft einen Gehorsamkeits-Kodex aufzuzwingen, ja sogar im übrigen deutschen Sprachraum durchzusetzen?

Nun, erstens trat nach dem Bruch Österreichs mit Preußen im Deutschen Bund der Protestantismus seinen Siegeszug quer durch Europa an – und Sieger mag man eben. Was zustande kam, war eine preußisch orientierte Ideologisierung mit Hilfe der evangelischen Theologie. Zwar war es mehr als hundert Jahre her, dass der große Preußenkönig Friedrich II. gegenüber Voltaire den berühmten Aufklärer-Ausspruch gemacht hatte: „Jeder möge nach seiner Façon selig werden." Aber schon zwei Generationen nach dem Tod des Über-Deutschen war in Wahrheit das Pendel umgeschlagen: Die *political correctness* wirkte mit den Benimm-Regeln überall dort hinein, wo die Preußen das Sagen hatten – in jedermanns Wohn- und Kinderzimmer, in jeden Laden und in jede Kaserne; vor allem aber in jede protestantische Kirche.

Die geballte Wirkung von tausenden evangelischen Pastoren, die von ihren Kanzeln predigten, machte aus den jungen Deutschen in ihrem Couleur aber nicht aufsässige Jakobiner, Communarden oder Freidenker, sondern gläubig-fromme Untertanen, folgsame Edelmenschen und treue Gefolgsleute des neuen Kaisertums.

Bleibt noch hinzuzufügen, dass der zur Langweilerei verkommene bierernste Commentspaß noch eine Parallele hat – und zwar eine sehr deutsche. Im Mittelalter war die Fastnacht vor allem im Rheinland eine durchwegs erregende Lust-Aktion; der Narr „Bellegeck" trieb es allemal toll und heizte auch den Studenten kräftig ein.

1795 besetzten die Franzosen die Rheinlande und zwangen die örtlichen Behörden, dem wilden Spektakel ein Ende zu setzen. Die Rheinländer reagierten mit Ungehorsam – aber ohne offenen Widerstand – und das bis zum Abzug der Franzosen; denn nach diesen kamen die Preußen in das Land an Rhein und Ruhr und waren alles andere als glücklich darüber, dass die Einheimischen mit ihren diffusen katholischen Gewohnheiten die alten Karneval-Spiele wieder zurückhaben wollten.

So ging es hin und her, bis man sich auf neue Formen einigte – und den protestantischen Preußen endlich gefiel, was die rheinisch-katholischen Karnevalesen anboten: jeweils verantwortliche Festkomitees, offene Büttenreden, Wohltätigkeits-Zwangsabgaben, vor allem aber viel Zickezacke, Trara, Stechschritt und Gardisten. Und bei so viel Funkenmariechen nach ihrem eigenen Geschmack merkten die preußischen neuen Herren gar nicht, dass man sie foppte und belächelte. Wobei das Spiel noch eine erhebliche Zeit dahinging und die Produktion von kollektiver Ordnung, Disziplin und ein „Auf-die-Schippe-Nehmen" eher schlecht als recht funktionierte. So statteten sich die Rhenanen mit alten preußischen Hüten aus, gaben den Militärgruß mit der „falschen" Hand und persiflierten den Dialekt der Nordlichter …

***

Was sich im Kleinen im Rheinland abspielte, hatte einen gesamtdeutschen Konnex. Bismarck und sein Team mussten leidvoll erkennen, dass es die gleichgestrichenen Einheitsdeutschen gar nicht gab. In Jahrhunderten des Römischen Reiches Deutscher Nation waren so starke Unterschiede geblieben, die nicht in ein paar Jahren eines neuen Kaiserreichs planiert werden konnten. (25 Einzelstaaten bildeten nach 1871 das Kaiserreich, darunter vier Königreiche, sechs Großherzogtümer, drei Freie Städte.)

Und immer wieder machten die regionalen Herrschaften nur halbherzig mit, weil sie ein existenzielles Interesse daran hatten, weiter bayrische und schlesische, friesische und schwäbische Untertanen zu haben.

Deutschland hatte eben immer schon eine föderalistische Struktur, auch wenn man von Berlin und Potsdam aus versuchte, einen Zentralstaat daraus zu konstruieren. Da war es hilfreich, dass Bismarck aus den Studentenverbindungen die Avandgarde des Nationalismus zur Hand hatte, ein akademisch ausgebildetes und ihm persönlich verpflichtetes Netzwerk. Verlässlichkeit als Tugend – das war es, was er selbst und sein Kaiser verlangten.

Und so wurden ab 1871 die Ernennungslisten für die alten wie neuen Beamtenränge immer länger. Man wählte aus nach dem Gesichtspunkt, ob jemand ein überzeugter Patriot war – und das hieß: ein Deutschnationaler. Darunter waren exzellente Verwaltungsjuristen, Richter, Diplomaten und auch Universitätslehrer.

Man musste der Riesenmaschine aber stets neue Aufgaben geben. Die zentrale: Das neue Reich müsse alles unternehmen, die Diskriminierung der Volksgenossen außerhalb der Reichsgrenzen abzuwenden. Und damit richtete sich der Blick nahezu zwanghaft nach Süden und Osten. Dort schmachteten deutsche Brüder in einem „Völkerbabel". Angeblich ...

Österreich und Ungarn hatten sich 1867 zu einem „Ausgleich" verständigt – und, siehe da, Reichskanzler Bismarck war mittlerweile zum freundlichen Geburtshelfer dieser neuen staatsrechtlichen Konstruktion avanciert. Während das Deutsche Reich konsequent die Führung in Europa anstrebte, kämpfte Österreich-Ungarn verbissen gegen den Abstieg in die Unterliga. Das Hauptproblem: Zwischen Ostbalkan, Adria, Hochalpen und Böhmen, Galizien und Siebenbürgen sprach man zehn verschiedene Umgangssprachen nebst einem Dutzend Dialekte. So konnte niemand eine klare Antwort geben, wer und was sie denn eigentlich waren, diese „Österreicher"; nach dem schändlichen Preußisch-Österreichischen Krieg und der Zerschlagung des Deutschen Bundes jedenfalls keine „Deutschen". Und doch blickten zunehmend viele über Inn und Lech hinaus, wohl wissend, dass dies einem Verrat an einer langen Zivilisationsgeschichte gleichkam.

Nun hatten auch in den österreichischen Landen seit 1848 erstaunlich viele Veränderungen stattgefunden. Neue Lehranstalten schoben sich ins akademische Leben. Und wie auf Bahnhöfen die Züge verschoben werden, wechselten die Studentenverbindungen die Bahnsteige: Mutterverbindungen hatten da ihre Töchter, jüdische Korporationen spalteten sich ab und Landsmannschaften interessierten sich für die nationale Herkunft ihrer Mitglieder.

Ein Beispiel mag die Universität von Czernowitz sein: 740 Kilometer östlich von Wien gelegen, war Czernowitz die Hauptstadt des Kronlandes Bukowina, einer von Ukrainern, Rumänen, Polen und Juden bewohnte Region. Als 1875 dort die Kaiser-Franz-Josefs-Universität begründet wurde, sollte sie ein Gegengewicht zum deutsch gewordenen Straßburg werden, übernational und liberal. Beim Gründungskommers hielt auch der jüdische Bürgermeister von Czernowitz namens Eduard Reiss die Festrede – und zwar mit Band und Mütze. Und binnen kurzer Zeit existierten rund um die Universität für die Deutschsprachigen drei Corps (Austria, Gothia, Alemannia), zwei Burschenschaften (Arminia, Teutonia), weiters eine katholische Verbindung (Unitas), sechs rumänische (u. a. Dacia, Junimea), fünf ukrainische (u. a. Zaporoshe, Sojuz), zwei polnische – und neun jüdische Korporationen, u. a. Hasmonea, Zephira, Hebronia). Alle waren farbentragend, etwa die Hälfte der Czernowitzer auch schlagend ...

***

Gänzlich anders entwickelte sich das Korporationswesen im Land der Wenzelskrone, in Böhmen. Die Habsburger waren nicht die besten Landesherren gewesen, seit ihnen zu Beginn des 16. Jahrhunderts Böhmen durch einen Heiratspakt zugefallen war – und damit die (deutsche) Karlsuniversität in Prag. Im Dreißigjährigen Krieg ließen sie ihre Söldner in Böhmen wüten, später ebenso im Österreichischen Erbfolge- und im Siebenjährigen Krieg. Schließlich hauste auch noch Napoleon – und 1848 die eigenen kaiserlichen Truppen – im Land. Kaum eine Region in Europa, die so viel ertragen musste. Trotzdem hatten die Tschechen und Mährer wenig Lust, mit Österreich zu brechen, sich germanisieren zu lassen oder Preußen zu unterwerfen. Der große tschechische Historiker und nationale Führer František Palacký hatte schon 1848 in seinem berühmten Brief an das Frankfurter Paulskirchenparlament geschrieben: „Fordert man, dass das Volk von Böhmen mit dem deutschen Volk formell verbunden wird, so ist das eine Zumutung." Und weiter: „Wahrlich, existierte der österreichische Kaiserstaat nicht schon längst, man müsste im Interesse Europas ... selbst sich beeilen, ihn zu schaffen."

Aber leider, leider: Kaiser Franz Joseph begriff allzu lange nicht, dass eine Förderung des slawischen Elements seinem Imperium mehr Stabilität vermittelt hätte. Vielmehr ließ er die österreichischen Deutschnationalen in Böhmen und Mähren so tun, als ob das Land allein ihnen gehörte. Damit wurde der Konflikt unlösbar – denn 63 Prozent Tschechen standen 36 Prozent Deutschösterreichern gegenüber. Dazwischen lebten die Juden, die eine konfessionelle Gruppe bildeten, zusätzlich aber in den politischen Konflikt eingriffen, sehr oft quasi als Schiedsrichter – und groteskerweise lange Zeit auf deutschnationaler Seite.

So wurden sehr bald so gut wie alle Universitäten und Mittelschulen in Böhmen zu Kampfböden. Bewiesen die deutschen Helden bei Mensuren ihren besonderen Mut, so eroberten die tschechischen Militanten die Straße. Das Einander-die-Köpfe-blutig-Schlagen erschien als Lösung aller Probleme.

Der schwerste Vorfall: die „Schlacht von Kuchelbad" (heute Chuchle bei Prag) im Sommer 1881. Das Corps „Austria" feierte sein Stiftungsfest mit einem Aufzug durch die Prager Innenstadt in vollem Couleur, mit dabei Vertreter der meisten anderen deutschen Korporationen und befreundeter Verbände. Irgendwer musste aber mit Absicht das deutsche Fest der „Austria" auf den 28. Juni festgesetzt haben.

Jedenfalls erschien in der tschechischsprachigen Tageszeitung *Národní listy* ein schmuckloses Textinserat: „Heute nachmittag Stelldichein in Chuchli, wer kann, komme bis 4 Uhr, die Schraubendampfer verkehren während des ganzen Nachmittags."

Kein Hinweis über den Auftraggeber der Anzeige, keine Information über den Zweck der Veranstaltung ... aber mehr und mehr tschechische Demonstranten am späten Nachmittag in Chuchli. Und es ertönte der Kampfruf: *Němečti psí, domů!* – übersetzt: „Deutsche Hunde, nach Hause!"

Wilde Handgreiflichkeiten folgten, man prügelte sich mit Stöcken und Stangen, Pflastersteine flogen, bald floss Blut – und die Corpsstudenten flohen auf ihren Unterhaltungsdampfer. Die Polizei kam zu spät und war überfordert, wie zumeist.

Es mag Zahlenmystiker interessieren, dass just an diesem Tag der bürgerkriegsartigen Auseinandersetzung zwischen militanten Panslawisten und Farbstudenten in Kuchelbad Kaiser Franz Joseph in Wien mit dem serbischen Fürsten Milan Obrenović, dem künftigen König des Balkanstaates, ein Geheimabkommen schloss: Serbien sollte unter die Oberhoheit Österreich-Ungarns gestellt, in seiner Außenpolitik beschränkt und mit einem Verbot anti-österreichischer Propaganda belegt werden. Das Projekt dieser – gewissermaßen – „Kolonisierung" scheiterte natürlich, weil sich die akademische Elite Serbiens eine solche Behandlung durch die verhasste Donaumonarchie nicht gefallen lassen konnte. Man stürzte Milan und unterstützte die Erstarkung des Panslawismus bei den Brüdern in Böhmen. Bald kam es auch zur Zusammenarbeit slawischer Abgeordneter im Reichstag in Wien gegen das Habsburgerreich – und von Serbien aus zum Mordplan aufgeregter Studenten gegen den österreichischen Thronfolger Franz Ferdinand in Sarajevo. Wann? Eine Generation später, aber just am 28. Juni 1914, am Tag von Kuchelbad und dem misslungenen Milan-Pakt. Wer noch weiter schürft, wird auf den Umstand stoßen, dass der 28. Juni – nach dem Julianischen Kalender – der heilige Vidovdan-Gedenktag ist, der Tag der mystischen Schlacht auf dem serbischen Amselfeld …

So löste das eine das andere ab: Der Thronfolgermord und der Erste Weltkrieg waren eine Folge der miserablen Balkanpolitik Österreich-Ungarns, die sich zu keiner vernünftigen Föderalisierung der slawischen Kronländer bereitfinden konnte. Statt im Zeichen des Doppeladlers *Viribus unitis* („Mit vereinten Kräften") zusammenzurücken, waren die deutschnationale Farbstudentenschaft und die Intelligenzia dem mittlerweile alt gewordenen Kaiser längst in den Rücken gefallen. Dass ihn just die Gebildetsten unter seinen Untertanen – die Studenten und Akademiker – im Stich ließen, muss ihn arg getroffen haben.

Zugleich stellten sich just große Teile der österreichischen Beamtenschaft, der Lehrer und Journalisten gegen jegliche Versöhnungspolitik der Nationalitäten. Bestärkt wurden sie durch den Zeitgeist, den Corps, Burschenschaften und Vereine aller Art vollmundig propagierten. Unter ihnen ein junger Mann aus Oberösterreich, der besonders gerne Farbstudent geworden wäre – schlagend, versteht sich. Sein Name: Adolf H.

Bezog dieser doch später seinen Germanengeist und die Preußen-Bewunderung, seinen Antisemitismus und den Hass auf Kaiser & Papst aus der Philosophie der Burschenschaften. Und was Adolf H. sicherlich imponierte, war das in Europa einzigartige Ritual des Farbentragens, Mensurfechtens und Biertrinkens.

So sind mehrere Jahrhunderte mitteleuropäischer Geschichte überschattet von der Einmischung der Farbstudentenschaften in die Politik. Man kann nur staunen über die unglaublichen Vernetzungen der Eliten Deutschlands, Österreichs und der angrenzenden Länder. Aber auch über die politische Performance des ganzen „Lagers", das (bis heute) befallen ist vom Bazillus der Streitereien, Cliquenbildungen, Richtungskämpfe, von Teilungen, Wiedervereinigungen, Siegen und Niederlagen. Es galt und gilt der volkstümliche Spruch: „Willst du nicht mein Bruder sein, so schlag ich dir den Schädel ein."

***

Begonnen hatte alles nach 1848 mit der „brüderlichen" Hilfe deutscher Burschenschaften. 1860 war dann jenes Jahr, in dem die k. u. k. Behörden die „Aufhebung des Verbotes studentischer Verbindungen" aussprachen. In Prag war als erste Burschenschaft eine „Carolina" gegründet worden, wobei der Name an den Prager Universitätsgründer Kaiser Karl IV. erinnern sollte. Das aber war ein zu neutraler Name und man fühlte sich offenbar zu wenig „deutsch": Also wechselte man von „Carolina" zu „Teutonia". Ob deshalb die Burschenschaften oder Corps mehr Bedeutung gewannen, ist nur schwer zu rekonstruieren. Jedenfalls gab es in Böhmen auch eine „Thessalia", eine „Polytechnia", eine „Rugia" sowie „Albia". Weiters ein Corps „Frankonia" und die berüchtigte Burschenschaft „Ghibellinia".

Es ist unglaublich, welche Breite an nationaler Betätigung die Supergermanen in Böhmen vorfanden (wobei der Begriff „sudetendeutsch" nur selten verwendet wurde); deutsch-nationale Vereine, Volkstumsgruppen, Turner, Sänger sowie der kämpferische Deutsche Schulverein. Sie alle stellten in Böhmen darauf ab, so gut wie jedes Alltagsproblem zu einer „Volkstumsfrage" zu machen. Vis-à-vis fanden sich bei den tschechischen Studentenvereinen, Turnern und der „Sokol" („Falken"-Bewegung) die gleichen sturen Streithanseln – unter Berufung auf „uralte Wurzeln". Heinrich Heine hat die Parallele zur mittelalterlichen Lebenswelt prophetisch vorausgesagt: *Das Christentum ... hat jene brutale germanische Kampflust einigermaßen besänftigt, konnte sie jedoch nicht zerstören; und wenn einst das Kreuz zerbricht, dann rasselt wieder empor die Wildheit der alten Kämpfer ... Die unsinnige Berserkerwut ... wird kommen am Tag, wo alles kläglich zusammenbricht. Die alten steinernen Götter erheben sich aus dem verschollenen Schutz und reiben sich den tausendjährigen Staub aus den Augen ... Thor mit dem Riesenhammer zerschlägt die gotischen Dome.* Die Literarisierung von Mythen faszinierte im Übrigen die deutsche Intelligenz nachhaltig. Künstler und Wissenschaftler beriefen sich auf Funde, Sagen und Erzählungen, ganz besonders auf die Nibelungen-Story. Richard Wagner und seine – vielfach jüdisch durchsetzte – Jüngerschar, die „Wagnerianer", wurden zu Gralsrittern einer „deutschen" Opernwelt, die Konkurrenten systematisch abwertete. Und der Historismus dominierte – selbst wenn er im Abklingen war – noch immer die Stadtbilder von Berlin, Wien, Kopenhagen und München. Ihr wichtigster Protagonist: der Historismus-Architekt Theophil Hansen, Burschenschaft „Deutsche Lesehalle".

Die Entdeckung der Seele in all ihren Verästelungen war das Lebensthema des Arztes, Philosophen und Burschenschafters Sigmund Freud, als ihn der „Leseverein Deutscher Studenten in Wien" aufnahm – keine Voll-Korporation im heutigen Sinn, aber durch Vereinbarungen mit anderen Verbindungen liiert. Als die Burschenschaften mit dem Ausschluss von Juden begannen, trat Freud in die von Nathan Birnbaum 1882 gegründete jüdische Verbindung „Kadimah" ein. Der Name bedeutet „Gegen Osten", die zionistische Wegweisung ist nicht zu übersehen.

Wer aber waren weitere prominente Farbstudenten aus der letzten Generation des 19. Jahrhunderts? Hier ein kleiner Auszug:

Theodor Billroth, Chirurg, Barden-Wien; Ferdinand Sauerbruch, Chirurg, Elsbaeria-Jena; Joseph Hyrtl, Anatom, Akademische Lesehalle, Wien; Julius Wagner-Jauregg, Arzt und Nobelpreisträger, Ghibellinia-Wien.

Weitere Wissenschaftler: Max Planck, Nobelpreisträger, AGV-München; Otto Hahn, Atomphysiker, Nibelungia Marburg, etwas später der Tierforscher und Oscar-Preisträger Bernhard Grzimek, Burgundia-Leipzig (CV).

Techniker: Hugo Junkers, Flugzeugkonstrukteur, Rhenania Berlin; Claudius Dornier, Konstrukteur, Guestphalia München; Gottlieb Daimler, Corps Stauffa.

Eine Generation später finden sich in den Mitgliedslisten Hans Gerhard Creutzfeld, Germania Jena, der Entdecker der nach ihm benannten Nervenkrankheit; der Chemiker und BASF-Industrielle Carl Bosch, Cimbria-Berlin; Hans Fischer, Erforscher des Chlorophylls und Nobelpreisträger 1930, Allemannia-Marburg; Kurt Heinrich Debus, Raketentechniker und Direktor des Kennedy-Space-Centres in Cap Canaveral, Markomannia-Darmstadt.

Die Musikwelt war damals voll von Burschenschaftern und Corpsstudenten, aber auch CVern: Da sind die Komponisten Wilhelm Kienzl, Gothia-Graz; Franz List, AGV Jena; Max Bruch, Sängerschaft Barden-Wien, Anton Bruckner, CV Austria-Wien. Sodann Wilhelm Furtwängler, Arion-Leipzig (Herbert von Karajan ist noch zu jung für eine Hochschulverbindung, aber bereits Mitglied der Mittelschulverbindung Gothia-Salzburg.)

Weiters korporiert: Konrad Duden, Germanist, Alte Germania Bonn; Friedrich Nietzsche, Philosoph, Frankonia-Bonn, Alfred Brehm, Zoologe, Corps Saxonia-Jena, und der Genossenschaftsbegründer Friedrich Wilhelm Raiffeisen, Wingolf-Bonn.

Der Auszug mag nur andeuten, was zu beweisen ist: Die deutschen Korporationen aller Richtungen waren in *jeder* Periode des 19. Jahrhunderts ein unverzichtbarer Motor der Gesellschaft, die sich von der feudalistischen Agrarwirtschaft in eine kapitalistische Industriegesellschaft wandelte.

Es war dies aber auch die Zeit, in der die Integration oder Abgrenzung jüdischer Kommilitonen immer offener diskutiert wurde; und zwar zunehmend polemisch. Und das hing mit einer Demütigung besonderer Art zusammen:

Im März 1896 beschlossen nämlich die deutschnationalen Verbindungen im niederösterreichischen Städtchen Waidhofen an der

Ybbs, den Juden die Satisfaktionsfähigkeit abzusprechen. Das wäre an sich noch nicht übermäßig tragisch gewesen, wären die Waidhofener Beschlüsse nicht für ein rassisch definiertes Judentum bestimmt worden, das *alle* Vorfahren und Nachfahren der Juden umfasste. Man konnte nicht „aussteigen", man war vielmehr durch eine unlösbare Kette gefesselt. Nicht mehr die religiöse Konfession – und auch nicht die völkische Tradition – sollte einen Juden zum Ehrlosen machen, sondern vielmehr die Zugehörigkeit zur Rasse im biologischen Sinn. Stefan Zweig hielt fest, wie man das Jude-Sein definierte: *Jeder Sohn einer jüdischen Mutter, jeder Mensch, in dessen Adern jüdisches Blut rollt, ist von Geburt aus ehrlos, jeder feineren Regung bar. Er kann nicht unterscheiden zwischen Schmutzigem und Reinem, er ist ein ethisch tiefstehendes Subjekt. Der Verkehr mit einem Juden ist daher entehrend, man muss jede Gemeinschaft mit Juden vermeiden. Einen Juden kann man nicht beleidigen, ein Jude kann daher auch keine Genugtuung für erlittene Beleidigungen verlangen.*

So kränkend diese Verdammung auch war, so rumorte es auch generell an der jüdischen Basis, weil die Ideen des Zionismus die breitere Judenschaft erreicht hatten. Parallel dazu entstanden jüdische Verbindungen. Es war Perez Smolenskin, der in Wien eine Verbindung namens „Kadimah" – zu deutsch „Vorwärts" – gründete. Rundum sammelten sich Gleichgesinnte, unter ihnen auch der Journalist Theodor Herzl, der bekanntlich bei seiner deutschnationalen „Albia" das Band zurücklegte, zur jüdischen „Ivria" überwechselte und bei Veranstaltungen seiner zionistischen Bewegung Kadimah-Studenten als eine Art Saalschutz einsetzte.

Weitere neugegründete Korporationen waren die „Libanonia" und die „Unitas" (Mitgliederlisten sind leider durchwegs nicht mehr vorhanden). Zieht man eine Bilanz, dann sind erstaunlich viele Juden korporiert gewesen, haben sich in ihre Fläuse gezwängt und gut-deutsche Lieder gesungen. Der wesentliche Unterschied zu den Deutsch-Nationalen: ein loyales Verhältnis zu den Habsburgern, ein selbstverständliches Festhalten der jüdischen Untertanen an ihrer Heimat Österreich und kein Verrat an Österreich. „Ich dulde keine Judenhetze in meinem Reiche", soll Franz Joseph erklärt haben; Tatsache ist nur leider, dass er eine solche nicht verhinderte.

So wurde die Loyalität der jüdischen Farbstudenten nicht wirklich honoriert. Sie wollten, so grotesk dies heute klingt, nicht mehr, aber auch nicht weniger als ihre „Ehre" zurückhaben. In einer Antwort an die Antisemiten hieß es da: „Wir führen unsere Waffen, um unsere Ehre vor jedem Angriff zu schützen ... um mit dem Säbel, der unsere Farben trägt, zu beweisen, dass es nichts als ein Vorurteil ist, wenn man den Juden Mut und Unerschrockenheit bestreitet. Wir lehnen es daher ab, die Waffen abzulegen, weil man sie uns streitig macht. Darum tragen wir auch Couleur."

Mehrere Jahrzehnte später beschrieb Bruno Kreisky, österreichischer Bundeskanzler von 1970 bis 1983 und Spross einer jüdischen Familie aus Böhmen und Mähren, die Lebenswelt seiner Kindheit: „Einer meiner Onkel, Dr. Otto Kreisky, Rechtsanwalt in Wien, wurde mit seiner Frau deportiert und in Auschwitz vergast. Der zweite war Professor Oskar Kreisky, der nach kurzer Haftzeit in Amerika an einem College arbeitete und nach dem Krieg zurückgekehrt ist, nicht zuletzt deshalb, weil er hier viele Freunde aus seiner schlagenden liberalen deutschfreiheitlichen Studentenverbindung hatte. Es war die Budowista (nach ‚Budweis'), und dies deshalb, weil beide in der Mittelschule in Budweis waren, wo mein Großvater an der dortigen Lehrerbildungsanstalt tätig war. Ich möchte noch hinzufügen, sie war nicht jüdisch-deutschnational orientiert, viele von denen, die dem Corps angehörten, waren Katholiken und Protestanten. Ich selbst habe keiner Studentenverbindung angehört, ich war schon sehr früh Sozialdemokrat. Beeindruckt hat mich jedoch die verlässliche Freundschaft, die die Angehörigen dieses Corps verbunden und sich auch in schweren Zeiten bewährt hat."

***

Ein wenig anders als in Prag und Wien war das Klima in Brünn, einer stark von Deutschsprachigen bewohnten Stadt, die näher zu Wien als zu Prag lag. Hier formierten sich vier Burschenschaften zum „Ostdeutschen Bund": die Libertas aus Brünn, die Bruna Sudetia aus Wien, die Alemannia aus Graz und die Arminia aus Prag. Alte Herren dieser Korporationen waren in Österreich k .u. k Justizminister, Landtagsabgeordnete, Universitätslehrer und auch ein gewisser Ferdinand

Porsche, ein Techniker besonderer Genialität, befand sich unter ihnen. Der wesentliche Kopf der Prager „Ghibellinia", der auch Porsche angehörte, war aber der 1862 im böhmische Eger geborene spätere Reichsratsabgeordnete Karl Hermann Wolf, ein Journalist, mit dem sich aus anderem Grund die Beschäftigung lohnt: Wurde er doch in der Tat in dieser entscheidenden Phase der nationalistischen Eskalation zum wichtigsten Führer der Waffenstudenten. Wobei sein Äußeres alles andere als militant war. Wolf litt an einer Gehbehinderung, die durch eine Maserninfektion als Kleinkind entstanden war. Wolfs Vater war ein hochangesehener Gymnasialdirektor in Westböhmen und Karl Hermann ein wohlerzogener junger Mann, der aber bereits als Schüler der Burschenschafter-Idee verfallen war. So gehörte er bald zu den Trägern der Pennalien-Bewegung in Österreich und begründete die Mittelschülerverbindung „Hercynia" Reichenberg (heute *Liberec*); nebstbei wiederlegte er das Vorurteil, Mittelschülerverbindungen würden die Pennäler nur vom Lernen abhalten: Er selbst maturierte als Bester seines Jahrgangs.

Zum Studium des Altgriechischen ging er sodann nach Prag und warf sich auf die Gründungsarbeit für eine weitere akademische Verbindung – die Ghibellinia. Er selbst wandte sich dem Journalismus zu. 1881 wurde er Obmann einer Lese- und Redehalle der deutschen Studenten. Dort fiel eines Tages der Satz: „Das Volk steht über der Dynastie." Ein gefährliches Bonmot, das seine Runde machte.

Wolf floh nach Leipzig und war krankheitsbedingt zuerst einmal außer Gefecht. Als die Gefahr vorbei war, übersiedelte er in den Süden der Monarchie, übernahm bestehende Zeitungen, begründete neue und war selbst als fleißiger Schreiber unterwegs. 1897 gelang Wolf der Sprung in den Reichsrat und er wurde zum offensivsten Führer der Farbstudentenschaftsbewegung.

Wie aber beweist ein echter Waffenstudent seine Vitalität? Nun, Wolf forderte den Ministerpräsidenten der österreichischen Reichshälfte zum Duell. Dieser hieß Kasimir Graf Badeni, war Pole und absolut kaisertreu. Zweikämpfe waren freilich offiziell verboten – aber wurden bis zum Kaiser hinauf toleriert, waren vom Adel und dem Offizierskorps geradezu erwünscht.

Wolf verletzte Badeni im Pistolenduell am Arm; der Ministerpräsident nahm seinerseits den Hut und zog seine durchaus klugen Sprachverordnungen zurück. Wolf war nun am Zenit – er war zum geistigen und politischen Anführer der Burschen geworden. Aber ihm war dennoch kein Anlass zu trivial, ihn nicht zum Krawall zu nutzen. Das ging so weit, dass ihn, den immunen Abgeordneten, im Herbst 1897 die Polizei aus dem Parlament hinausschleppen musste, wo die Bundesbrüder warteten und mit dem Absingen der „Wacht am Rhein" ihre Hochverratsgesinnung unter Beweis stellten ...

Jetzt wurde programmatisch der „Anschluss" an Deutschland zum Ziel ausgerufen, bis dahin die Zerstörung der Monarchie durch die Abkoppelung der Deutschösterreicher vom „Pack" der Tschechen, Polen, Slowenen, Juden zum Ziel erklärt; Wolf wurde wie ein Held gefeiert, von den Burschenschaftern mit Gebrüll zu jedem Anlass begrüßt. Wolfs Vorname Karl-Hermann wurde zu einem der häufigsten Taufnamen der Monarchie, es gab Familien, die täglich statt aus der Bibel aus nationalem Schrifttum „beteten". Am Höhepunkt konnte sich Wolf rühmen, 46 Mitgliedsverbände der schlagenden Farbstudenten hinter sich zu wissen. Wobei der Begriff „Ostmark" für Österreich immer öfter auftauchte.

Dennoch schlugen Wolf im eigenen Lager Neid und Missgunst entgegen, hatte er Konkurrenz im Waldviertler Hetzer Georg von Schönerer. Dieser Bundesbruder der „Teutonia" Wien hatte sich gleichfalls durch Radau an die Spitze der Deutschnationalen geboxt und mit allen Mitteln auch die katholische Kirche durch die „Los von Rom"-Bewegung ins Visier genommen. Und schließlich erwies sich Schönerer auch noch als bösartiger Antisemit.

Allerdings: Weder Wolf noch Schönerer noch die Burschenschafter wussten, dass sie einen jugendlichen Anhänger besaßen, der das wirklich ausführen wollte, was sie sich weitgehend doch nur theoretisch ausgedacht hatten ...

Scharfe Mensur: Zu Hause die Prügelstrafe

Deutsche und Germanensachen etc.

„Ostara" oder wie kommt ein junger Mensch zu einer Ideologie? | Der unbegabte Maler Adolf H. erlebt die Frustration seines Lebens, nachdem er den Irrwitz selbsternannter Philosophen, Burschenschafter und Exzentriker kennengelernt hat

In dieser Zeit bildeten sich mir ein Weltbild und eine Weltanschauung, die zum granitenen Fundament meines derzeitigen Handelns wurden. Ich habe ... nur weniges hinzulernen müssen, zu ändern brauchte ich nichts. Im Gegenteil.
Adolf Hitler in *Mein Kampf* über seine Wiener Jahre 1907–1913

***

„Diese Zeit" – sie begann in den ersten Septembertagen 1907. Da übersiedelte der 18-jährige Adolf H. von Linz-Urfahr in die Reichs-

haupt- und Residenzstadt des Habsburgerreiches. Er hatte die Realschule abgebrochen, war ohne Matura und hoffte, an der Wiener
Akademie der Bildenden Künste aufgenommen zu werden, wofür
eine Talentprüfung notwendig war.

Wien als „granitenes Fundament" – das meinte wohl nicht die Pflas-
terung der Stadt mit den Granitwürfeln des späteren KZs von Maut-
hausen, das meinte vielmehr den Unterbau einer kriminellen Weltanschauung. Genies und Wahnsinnige liefen darauf herum.

Nun sind das alles Themen, die die Mehrheit der heutigen Wiener
nicht besonders berühren. Viele sind die Nachfahren von später Ein-
gewanderten; die anderen fühlen sich unangenehm irritiert angesichts des Umstandes, dass auch andere europäische Städte hässliche
Episoden wegstecken mussten.

Ist das freilich wirklich so? Welches Gefühl der Distanz schafft ein
Jahrhundert? Gerade auf das Wien aus Traum und Wirklichkeit –
zwischen Ringstraßen-Kult und vergoldetem Jugendstil – sind die
Stadt und ihre Tourismuswerbung heute stolzer denn je, und Hunderttausende sind mit ihrem Schicksal auf den Wiener Friedhöfen
namentlich auszumachen – als Opfer oder Täter.

In so mancher Wiener Wohnung muss wohl auch noch ein Postkar-
tenbild des obdachlosen Kunstmalers A. H. hängen. Und da wären
bei emsiger Recherche auch noch viele andere Spuren auszumachen,
die helfen könnten, die Banalität festzumachen, ohne dass überall
Dämonie hervorscheint.

In Summe scheint jedenfalls eine Neubewertung des „Milieus" notwendig zu sein, in dem vor 1914 in einer der größten Millionenstädte
Europas ein einzigartiger Höhenflug der Urban-Zivilisation stattfand;
und wie es möglich war, dass sich mitten in dieser protzenden Gesellschaft bereits das giftige Reptil schlängelte – von seinem eigenen
Genie überzeugt, gierig das Gift der Inhumanität aufsaugend und
den gärenden Fraß der Dummheit verschlingend.

***

Adolf H. ist das Beispiel eines durchschnittlichen Menschen in der
österreichischen Provinz; Hunderttausende wurden so erzogen wie
er: zuerst in einer biederen Landschule, dann in Linz in der Real-

schule, einer technisch ausgerichteten Variante des Gymnasiums. Er war aber ein miserabler Schüler und musste schon die erste Klasse wiederholen. Zu Hause gab es die Prügelstrafe. Was normal war.

In der Realschule in der Linzer Steingasse dominierten unter den Lehrern die Deutschnationalen, insbesondere die Anhänger der „Deutschen Volkspartei". Aus diesem Milieu waren auch die Burschenschaftsführer Karl Hermann Wolf sowie Georg Schönerer hervorgegangen. Die Linzer Schüler (man bedenke: unter 14 Jahre alt!) kannten sie von gelegentlicher Zeitungslektüre und vom Elternhaus, ansonsten sammelte man deutschnationale Devotionalien wie Bismarckköpfe und Bierkrügel mit Verbindungs-Zirkel.

Der Mann, der H. die Ideen gab: Lanz von Liebenfels

Und sonst? Adolf H. später in *Mein Kampf*: Man habe für Schulverein und Südmark gesammelt, sich mit „Heil!" begrüßt und statt „Gott erhalte" lieber „Deutschland über alles" gesungen – „trotz Verwarnungen und Strafen". Seinen Religionsprofessor Schwarz ärgerte H. mit provokativen Rufen, sodass dieser die Nerven verlor: „Ihr habt keine nationalen Ideale, sondern nur ein einziges Ideal im Herzen zu tragen – das ist unser Vaterland und das Erzhaus Habsburg. Und wer nicht für das Erzhaus ist, der ist gegen Gott. Setz dich, Hitler!"

Die Antwort: eine Dekoration des Klassenraumes in den Farben Schwarz-Rot-Gold am nächsten Tag.

Und da war noch der Geschichtsprofessor Leopold Poetsch; er hielt u. a. in nationalen Vereinigungen Lichtbildvorträge über das Nibelungenlied – und H. blättert nach eigenen Angaben „mit größter Liebe in den Büchern deutscher Mythen, Sagen und Geschichten". Vor allem aber lehrte Poetsch Geschichte nicht als trockene Abfolge von Jahreszahlen, sondern als lebendige Wissenschaft für den aktuellen politischen Bedarf.

Nun wissen wir nicht, wann Adolf H. mit der „Gothia" in Verbindung kam. Sie war eine Pennäler-, also Mittelschulverbindung und eine Reihe von Realschülern aus der Steingasse hatte sich in der offiziell verbotenen Vereinigung zusammengefunden. Die später bekanntesten „Gothianer", die auch nicht offiziell Mitglieder waren: Franz Stelzhamer, der berühmteste Heimat- und Mundartdichter Oberösterreichs, sowie der Sohn aus einer der vermögendsten und einflussreichsten Familien der Donaumonarchie, Ludwig Wittgenstein. Stelzhamer dichtete die oberösterreichische Landeshymne, Wittgenstein wurde später Lehrer, Sprachanalytiker und bedeutender Philosoph. Nun galten die Wittgensteins (noch) nicht als Juden, weil ihre Familie zum Katholizismus übergetreten war. Insgesamt standen einander in der Linzer Realschule zu Adolfs Schulzeit gegenüber: 323 Katholiken, 19 Protestanten, ein Bosnier, ein Orthodoxer – und 17 Juden.

Das eigentliche Problem des Schulstandortes Linz aber war, keine Universität zu besitzen. Alle Studierwilligen mussten nach Wien, Graz oder Deutschland gehen.

So verlegte 1867 auch der oberösterreichisch-akademische Verein Germania seine Tätigkeit endgültig nach Wien: Als „Akademische Burschenschaft Oberösterreichischer Germanen".

Der Mangel an Uni-Studenten ließ dafür das Pennalie-Wesen besonders rasant wachsen und gedeihen. Eine Auflistung der Mittelschüler-Verbindungen zeigt an, welch Geistes Kind die „Jungspunde" waren: Academia, Concordia, Austria, Patria, Ostmark, Bajuvaria, Gothia, Amicitia, Nibelungia, Cheruskia, Markomannia, Wotan, Wiking, Teutonia, Herulia, Ostaria, Heimdall, Saxonia, Hohenstaufen.

Und nicht nur in Linz, sondern auch in fast allen Gymnasialstädten Oberösterreichs regte es sich ebenso buntgermanisch.

Dennoch – „Adolf Hitler" findet sich als Name auf keiner Mitgliederliste. Gut möglich, dass die These schlüssig ist, die familiären Verhältnisse seien damals zu belastend gewesen. Der Vater starb 1903,

OSTARA

nr. 13/14

Der zoologische und talmudische
Urſprung des Bolſchewismus

Don F. Lanz-Liebenfels

Ostara-Heft: Eintauchen in die Welt der Götter, Walküren, Alraunen ...

Adolf selbst wechselte 1904 an die Realschule nach Steyr, von wo er aber ebenso schlechte Zeugnisse heimbrachte. Die Mutter war hilflos.

Er erlebte noch Gemeinderatswahlen in Linz, ging fleißig ins Landestheater und entschloss sich zu einem radikalen Schnitt: seine Erbschaft zu lukrieren, sich in den Zug nach Wien zu setzen und sein Leben „selbst in die Hand" zu nehmen.

Nun kam H. gerade richtig: Im Jahr 1907 fanden in der österreichischen Reichshälfte der Donaumonarchie die ersten allgemeinen demokratisch-gleichen, geheimen und direkten Wahlen statt, wenngleich ohne Wahlberechtigung der Frauen. Das Ergebnis bestätigte die Existenz zweier – bis heute existierender – großer politischer Lager, der „Schwarzen“ und der „Roten“, und rechtfertigte jene politisierenden Nationalitätenvertretungen, die als wortgewaltige, aber uneinige Blöcke den Reichsrat im Griff hatten: etwa die Jungtschechen und die polnischen Nationaldemokraten, die slowenischen Konservativen und die italienischen Liberalen; vor allem aber Vertreter der Deutschen Volkspartei, der Deutschen Agrarier, der Alldeutschen. Es gab bloß niemanden, der sich „österreichisch“ nannte. Jedenfalls wissen wir, dass der arbeitslose Adolf H. politisches Grundinteresse besaß und die Zuschauertribüne des Hohen Hauses am Ring frequentierte. Später schrieb er in *Mein Kampf* von einem „jämmerlichen Schauspiel“ der 516 Abgeordneten der Vielvölkerdemokratie, über das er „lachen“ musste.

Nun hatte er mit parlamentarischen Parteien jedenfalls nichts am Hut – obwohl er dort vielleicht integrierbar gewesen wäre. Immerhin hätte er sich in einem Winkel der deutschnationalen Bewegung einnisten können, die über Zeitungen, Sportvereine, Bildungs-und Sozialeinrichtungen verfügte. Und immerhin hatte er bereits in Linz Sympathien für die beiden deutschnationalen Hauptdemagogen der Monarchie entwickelt – für den Waldviertler Landlord Georg von Schönerer und den böhmischen Burschenschafts-Führer Karl Hermann Wolf.

Was diese systematisch betrieben, war hasserfüllte Hochverräterei gegen die multinationale Habsburgermonarchie; und da war vieles bei Adolf H. auf fruchtbaren Boden gefallen. Warum aber vermied er den konkreten Kontakt zu dieser politischen Szene, warum suchte er keinen „Anschluss“?

Nun, im September 1907 hatte er anderes im Visier: Trat Adolf H. doch in der Akademie der Bildenden Künste am Wiener Schillerplatz mit 111 anderen Kandidaten zur Talentprüfung zwecks Studienzulassung an; er musste bereits gemalte Arbeiten vorlegen – und bestand prompt den ersten Test. Erst am 2. Oktober 1907 kam es dann zur eigentlichen Prüfung seines Talents. In drei Stunden am

Vormittag und drei weiterer am Nachmittag fand ein „Probezeichnen" statt, bei dem „Kompositionsaufgaben" zu lösen waren. 28 Kandidaten bestanden die Eignungsprüfung, 84 erging es so wie Adolf H.: „Probezeichnung ungenügend" – lautete der Spruch des konservativen Professorenkollegiums unter Rektor Siegmund d'Allemand, der ein Alter Herr der Athenaia war, darunter dessen Stellvertreter Christian Griepenkerl (Aldania Wien) und der Südtiroler Alois Delug. Alle drei Juroren waren Ringstraßen-Monumentalmaler, deren Werke auch heute noch gegenwärtig sind.

Die Enttäuschung des Adolf H. war offenbar übergroß und er verfiel in eine Stimmungslage, die einer *Mischung aus Selbstmitleid und Ichbesessenheit* gleichkam (Joachim Fest), denn er hielt sich auch weiterhin – „Jetzt erst recht!" – für ein *gewaltsam unterdrücktes* Genie, dem man seine Lebens-Planung zerstören wollte. In *Mein Kampf* gibt er zu: „Zum ersten Mal in meinem jungen Leben war ich uneins mit mir selbst." Dennoch blieb er trotzig: Etwas anderes als Künstler wollte er nicht werden. Erstaunlich, dass er zwar eine Empfehlung für Alfred Roller, den damals allgemein verehrten Bühnenbildner der Hofoper (Staatsoper), Kunstgewerbeschul-Begründer und Mitbegründer der Sezession, in der Tasche hatte, davon aber keinen Gebrauch machte – aus Schüchternheit. Auch Roller war Mitglied der Athenaia, der Künstlerverbindung Wiens.

Nun darf getrost angenommen werden, dass Adolf H. Mitglied einer der vielen Wiener Burschenschaften oder künstlernahen Korporationen geworden wäre, hätte er die fatale Akademieprüfung geschafft. Wir hätten ihn dann auch mit Schmiss statt Bärtchen in Erinnerung. Gut möglich, dass ihn das Gemeinschaftserlebnis einer Korporation aber auch von der Total-Radikalität seiner traumatischen Lebenswelt abgehalten hätte.

Stattdessen wurden vor allem Professoren – die er „Profaxe" nannte – Ziel einer ständig wiederholten Aggression; und besonders hasserfüllt griff er die Lehrer der Kunstakademien an: *Denn diese sind entweder Künstler, die sich im freien Lebenskampf nicht durchsetzen konnten – oder sie sind Künstler von Format, die nur höchstens zwei Stunden ihres Tages für die Akademiearbeit opfern können oder die Akademiearbeit als reine Altersbeschäftigung ansehen.*

Der Hauptgrund des Frusts blieb jedenfalls weiterhin wie ein Stachel im Herzen von H. stecken. Und er suchte Ablenkungen – was einer ganz natürlichen Reaktion entsprach. Jedenfalls muss es auch sehr bald danach gewesen sein, dass sich Adolf H. für andere Veröffentlichungen zu interessieren begann, deren Autoren privat publizierende „Wissenschaftler" waren; Männer, die keinen Kontakt zu den Universitäten hatten, wiewohl ihre ethnologischen, biologistischen und religionsphilosophischen Absonderungen dem Denken der Zeit entsprachen. Überdies genossen diese „Privatgelehrten" im Wien der Jahrhundertwende beachtliches hohes und öffentliches Ansehen. Ihre Anhängerschaft: ein halbgebildetes, mit Minderwertigkeitsproblemen behaftetes Kleinbürgertum, Menschen mit Frustrationen und Komplexen; aber wohl auch irregeleitete Farbstudenten verschiedener Richtungen. Dieses Gesellschaftssegment bevorzugte die (schon damals) gehässigen Kleinformat-Zeitungen, las Romane von Courths-Mahler, Karl May und Historienwälzer – vor allem aber die sogenannten „Familienblätter" und billige (Schund-)hefte …

Wiener Bürgermeister Lueger:
Eintauchen in die Welt von Gestern

Die wichtigsten unter den Spinnern: der Wiener „Schriftsteller" Guido von List und der laisierte Zisterziensermönch Georg Lanz von Liebenfels, weiland Mönch im Stift Heiligenkreuz.

Der in Wien geborene List hatte sich primär mit der Mythologie der Germanen beschäftigt, mit Sagen und Märchen voll von Göttern, Walküren und Alraunen. In den Verbindungen spiegelte sich ja anlässlich der Couleur-Namensgebung stets der Wunsch wider, in die Zeitmaschine einzusteigen und in die Welt von Gestern einzutauchen. Dabei gibt es wenig Beispiele für Namens-Reibereien der Verbände, was angesichts der vielen Nibelungias, Teutonias, Frankonias, Ripuarias etc. auch problematisch gewesen wäre. Nicht selten waren Verbindungsnamen auch latinisierte Regions-, Fluss- oder Burgnamen: Saxonia, Staufia, Radaspona, Greifenstein.

Ebenso interessant ist die „Philosophie" der Couleur-Namen; denn jeder Farbstudent besitzt einen vulgo-Rufnamen, eine Sitte, die Pennalien wie Universitätsverbindungen, Burschenschaften wie katholische Korporationen eint. Jeder Fux, Bursche, Alte Herr hängt – zwecks „Tarnung" und für den verbindungsinternen Gebrauch – einen „Vulgo"-Namen an sein offizielles Namensdokument an; eine Usance, die bis heute üblich ist. Man kann jedoch durchaus Kategorisierungen entdecken:

- Die meisten Couleurnamen sind germanisch-urdeutsche Heldennamen: Armin, Siegfried samt dem Nibelungen-Clan, Barbarossa, Laurin, Hartmut, Lohengrin etc.
- antike Götter, Halbgötter und Heroen, die halbe Ilias: Xerxes, Apoll, Paris, Cato, Demosthenes, Hippokrates etc.
- neuzeitliche Größen: Columbus, Leonardo, Danton, Kafka etc.
- schließlich Witz- und Blödelnamen, die vielfach mit dem Biercomment zusammenhängen: Fips, Schwips, Fidibus, Schnackerl, Kikeriki, etc.

Nun waren Namensänderungen in der Zeit von Adolf H. durchaus üblich; wer irgendwo in einen sogennanten Orden hineingeraten war, wollte z. B. diese Form von „Nobilitierung" zum Ausdruck bringen. „Künstlernamen" fanden neben zivilen Namen ihren Platz auf Visitenkarten. Weiters wollten viele den „Makel" einer unehelichen Geburt in dem tiefkatholischen Staat unsichtbar machen. So hieß die 1847 im Waldviertel verstorbene Großmutter von Adolf H. mit vollem Namen Maria Anna Schicklgruber. Hitlers Vater wurde 1874 zu Alois Hiedler, was im Taufbuch der Pfarre Döllersheim (heute der Truppenübungsplatz Allentsteig) eingetragen wurde. Die Prozedur hatte den Sinn, Hitlers Vater den Makel eines Unehelich-Geborenen zu ersparen. Die zusätzliche Veränderung von „Hiedler" zu „Hitler" erfolge dann durch den Pfarrer von Döllersheim persönlich, wodurch das Waldviertel zum „Ahnengau des Führers" wurde.

In diesem Kuddelmuddel spielten sich in Wien auch die Begegnungen der Bewunderer von List, Lanz und Wolf – untereinander und gegenüber weiteren „Meistern" – ab. Seltsame Esoterik war an der Tagesordnung.

Als Guido von List 1902 erblindete, war das für seine Jünger ein Beweis außergewöhnlicher Seherkraft ihres Propheten; später, wieder sehend, fabulierte er – und das war bereits zur Zeit der Anwesenheit von Adolf H. in Wien – eifrig über die „Arier": Diese seien gottgezeugte „Herrenmenschen", die anderen unterklassige „Herdenmenschen", „Tschandalen" genannt. Weiters verfasste List damals auch eine Schrift *Geheimnis der Runen*. List im O-Ton:

Nur Angehörige der ario-germanischen Herrenmenschheit genießen bürgerliche Freiheiten und bürgerliches deutsches Recht. Angehörige der minderwertigen Mischrassen unterstehen dem Fremdengesetz und sind von allen bürgerlichen Herrenrechten auszuschließen. Oder: Man müsse kämpfen für *das Gebot, das Blut rein zu erhalten, denn das Heiligste der germanischen Ehe ist die Züchtung des arischen Edelmenschen.* Oder: *Der kommende ario-germanische Weltkrieg muss geführt werden, um die Tschandalenbrut wieder in ihre Fesseln zu schlagen … damit der Herrenmensch wieder zu seinem abgelisteten und abgegaunerten Herrenrecht gelange …*

Wie aber wirken solche paranoiden Schwafeleien auf junge Menschen, die sich ungerecht behandelt fühlen? Sie empfinden wohl Befriedigung, wenn ihnen jemand zusichert, dass sie „Herrenmenschen" seien.

Fraglos hatte Adolf H. die Thesen Lists über den Kampf der Arier gegen die „Tschandalen" in sich aufgesogen und gespeichert. Er hatte verinnerlicht, dass die „niedrigeren" Völker „durchseucht" seien und sich Arier nicht mit „fremdem" Blut vermischen dürften. Ein Vierteljahrhundert später sicherten dann die Nürnberger Rassebestimmungen juristisch ab, was List theoretisch vorgegeben hatte: das NS-Blutschutz- und Reichsbürgergesetz, die nationalsozialistischen Vorschriften über Rassenhygiene, Aufartung, Lebensborn …

Um die Jahrhundertwende warfen allerdings die Schreibereien Lists noch nicht so viel ab, dass dieser auch nur die Druckrechnungen bezahlen konnte. Und deshalb gründeten Sympathisanten die „Guido von List Gesellschaft", die es ihrerseits schaffte, in wichtigen alldeutschen Blättern erwähnt zu werden. Aus heutiger Sicht besteht allerdings der Skandal darin, dass dem Förderverein höchst honorige Persönlichkeiten beitraten: So der k. u. k. General Blasius von Schemua (später Generalstabschef der Armee), der Verleger Arthur Weber (Alemannia-Leipzig), die Malerin Olga Wisinger-Florian (eine Künstlerin von beachtlichem Können), erfolgreiche Industrielle und Universitätslehrer. Vor allem aber niemand Geringerer als der christlichsoziale Wiener Bürgermeister Karl Lueger – und das am Höhepunkt seiner Amtszeit! Damit ist wohl wahrscheinlich, dass für Lueger (Mitglied der katholischen CV-Verbindung „Norica" Wien) die Grenzziehung zwischen dem religiös-wirtschaftlichen Antisemitismus der Christlichsozialen und dem rassistischen Antisemitismus der Deutsch-Radikalen durchaus fließend war. Die Frage muss gestellt werden: War 1907 Luegers Entscheidung für einen Beitritt zur List-Gefolgschaft kalkulierter Opportunismus – oder glaubte der (immerhin akademisch gebildete) Bürgermeister den Rassen-Unsinn des arischen Gurus? Beide Varianten sind nicht eben sympathische Motive für einen christlichen Parteigründer (hingegen ein Grund für moderne Historiker, den verqueren Antisemitismus Luegers und seiner großen Anhängerschaft doch noch gründlicher als bisher zu recherchieren).

Jedenfalls verdanken wir der präzisen Erinnerung von Adolf H. selbst unsere Kenntnis davon, wie er in Wien mit dem skurrilen Geschreibsel in Berührung kam: *Ich kaufte mir damals um wenige Heller die ersten antisemitischen Broschüren meines Lebens.*

Und diese Spur führt direkt zum zweiten Herold des arischen Wahnsinns – nämlich zum männlichen Spross einer Lehrerfamilie namens Lanz. Der 19-Jährige Joseph Adolf Lanz war 1893 als „Frater Georg" in den Zisterzienserorden von Heiligenkreuz im tiefen Wienerwald eingetreten; 1899 wurde er nach Studien zur Bibelwissenschaft zum Priester geweiht, verabschiedete sich aber kurz später bei den Zisterziensern wieder und gründete einen „Neutempler"-Orden. Bald sammelte auch Lanz einen Kreis von ehrenwerten gleichgesinnten Männerrechtlern um sich (wobei es hieß „... unter Ausschluss von Juden"); und er schnorrte Geld, um die Ruine Werfenstein im Strudengau bei Grein an der Donau erwerben zu können. Der Zweck: Errichtung einer „Ordensburg".

Womit er wohl an die „Philosophie" der abendländischen Ritterorden anschloss, in denen adelige Herren im Heiligen Land gegen ungläubige Untermenschen gekämpft hatten.

Es war im fatalen Jahr 1907, dass der ritterliche Ex-Mönch Lanz-Liebenfels die Ziele und das Programm seiner Jüngerschaft unter dem Titel „Der Orden des Neuen Tempels" veröffentlichte; wie bei List ging es aber auch bei ihm nicht etwa um harmlose Mystik und schwärmerischen Okkultismus, sondern um die Anleitung für konkretes politisches Handeln: *Die Staaten werden im Interesse ihres Bestandes der Kultur zur planmäßigen Zucht der staats- und kulturerhaltenden Menschen arischer Rasse kommen müssen ... die Ostara weckt und fördert den Sinn für die Heiligkeit des Blutes und der Vererbungsgesetze.*

„Ostara" hieß nämlich die Serie von Flugschriften „freikonservativer Richtung", die aus 40-Heller-Broschüren in schlechter Aufmachung und mit primitiven Zeichnungen bestand, durchwegs von Lanz-Liebenfels selbst verfasst und illustriert. Und weiter: *Die ganze germanisch-arische Göttersage durchzieht als Hauptgedanke der Kampf der himmlischen Götter mit den Wasser- und Landungetümen, der Streit der Asen mit den Wanen, der zum Schluß durch eine Vermischung der beiden Göttergeschlechter beigelegt wird ... Die Asen sind die höhere, edlere Rasse, die Wanen sind zur geschlechtlichen Vermischung verlockende mindere Rassen.*

Bald wurde auch die Burgruine Werfenstein für Lanz-Liebenfels zum Ort für Ritterspielereien. Das Erkennungssymbol: eine Hakenkreuzfahne. Wobei es mittlerweile ausreichend belegt ist, dass das modifizierte indische Swastika-Symbol nicht erst in den 1920er-Jahren als Fahne benutzt wurde, sondern – rechtsgewendet – schon 1907 im oberösterreichischen Strudengau wehte ...

Was in den Ostara-Ergüssen steht, führte offenbar in den verqueren Hirnen frauenfeindlicher Junggesellen zwischen Männerheim und

Bassena-Untermiete zu perversen Schlussfolgerungen. Adolf H. in *Mein Kampf: Der schwarzhaarige Judenjunge lauert stundenlang, satanische Freude in seinem Gesicht, auf das ahnungslose Mädchen, das er mit seinem Blut schändet und damit seinem, des Mädchens Volke raubt.*

Das war damals auch für viele junge Burschenschafter die Einstellung zur Frau. Verklemmt im Elternhaus erzogen, von der protestantischen wie katholischen Sexualmoral irritiert, kam die rassistische Dimension hinzu. Denn irgendwann musste Adolf H. die angelesenen Theorien von List und Lanz-Liebenfels auf die Juden zugespitzt haben; diese sollten die Ersten sein, die gemäß der „Ausmerzungs"-Thesen von Minderrassigen zu verschwinden hatten.

***

Hätte man ein modernes Meinungsforschungsinstitut einsetzen können, um eine „Summary" über die Burschenschaften zu verfassen, so hätte man wohl im Vergleich zu den heutigen Auffassungen in Mitteleuropa einen etwas bizarren Vorstellungshorizont festgestellt, der weder mit der Aufklärung noch dem 21. Jahrhundert etwas gemein hatte. Worin aber bestand dieses Meinungsspektrum?

- Die Burschenschaften galten– wo auch immer – als unbestritten patriotische deutsche Vereinigung, unverzichtbar auf der Höhe der Zeit;
- die Juden hingegen bildeten einen Fremdkörper in der alten Gesellschaft, weil sie wirtschaftlich so erfolgreich waren;
- weiters: nicht die Mehrheit, sondern nur die Minorität der Bevölkerung glaubte an eine reale Zukunft des habsburgischen Vielvölkerstaates;
- weshalb auch die Deutsch-Österreicher nur im politischen „Anschluss" an das Deutsche Reich die Chance des Überlebens zu sehen glaubten.
- Und der Generalstab meinte in Berlin und in Wien: Man müsse die Bereitschaft zu wirklich überraschenden Präventivkriegen erwirken, um zum Beispiel gegen Frankreich und gegen „freche" Balkanstaaten im richtigen Augenblick zuschlagen zu können.

- Denn dahinter stand die Auffassung, dass das Preußentum die erfolgreichste Gesellschaftsform der Welt sei: *Am deutschen Wesen wird die Welt genesen …*

***

So wird auch verständlich, warum Figuren wie der Ober-Burschenschafter und Tschechenhasser Karl Hermann Wolf mit seinen Schreibereien einen so erfolgreichen publizistischen Wanderzirkus aufbauen konnte; warum Lanz-Liebenfels als jener Mann in die Geschichte einging, der im Donautal die starke Wirkung der Hakenkreuzfahne begriff; warum Guido List mit seinem obskuren Verein die Prominenz der Residenzstadt magisch anzog und mit Germanenspielchen faszinierte; und warum sich Georg von Schönerer als fanatischer Antisemit sogar mit der katholischen Kirche anlegte – er, der Waldviertler Hohepriester des Bismarck-Kultes, ein „ostmärkischer" Teutone als Burschenschafter.

Tatsache ist, dass die farbentragende „Bewegung" am Höhepunkt ihrer Weltverbesserung angelangt war.

Und auch wenn Adolf H. nicht Mitglied werden durfte, sondern mittellos mit Postkartenbildern hausieren ging, so war er doch ein genauer Beobachter des sozialen Elends in Wien zwischen 1907 und 1913. Konnte er also weder mensurgehorsam noch commentverliebt oder buntbemützt sein, glaubte er dennoch an die Sinnhaftigkeit der Vernetzung von aktivem politischem Handeln und esoterischer Ideologie. Und mit ihm eine ganze Generation, die national und sozialistisch sein wollte – aber nicht einmal einen korrekten Begriff dafür fand.

So wurde, wie es der Wiener Soziologe August Knoll (Nibelungia Wien) treffend formulierte, der Nationalsozialismus zu jener Bewegung, „die das preußische Schwert der österreichischen Narretei zur Verfügung stellte".

Papst Leo XIII., Bismarck: Wer gewinnt den Kulturkampf? Karikatur von Wilhelm Scholz im „Kladderadatsch".

Los von Rom!

Ein rabiater Burschenschafter aus dem österreichischen Waldviertel propagiert: „Jud bleibt Jud!" I Katholische Verbindungen treten in die Arena I Der Weg zum Bürgerkrieg ist offen I Papst Leo XIII. schreibt eine Enzyklika

Am Wiener Zentralfriedhof, auf dem mehr Tote begraben liegen als in der Stadt an der Donau herumspazieren, befindet sich im geometrischen Mittelpunkt eine Jugendstilkirche. Die Pläne entwarf Max Hegele, ein Schüler Otto Wagners, die Bauzeit betrug drei Jahre. Der Kuppelbau weist die enorme Höhe von 59 Metern auf, höher etwa als die Kuppel der Österreichischen Nationalbibliothek, und die Kirche ist mit 2.230 Quadratmetern Grundfläche eines der größten konfessionellen Bauwerke Österreichs. Errichten ließ die Stadt Wien das Kirchenbauwerk für einen ihrer Bürgermeister oder besser: Dieser hat sie noch zu Lebzeiten mitgestaltet.

Zweifellos errichtete keine Kommunalverwaltung irgendwo in Europa einem Stadtoberhaupt ein solches Monument, das diesen der Vergesslichkeit der Nachfahren entreißen kann. Nicht genug dieser außergewöhnlichen Totenverehrung, befindet sich oberhalb des Hochaltars eine riesige bildliche Darstellung; sie zeigt einen weißhaarigen Mann in nachthemdartiger Bekleidung, der von Engeln aufgefordert wird, in den offenen Himmel einzufliegen – dorthin, wo die Dreifaltigkeit und eine Gruppe Heiliger auf ihn warten.

Nun ist der Mann im Hemd kein Heiliger – es ist Karl Lueger und dieser war Wiener Bürgermeister von 1897 bis 1910. Beliebt, berühmt, gefürchtet und verhasst, war der „schöne Karl" ein frommer Junggeselle und Mitglied des CV, konkret der katholischen Verbindung Norica.

Lueger war aber auch Gründer der Christlichsozialen Partei Österreichs. Als solcher ein Gegner der Sozialdemokraten und der Deutschnationalen, mit denen er ursprünglich durch ein „Linzer Programm" (1882) verbunden war. Angesichts der Zerrissenheit der parlamentarischen Lager in der weitläufigen Monarchie trat Lueger jedoch für das Prinzip ein, sich durch Weltanschauungsparteien nationalistische Formationen zu ersparen. So mied er auch selbst einen allzu engen Kontakt mit Georg von Schönerer, der um die gleiche kleinbürgerliche Wählerklientel kämpfte wie er selbst. In seiner Rhetorik ein Antislawist – den aber viele „Böhm" (wienerisch „Bem") dank seiner Sozialpolitik durchaus schätzten –, ging es Lueger zugleich um die „Befreiung des christlichen Volkes von der Vorherrschaft des Judentums". Er war nämlich ein Antisemit aus religiösen und wirtschaftlichen Motiven – nicht aber aus rassistischen.

Kaiser Franz Joseph seinerseits begriff das nicht, musste aber nach der Verfassung jeden Wiener Bürgermeister im Amt bestätigen. Der Monarch verweigerte dies zunächst.

Tatsächlich mag Luegers Meinung zur Rassenfrage verquer gewesen sein, ein Vorspiel zur Nazi-Ideologie war sie in jedem Fall. Für Lueger blieb es dabei: „Wer a Jud ist, bestimm ich!" Die Antwort Georg von

Schönerers, des Deutschnationalenchefs: „Jeder Deutsche hat die Pflicht, das *Judentum auszumerzen*.“

In dieser Zeit der sich verstärkenden Parteibindungen herrschte an den Universitäten im Deutschen Reich nicht nur fröhliche studentische Biertisch-Stimmung, *sondern es begann auch eine brutale ideologische Kaderbildung.* Literatur und Publizistik bereiteten den Boden. „Heimatkunst“ wurde in Verbindung mit „Blut und Boden“ zu einem literarischen Genre. Es ging um politische Evangelien, die durch Elternhaus, Lehrer und Freundeskreis den jungen Menschen eingepflanzt werden sollten; dabei waren diese schon vollgestopft von der spätkindlichen Lektüre nicht versiegender Karl-May-Edelkitschproduktionen. Eine Alternative boten die beliebten historischen Romane, die die „Nation“, das „Volk“, den Ritter-Retter zu geistigem Futter machten; und wieder waren zahlreiche Autoren auch Burschenschafter oder Corps-Angehörige. Sie bewegten und erschütterten, historisierten und moralisierten.

Da sind *Die Ahnen* – ein unendliches Roman-Konvolut von Gustav Freytag (Borussia-Breslau); der *Trompeter von Säckingen* Viktor Scheffels (Allemannia-Heidelberg); weiters die Erzählung *Heinrich von Plauen* von Ernst Wiechert (Palmburgia-Königsberg). Felix Dahn (Ghibellinia-Prag) schuf mit *Kampf um Rom* ein Mammutwerk, Theodor Storm (Albertina-Kiel) mit dem *Schimmelreiter* große Literatur; zum „Kultbuch der völkischen Jugendbewegung“ wird Hermann Burtes unsägliches Blut-und-Boden-Epos *Wiltfeber, der ewige Deutsche*. Dazu kam schließlich die kritische Beobachtung des deutschen Volkscharakters wie jene von Ludwig Thoma (Corps Suevia- München) oder Hermann Bahr (Albia-Wien). Dass auch Autoren aus dem Ausland in Deutschland viel gelesen wurden, zeugt von zunehmender Weltoffenheit des deutschsprachigen Raumes.

***

„Weltoffenheit?“ Nun, die Jugend der Habsburgermonarchie hätte ihre Abenteuer vor der Haustür gefunden, am Balkan, in der Levante, dem Nahen Osten ... aber die jungen Menschen der Geburtsjahrgänge nach 1848 (Revolution) und Königgrätz (Krieg Österreich-Preußen, 1866) empfanden sich zunehmend als vaterlandslos. Ihr Staat Österreich hatte Niederlage auf Niederlage ertragen müssen – und wurde im Inneren blockiert. Wobei das Bewusstsein allgemein war, dass es die deutschen Nachbarn waren, denen die Monarchie den Niedergang verdankte – nebst den Österreichern selbst, die beachtlich viel Dummheit investiert hatten. Preußen-Deutschland hatte den Habsburgerstaat aus dem Deutschen Staatsverbund hinausgeworfen und danach den sogenannten Ausgleich der Österreicher mit Ungarn forciert; dann „schenkte" der deutsche Reichskanzler den Österreichern als eine Art „Wiedergutmachung" Bosnien und die Herzegowina! Damals ging der Ausspruch Bismarcks in die Überlieferung ein – dass ihm in Wahrheit „der ganze Balkan die Knochen eines einzigen Pommerischen Grenadiers nicht wert" sei.

Serbien schäumte, denn es verlor jede Chance auf eine eigene Küste, und für die Österreicher erwies sich die Besetzung des gebirgigen Landes als militärische Schwerstarbeit. Den ganzen Sommer und Herbst 1878 kämpften österreichisch-ungarische Truppen unter dem kroatischen General Josef von Philippovic heftigst, bis die Hauptstadt Sarajevo gefallen war. Mit der Okkupation von Bosnien und der Herzegowina war freilich eine weitere Vergrößerung des slawischen Bevölkerungsanteils in Österreich-Ungarn unvermeidbar. So kam die Stunde des Georg von Schönerer, in der er sich als Hauptredner der Deutschnationalen im Wiener Reichsrat aufspielte. Gegen die Hofburg donnerte er: „Volksrecht bricht Staatsrecht! Und die Dynastie der Habsburger ist im Interesse des deutschen Volkes entbehrlich ... Die Hohenzollern sind das wahre Geschlecht aller Deutschen."

Aber auch das ließ sich Kaiser Franz Joseph noch gefallen. Erst ein Fauxpas brachte Schönerer vor Gericht – und ins Gefängnis. Er verlor Mandat und Adelsdiplom.

Die Vorfälle zeigten jedenfalls, worin das größte Problem Österreich-Ungarns am Ende des Jahrhunderts bestand: im innenpolitischen Druck. Österreichs Nationalitäten wurden zu „Fünften Kolonnen" ihrer Nachbarn. Die österreichischen Westslawen erhielten ihre Aufträge aus Petersburg, die Südslawen aus Belgrad, die Triestiner aus Rom – und die Deutsch-Österreicher aus Berlin. Letztlich war die Habsburgermonarchie zu einem Satelliten des Deutschen Reiches geworden, das seinerseits die jungen Farbstudenten Österreichs als

Einpeitscher missbrauchte. Sie plapperten nach, was Schönerer den Bundesbrüdern eingegeben hatte: „Nicht Jesuiten, sondern Germanen ...“

Tatsache war allerdings, dass andere Nationalitäten in der Donaumonarchie ihre Interessensvertretung durch Wien als durchaus erträglich empfanden, wenn nur die ständige Hetze der „Germanen“ – und auch der ungarischen Nationalisten – ein Ende gefunden hätte. Etwa die Polen und Ukrainer in Galizien, die Slowaken in Ungarn, die Dalmatiner an der Adria und die Trientiner in den Dolomiten.

Sie alle empfanden nämlich die Papstkirche als wohltuende Schutzmacht ihrer Anliegen. Und ärgerten sich, wenn sie die Schönerianer hochverräterisch durch die Straßen brüllen hörten: „Los von Juda, los von Rom!“

Nun war in der zweiten Hälfte des 18. Jahrhunderts die katholische Amtskirche, stets verbündet mit den Habsburgern, gleichfalls schwer beschädigt worden. Hatte sie doch im Zeitalter der Aufklärung, also in der Zeit der großen Zweifel, viel Einfluss bei den Gläubigen eingebüsst – vor allem bei Akademikern, Intellektuellen und Studenten. Dazu kam, dass die Industrielle Revolution des 18. Jahrhunderts zur Verarmung breiter Schichten der Bevölkerung führte; vor allem solcher, die man gemeinhin als „Kirchenvolk“ bezeichnete. Landlose Bauern zogen in die rapide wachsenden Städte und vergrößerten dort das proletarische Elend. Bergwerke und Gruben öffneten sich wie teuflische Schlünde und gefährdeten Gesundheit und Leben der Kumpel. In den Waffen- und Munitionsfabriken wurde der nächste Krieg vorbereitet – und dass dieser kommen würde, war allen Weitblickenderen bewusst.

Die katholische Kirche stand angesichts dieser Entwicklung zuerst demütig beiseite. Und nur langsam reihte sie sich in den Kreis jener ein, die mehr tun wollten, als *Wohltätigkeit zur Gottgefälligkeit zu erklären.*

Jedenfalls entstanden katholische Orden mit zeitgemäßen sozialen Aufgaben – wie z. B. die Salesianer-Bewegung in Oberitalien mit ihrer Jugendfürsorge; oder die Johanniter und Malteser, die ihre historischen Dienstleistungen in den Dienst der modernen Humanmedizin stellten, ebenso die „Barmherzigen Brüder“ usw. In Deutschland wurde das Kolpingwerk zu einer großartigen Hilfsaktion für mittellose Handwerksgesellen und es gab Ansätze zu anderen sozialen Hilfsdiensten.

Aber Studentenverbindungen? Das konnte doch nicht ernsthaft eine Aufgabe für engagierte Christen sein, Saufen und Raufen, Politisieren und Demonstrieren? So sahen viele engagierte Bischöfe, Priester und Laien in der „Philosophie" des Couleurstudententums Stolpersteine für ein zeitgemäßes Christentum.

Und könnte nicht das Gemeinschaftserlebnis – das den Burschen angeblich so viel bedeutete – besser in der Gemeinschaft aller *Gläubigen* erlebt werden als in arroganter akademischer Abgeschlossenheit?

Der politische Katholizismus wurde somit von vielen Zeitgenossen als Fehlentwicklung empfunden. Kirchliche Parteinahmen *in politicis* wurden als Anmaßung gesehen und die Bergpredigt sollte nicht länger privilegiert interpretiert werden.

Umso erstaunter horchte die Welt auf, als 1891 die Veröffentlichung der Sozialenzyklika *Rerum Novarum* durch Giocchino Graf Pecci – Papst Leo XIII. – angekündigt wurde. Demnach habe jeder das Recht, Eigentum zu erwerben, aber die Vermögenden seien zum sozialen Einsatz verpflichtet. Der Staat müsse sich „am Wohl der Gesamtheit orientieren", weshalb auch öffentliches (verstaatlichtes) Eigentum nichts Verpöntes sei.

Das war nun exakt im Sinne jener Christlichsozialen, die auf Wunsch von Karl Lueger regelmäßig in einem Wiener Innenstadt-Restaurant Gedanken zur Katholischen Soziallehre entwickelt hatten – und jetzt bekannte Formulierungen in der Papst-Enzyklika wiederfanden. Lueger stand am Zenit – bloß bestätigte ihn Kaiser Franz Joseph dennoch dreimal nicht als Bürgermeister der Reichshaupt- und Residenzstadt. Bis eine Intervention von ganz oben erfolgte: Der Papst forderte Franz Joseph auf, den Führer der österreichischen Christlichsozialen doch nicht länger zu blockieren. Und machte so den Weg für den großen kommunalen Reformer und Volksbürgermeister frei …

Das Eis war gebrochen. Immer mehr Priester, vor allem junge Geistliche, wurden CVer, die Christlichsozialen zur „Kaplanbewegung".

Georg von Schönerer (um 1900): „Nicht Jesuiten, sondern Germanen"

Manche traten sogar mit Kollar oder Soutane als Hetzredner bei Parteiveranstaltungen in Erscheinung: gegen den verjudeten Kapitalismus, gegen den gottlosen Sozialismus und für einen „Dritten Weg", die Christliche Soziallehre ...

Nun, der mittlerweile beachtlich große CV, vor allem jener in

Deutschland, fühlte sich dem Papst besonders verpflichtet. So entstand im kirchenpoltischen Spiel der Begriff „Ultramontanismus" – von *ultra montes*, „jenseits der Berge"; eine Bewegung, die nur in deutschsprachigen Ländern Fuß fasste. Das Wort des Papstes wurde bei jedem Anlass herbeigewünscht, vom Papst erwartete man den Hinweis auf den richtigen Weg.

Anlässlich des 25. Jahrestags des Pontifikats Leos XIII. fand denn auch 1903 ein machtvoller Kommers der Münchner Verbindungen im „Deutschen Theater" statt. Farbentragende reichsdeutsche Studenten kämpften für einen italienischen Baron im Vatikan – welch eine Wende!

Der Zulauf zu den katholischen „ultramontanen" CV-Verbindungen bewirkte als Nebeneffekt, dass man über die damaligen Staatsgrenzen in Europa hinweg Verbindung mit anderen intellektuellen Kaderschmieden der Epoche knüpfte. Die Christlichsozialen benötigten auch mehr und mehr Experten, ein Vorfeld von Journalisten, Nationalökonomen, Soziologen – sowie Männer der politischen Praxis. Besonders Lueger selbst war mit seinem weiß-blau-goldenen Band und dem blauen Norica-Deckel über dem Vollbartgesicht ein bekennendes Ideal für viele, die Politik und Glaube nicht trennen, sondern verbinden wollten. Dass diese frühen CVer politischen Einfluss durch die Besetzung von Schlüsselstellungen nehmen wollten – und zwar zuerst innerhalb der Katholischen Kirche und der christlichen Parteien –, haben sie jedenfalls nie geleugnet.

So gehörte der ersten Generation von wichtigen CVern der 1843 geborene Georg Freiherr (später Graf) von Hertling (Aenania München) an, ein hochpolitischer Katholik, Spitzenjurist und Universitätsprofessor, der zum bayrischen Ministerpräsidenten aufstieg und schließlich im Ersten Weltkrieg Reichskanzler wurde. Weiters der Jesuit und Mit-Gründer der Wiener Austria, Heinrich Abel, ein hinreißender Prediger – allerdings zugleich übler Antisemit. Der Führer der Katholiken Deutschböhmens wiederum war Ambros Opitz (Ferdinandea Prag), der zugleich Herausgeber der *Österreichischen Volkszeitung* und der *Reichspost* war, die sich zum Zentralorgan der Christlichsozialen in Österreich mauserte. Albert Geßmann (Austria Wien) wurde 1891 Reichsratabgeordneter und dann Arbeitsminister, Landtagsabgeordneter Alfred Ebenhoch (Austria Innsbruck) Landeshauptmann von Oberösterreich. Am kaiserlichen Hof in Wien hatte der Hofkaplan Carl Weiß beachtlichen Einfluss auf die kaiserliche Familie gewonnen – auch er gehörte zur Norica.

In Bayern wurde es zur Sitte, dass jeweils der Erzbischof v. Freising und München das persönliche Protektorat für den CV übernahm. Gregor von Scherr war 1864 der erste, einer der letzten Joseph Ratzinger (Rupertia-Regensburg).

Und sogar einen später Heilig-Gesprochenen konnte der junge CV aufweisen: Józef Bilczewski, geboren 1860 in Galizien, absolvierte das Priesterseminar, promovierte in Wien, habilitierte sich in der ehrwürdigen polnisch-österreichischen Universitätsstadt Krakau und wurde in Lembeg Professor für Dogmatik. Ein Mann mit solcher Laufbahn war bischofswürdig – und Kaiser Franz Joseph machte von seinem Vorschlagsrecht für den Bischofssitz von Lemberg Gebrauch. Er ersuchte den Papst, Bilczewski an die Johannes-Casimir Universität zu berufen. Dort war der Bischof 1901 zum CV gestoßen und erwies sich als verlässliches Mitglied der Katholisch-Deutschen-Studenten-Verbindung (K.D.St.V.) Franconia-Czernowitz. Bilczewski wurde 2005 vom Papst heiliggesprochen.

Zu alledem kam, dass die 1888 gegründete Grazer „Carolina" bald auch einen „Märtyrer" aus ihren Reihen zu beklagen hatte. Ein Bundesbruder starb nach einer Straßenschlacht an seinen Kopfverletzungen. Waren die Täter „Schlagende"? Die Polizei konnte den Sachverhalt nicht klären; aber je aggressiver man gegeneinander auftrat, desto manifester wurden die Emotionen. Ein „Akademischer Kulturkampf" gewann an Schärfe. So äußerte sich ein Innsbrucker Professor für Kirchenrecht, der Sprachforscher und Direktor der Orientalischen Akademie in Wien, Ludwig Wahrmund, gegen die katholische Kirche. Erst später wurde klar, dass dies der Startschuss für die Demonstrationswelle der Schlagenden im Herbst 1910 gewesen war. Überall in den österreichischen Kronländern, besonders aber in den Universitätsstädten, erhielten die Behörden Serien von Anzeigen. Gefordert wurden Strafen für die Katholiken in Couleur, sodann ein Verbot des öffentlichen Auftretens und schließlich die vereinspolizeiliche Auflösung der katholischen Verbindungen.

Das Ganze war eine einzige Peinlichkeit. Deutsche und österreichische Farbstudenten hetzten samt Kirche und Papsttum auf der einen Seite gegen Burschenschaften, Corps, Turner-und Sängerschaften – die wiederum auf die diskrete Unterstützung der preußisch-evangelischen Führungsschicht zählen durften. Und das, nachdem das Deutsche Reich und Österreich-Ungarn längst enge Verbündete waren.

***

De facto kam es zu keiner Beruhigung der Situation. Statt einer Beschränkung der Neugründungen von Korporationen hielt der Zulauf zu ihnen an. Dies galt allerdings nur für die Nicht-Schlagenden. Hatte der CV in der Mitte des 19. Jahrhunderts bei Null angefangen, zählte er vor Ausbruch des Ersten Weltkrieges mit 80 Verbindungen bereits 12.398 Mitglieder; das bedeutete rund 150 „Carteller" je Korporation. Und auch die regionale Aufteilung war breiter: Katholische Verbindungen in Gießen und Halle, Greifswald und Straßburg, Graz und Fribourg, Prag und Königsberg, Löwen und Aachen traten nämlich dem Cartellverband bei.

Dennoch gab es jetzt auch unter den Katholiken gravierende Differenzen. Während so gut wie alle Rom-treuen Katholiken Gegner des Mensur-Wesens waren, gab es eine beachtliche Zahl, die Gegner des Farbentragens waren. Dahinter stand eine Aversion vieler Zeitgenossen gegenüber Farben, Buntheit, Kostümierung ... der graue Sperling hasst den bunten Kakadu ... und Zierde ist besonders bei Männern ein heikles Problem. Der Viktorianismus und Spätpuritanismus darf wohl auch durchaus als Antwort auf barocke Farbsucht gedeutet werden – oder umgekehrt.

Schon sehr früh war es daher auch zur Gründung eines „Katholischen Lesevereins" in Berlin gekommen, aus dem die bis heute bestehenden KV-Verbindungen entstanden; KV steht für „Katholisch deutscher Studenten*verein*". KV-Korporationen tragen kein Couleur, weisen aber sonst in ihrer inneren Struktur Parallelität mit den farbentragenden „Katholen" auf. Beide Verbände fanden im Mainzer Erzbischof Emanuel Freiherr von Ketteler (Corps Guestphalia Göttingen) einen besonderen Protektor.

Und doch war der Höhepunkt des Korporationswesens noch nicht erreicht. Verbände und Verbindungen spalteten sich immer wieder auf; es gab partnerschaftliche Zusammenarbeit über Weltanschauungen hinweg; dann wieder Todfeindschaften.

Nun war 1882 der spätere große Sozialwissenschafter Max Weber aktives Mitglied der Allemania Heidelberg geworden. Einige Jahre später verfasste er sein Hauptwerk, das bis heute Grundlage der modernen Soziologie ist: *Protestantische Ethik und der Geist des Kapitalismus*. Zwar entdeckte Weber keine feste Kausalität zwischen Protestantismus und Kapitalismus, er stellte aber doch einen Zusammenhang mit dem Berufsethos her. Heute darf, ein Jahrhundert später, erst recht gefragt werden: Bestand von Beginn der Burschenschaftsbewegung an zwischen Protestantimus und Farbstudententum im privatkapitalistischen Norden ein Zusammenhang – und war das dann vis-à-vis von Katholizismus und Staatswirtschaft im Süden ebenso? Wie sehr haben im ganzen 19. Jahrhundert die historischen Ereignisse in Europa die Entwicklung der Studentenbewegung beeinflusst und wie stark war umgekehrt das Studentenwesen im politischen Geschehen prägend?

***

Ein Zwischenbefund sieht so aus:

Die farbentragende Studentenbewegung in Mitteleuropa ist eine weltweit einzigartige Erscheinung. Sie benötigte etwa ein Jahrhundert, um – wie nirgendwo sonst – den akademischen Nachwuchs so umfassend und präzise zu organisieren wie im Deutschen Reich – und nirgendwo so sehr zu politisieren wie in Österreich.

1. Die „neuen" Burschenschafter kamen zumeist aus bürgerlichem Milieu; sie waren soziale Aufsteiger, die Großväter schwarz-rot-goldene 48er. Alle aber fürchteten den Liberalismus – und huldigten daher einem militant rassistischen Antisemitismus: „Jud bleibt Jud, ob er sich taufen lässt oder nicht"(Georg von Schönerer);

2. Burschenschafter waren zum Großteil mensurwütig; ansonsten strikt antikatholisch, gegen Papst, Hierarchie, Jesuiten, religiöse Schulen sowie gegen jeglichen Einfluss der Kirche auf Universitäten. Und so traten sie auch kämpferisch bis gewalttätig gegen katholische Ver-

bindungen auf, die sich 1856 zu einem systematisch wachsenden Cartell zusammengeschlossen hatten. Die deutschen Burschenschafter unterstützten mehr und mehr den erfolgreichen Stil und den anti-katholischen Kulturkampf Bismarcks. Österreichs deutschnationalen Burschenschaften ging es vor allem um die Störung oder Liquidierung der (angeblich) slawenfreundlichen Politik des habsburgischen Kaisers und seiner Berater. Schönerer als deutschnationalen Führer zu akzeptieren, hieß im Klartext, gegen Österreich-Ungarn zu agitieren; und „Los von Rom!" zu fordern, bedeutete nach 1870/71 immer im Klartext, Österreich an Deutschland anzuschließen.

3. Die Corps wiederum hielten sich tagespolitisch zurück und betonten ihre Ideologieferne. In den Corps dominierten Farbstudenten mit Adelstitel, Söhne von preußischen Offizieren bis hin zum Kaiserhaus. Die praktizierenden Protestanten dominierten, spätestens seit 1866 waren sie kleindeutsch und anti-habsburgisch engagiert. Für Bismarcks Politik des „Schwarz-blauen Blocks" waren sie – jeder für sich und mehr oder weniger selbständig engagiert –, auch Befürworter der scharfen Sozialistengesetzgebung. Kritiker hielten die Corps für mensurverliebt und kriegsbesessen. Nach Teilungen, Abspaltungen und Umbenennungen organsierten sich die Korps im „Kösener Seniorenkonvent" neu.

4. Die katholischen Verbindungen waren erst verspätet in den Ring gestiegen; ihr Plus: Sammelbecken der wachsenden Zahl von Mensur-Gegnern zu sein. Von Beginn in der Jahrhundertmitte an waren sie überwiegend österreichfreundlich eingestellt und moderat antisemitisch – „wer sich taufen lässt, wird zum Christen".

Der schlechte Ruf des CV kam daher, dass man dort ordentlich intrigensüchtig war, Unbestritten hingegen war die Linie, sich energisch für die Existenz Österreich-Ungarns zu engagieren.

Der CV wurde von der Nordsee bis zum Bayrischen Wald in Deutschland wie in Österreich zum Kampfverband der christlichen Volksbewegung; in Deutschland als „Zentrum" organisiert, in Österreich (und Bayern) zur Christlichsozialen Partei geworden, der sich die „Konservativen" eingliederten. Obwohl gleichfalls in permanente Raufereien verwickelt, verzichtete der CV an den Universitäten auf die Revanche für Beleidigungen.

5. Dabei hatte es auch einen interessanten christlichen „Nebenweg" gegeben. In Uttenreuth bei Erlangen war ein „Studentenverein" entstanden, der die Mensur ablehnte und außerdem gegen die Promiskuität antrat. Mehr und mehr wurde aus dem Verein eine religiös ausgerichtete Verbindung: Die „Uttenruthia". Ihr folgten Korporationen ähnlicher Art, die nach der Bonner Gründung als „Wingolf" ein eigenständiges Dasein führten.

In Innsbruck wiederum hatte sich auch eine „Austria" gebildet, die mit der Münchner „Aenania" eng zusammenarbeitete. Die Aenania wiederum war aus einer nichtschlagenden Pennalie entwachsen. Jetzt schlossen sich die christ-katholischen Korporationen mehr und mehr zusammen: Guestfalia Tübingen, Winfridia Breslau, Bavaria Bonn und Alsatia Münster.

6. Jüdische Verbindungen waren gleichfalls farbentragend und schlugen vielfach Mensuren. Bis 1882 liberal-demokratisch eingestellt, gerieten sie in der Folge unter zionistischen Einfluss; Theodor Herzl (Albia Wien), der Vordenker eines jüdischen Staates und Redakteur der *Neuen Freien Presse*, war ebenso korporiert wie jüdische Akademiker, die zu den Sozialisten aufschlossen. Gegen den Deutschnationalismus permanent engagiert, waren sie energisch pro-habsburgisch und kämpferisch für die Weiterexistenz Österreich-Ungarns.

7. Schließlich gab es auf Universitätsboden auch noch sozialistische Gruppen; Vereinigungen revolutionärer Nationalisten bis zu solchen internationalistischer Anarchisten; für einige von ihnen waren Attentate legitim, ja notwendig.

So hat die These einiges für sich, dass in dem Hexenkessel von Emotionen nicht nur Antisemitismus eine Rolle spielte. Es waren auch andere Nationalitäten, die Angreifer waren.

Ein solches Beispiel liefert der 3. November 1904. Da sollte in Innsbruck auf Universitätsboden eine neue italienische Juristenfakulät begründet werden. Aber es kam zu wilden Protesten, die sich in den nächsten Tagen steigerten. Am 9. November stürmten rund 150 Italiener die Universität; Polizei und das heimische Militär wurden nicht Herr der Lage – es fielen Schüsse, einer war tödlich. Bei den Italienern fand man in der Folge 46 Pistolen …

Wie sich solche Raufereien abspielten, beschrieb niemand so eindringlich wie Stefan Zweig. Der großartige Romancier schilderte später, wie er selbst die heftiger werdenden Kämpfe erlebte:

Zu sogenannten Burschenschaften gruppiert, zerschmissenen Gesichts, versoffen und brutal, beherrschten sie die Aula, weil sie nicht wie die andern bloß Bänder und Mützen trugen, sondern mit harten, schweren Stöcken bewehrt waren; unablässig provozierend, hieben sie bald auf die slawischen, bald auf die jüdischen, die katholischen, italienischen Studenten ein und trieben die Wehrlosen aus der Universität. Bei jedem Bummel, so hieß jeden Samstag die Studentenparade, floß Blut. Und die Polizei?

Stefan Zweig resignativ: *So groß war in jener tragisch schwachen und rührend humanen liberalen Ära die Abscheu vor jedem gewalttätigen Tumult und jedem Blutvergießen, dass die Regierung vor jedem deutschnationalen Terror zurückwich ... In Wirklichkeit hatte vor dem neuen Jahrhundert der Krieg aller gegen alle in Österreich schon begonnen.*

Der Schein trügt (1908): Für unseren Kaiser Gut und Blut?

Der Hexenkessel

Bismarcks Erbe und das Wilhelminische Zeitalter I Ein Kaiser trägt
Couleur I Der Balkan erreicht Wien – und Farbstudenten sind
überall dabei I Der Antisemitismus zeigt sein schmutziges Gesicht

Stefan Zweig zog zu Beginn des 20. Jahrhunderts durch Wiener Bier-
keller, den Prater und die Heurigenbezirke; aber auch die anderen
großen Autoren erlebten mit wachsendem Entsetzen einen „Abschied von der Humanität"; da existiert Arthur Schnitzlers grausame
Reigen-Welt, da sind die mystischen Propheten der Prager Schreiber-
Zunft, deutsch und tschechisch, Molnars „Liliom" als magyarischer

Freund des lieben Gottes und der jüdisch-deutsche Erzähler Joseph Roth aus Galizien – alle nebeneinander und auf der Suche nach dem „hinternationalen Raum". Aber was sie finden, ist nur mehr eine „kalte Sonne", die das Habsburgerreich bedroht.

Eine durchaus verwandte – wenngleich reichs-deutsche – Einsicht zieht sich durch einen der bedeutendsten Romane der deutschen Literatur, der sich mit dem Farbstudententum als einzigartigem Phänomen beschäftigt – Heinrich Manns „Der Untertan". Diese Satire stellt eine Gesellschaft an den Pranger, die obrigkeitshörig, zeitgeistversessen und mit ihrem Latein am Ende ist: die Schießbudenfiguren des Wilhelminischen Zeitalters.

Da ist der klassische Bildungsbürger, der hochgekommene Unternehmer Diederich Heßling, Sozialistenfresser, nationalistischer Stammtischagitator, eitel vom Schnurrbart bis zu den gewichsten Schuhen. Produkt einer Zeit, die Kadavergehorsam abfordert – und ihm gestattet, sich in seiner Burschenherrlichkeit selbst zu bewundern. Seine Schmisse können sich sehen lassen, in Couleur sieht er prächtig aus. Am „Untertan" zeigt sich aber am konsequentesten, wozu ein falsch verstandener Blut-Mythos führt – zu einer rücksichtslosen, unerbittlichen, maschinellen Gewaltgesellschaft, die sich selbst und den anderen den Krieg erklärt …

Nun sind Studentenromane natürlich normalerweise nicht vom Tiefgang gesegnet. Sie waren im Genre der Adels-, Offiziers- und Comtessen-Heftchen für eine breite Leserinnenschaft bestimmt und hatten zum Vorbild den Schmus der *Gartenlaube*.

Als früher (1869 entstandener) Roman gilt *Hermann Stark – ein deutsches Leben* von Oskar Redwitz, in dem eine ungemein detailreiche Schilderung des Verbindungslebens bei einem Korps in Erlangen erfolgt. Höhenflug im Kaiserreich ist angesagt, als Hans Hopfen zum Autor des Romans *Der letzte Hieb* (1886) avanciert. Weiters erschienen die *Saxoborussen* von Gregor Samarow (1884).

Titel sagen einiges aus über den Inhalt der weiteren Studentenromane: Da finden sich etwa „Studentenbeichten" und „Studentenprinzeß", „Alt-Heidelberg, du feine" und „Jungösterreich"; „Die Raben des Kyffhäuser" und „Eiserne Jugend", weiters Erzählungen über die Hinrichtung des Studenten Sand und über das Jahr 1848. Nicht zu vergessen die pornografischen Kurzgeschichten mit dem Titel *Josefine Mutzenbacher, meine 365 Liebhaber,* in denen das Sex-Studentenleben den Hintergrund abgibt; die Autorschaft wird dem seriösen Wiener Schriftsteller Felix Salten zugeschrieben, der auch Vater der Bambi-Tiergeschichten ist (oder auch nicht); jedenfalls: Jude.

***

Nun könnte man durchaus davon ausgehen, dass das eine oder andere Gedruckte auch zu dem wissbegierigen Postkartenmaler Adolf H. gelangte. Sehr wahrscheinlich, dass dieser aber wenig bis keine Ambition für jüdische Autoren hatte. Denn er war abgerutscht in der sozialen Skala. Ab 1910 lebte H. in Wiener Männerheimen, in Quartieren für jene, die sich nicht einmal mehr eine Schlafstätte in der Vorstadt leisten konnten. Schon 21-jährig, malte er Postkarten ab, vornehmlich mit Wiener Motiven, die er in Kaffeehäusern und Beiseln verkaufte. Mit Hilfe eines Mitbewohners reichte es gerade für das Allernotwendigste. Und doch war H. an Politik mehr als an allem sonst interessiert, überzeugt, dass von der Donaumonarchie der Untergang des alten Mitteleuropa ausgehen würde. Waren doch schon die Blutspuren von Attentaten sichtbar: Kaiserin Elisabeth – die bayrische Sisi – war 1898 in Genf ermordet worden; König Umberto von Italien starb 1900 an den Folgen eines Attentates; und im Jahr 1903 war Alexander Obrenović, König von Serbien, in Belgrad regelrecht niedergemetzelt worden.
Es hatte den Anschein, als wäre Österreich-Ungarn damals rundum eingekreist worden, als hätten die Hyänen auf den Tod des „Kranken Mannes" an der Donau nur gelauert. Aber was hätte man einem Kaiser, der dem neunten Lebensjahrzehnt zustrebte, raten sollen? Sein Sohn Rudolf hatte ihn durch Selbstmord verlassen; und jetzt saß der ungeliebte Neffe Franz Ferdinand im Schloss Belvedere, wo er eine Art „Gegenregierung" forcierte. Unzufrieden, frustriert und intrigant, wenngleich zeitgemäßer und weitsichtiger als der „Alte Herr".
Adolf H. behauptete später als Vielredner im revolutionären Deutschland, er habe immer schon felsenfest im Voraus gewusst, wie das Endspiel ausgehen würde, denn seine politischen Leitfiguren in Wien – Wolf, Schönerer, Lanz-Liebenfels – hätten ganz anders gehandelt:

Aber Österreich fehlte der Geist, der notwendig ist, einen Staat zu erhalten … warum hat Österreich Triest nicht deutschisiert? Dazu gehört eine eiserne Faust, ein eiserner Wille, und das hatte man nicht. Warum? Weil die Presse Humanität und Demokratie predigte. Aber mit Humanität und Demokratie sind noch nie Länder kolonisiert worden.

Triest „kolonisieren", die antike Hafenstadt vis-à-vis von Venedig auf das Niveau einer Kolonie herabdrücken zu wollen und den politischen Führungskadern Ratschläge zu geben – das ist die typische Handlungsweise von Wichtigtuern und Größenwahnsinnigen. Aber dort, wo Adolf H. vor allem analysierte und beschrieb, war er auch ehrlich engagiert. Etwa in Bezug auf die soziale Lage der Millionenstadt Wien. In *Mein Kampf* berichtet er rückblickend: *Wien gehörte nach der Jahrhundertwende zu den sozial ungünstigsten Städten. Strahlender Reichtum und abstoßende Armut lösten einander im schroffen Wechsel ab. Vor den Palästen der Ringstraße lungerten tausende von Arbeitslosen und unter dieser via triumphalis des alten Österreich husteten in Zwielicht und Schlamm der Kanäle die Obdachlosen.* Bei anderer Gelegenheit erzählte er: *In Wien haben vor dem Weltkrieg über 8.000 Menschen in Kanälen gehaust. Das sind Ratten, die herauskriechen, wenn ein Umsturz naht.*

Umsturz?

Wie nahe am Abgrund stand der österreichische Kaiserstaat?

Tatsächlich erlebte Adolf H. in den sechs Jahren seines Wien-Aufenthaltes fünf Regierungen. Sein Hass hatte Zeit zum Wachsen – vor allem über die unfähige Kamarilla, die der Kaiser berufen hatte. Emotional dürften ihn seine regelmäßigen Visiten in der Besuchergalerie des Parlaments am Ring stark beeinflusst haben, allerdings negativ. Zum Beispiel am 4. Februar 1909, als honorige Herren mit Bart und Krawatte übereinander herfielen, so wie sie es auf den Schulhöfen gelernt und später an den Universitäten praktisch geprobt hatten. Das *Prager Tagblatt* schrieb von den übelsten Prügeleien an diesem Tag im Wiener Parlament; die Friedens-Nobelpreisträgerin Bertha von Suttner berichtete von Faustkämpfen, abgerissenen Rockkrägen und Bissen in die Finger, ja, „es ist wirklich so, als wolle der Parlamentarismus Selbstmord begehen!".

„Die schlimmen Buben in der Schule" („Neue Glühlichter", 1899)

Suttner ahnte es; aber nicht nur der Parlamentarismus beging
Selbstmord, es war die ganze multinationale Gesellschaft zu schwach
für eine funktionierende Demokratie. Allerdings erfolgte der Selbst-
mord nicht in aller Stille, sondern mit militantem Riesenpomp:
Zum 60. Regierungsjubiläum Kaiser Franz Josephs 1908 traf Kaiser
Wilhelm II. zu einem Staatsbesuch in Wien ein; anwesend war ein
Riesenaufgebot der europäischen Monarchen. Mitten drinnen der
deutsche Kaiser mit seinem verkrüppelten Arm in der österrei-
chischen Feldmarschalls-Uniform, neben ihm als Gastgeber Franz
Joseph mit Pickelhaube, dennoch ganz und gar unpreußisch. Ein
skurriles Bild jenseits der Ernsthaftigkeit.
Die Turbulenzen hatten schon mit der Beflaggung begonnen, denn

Kaiser Franz Joseph wollte keine schwarz-rot-goldenen Fahnen sehen, waren diese doch die Farben der 48er-Revolution. Nun wurden mehr schwarz-weiß-rote Fahnen aufgezogen. Aber wieder verkehrt! Schwarz-Weiß-Rot waren die Farben Preußens ... und erinnerten allzu viele österreichische Untertanen an die Schande von Königgrätz, als die Österreicher 1866 aus dem Deutschen Reich mit einem nachhaltigen preußischen Stiefeltritt hinausgeworfen worden waren ...

Und der groß geplante Festzug zum Kaiserjubiläum über den Ring? Er wurde zur Blamage:

- Die Ungarn hatten kein „Regierungsjubiläum" zu feiern, denn ihre politische Zeitrechnung begann nicht 1848, sondern 1867 mit dem sogenannten Ausgleich, also blieben sie zu Hause.
- Ein tschechisches Theaterensemble sollte – auf tschechisch – in Wien gastieren. Da hieß es aus dem Wiener Rathaus: „Wien ist deutsch und muss deutsch bleiben." Daraufhin war man in Böhmen verärgert und sagte eine weitere Teilnahme ab.
- Die Kroaten empfanden eine Textpassage im Festzugs-Programm als „beleidigend".
- Aber schlussendlich marschierten am Ring – vor hunderttausend Zuschauern im Spalier – immerhin 12.000 Festzugteilnehmer an dem tapfer ausharrenden Franz Joseph vorbei, 4.000 davon in historischen Kostümen; danach folgten Gruppen, die das neue Österreich darstellen sollten – fleißige Landesbürgerinnen und -bürger, durchwegs in Trachten.

  Außerdem wurden an die 80.000 Schulkinder dazu beordert, um im Park des Schlosses Schönbrunn einem Huldigungs-Festspiel zu lauschen, das eine Frau Lehrerin – Marie-Sidonie Heimel-Purschke – verfasst hatte. Der Festspieltext war herzerweiternd patriotisch; aber für Kinder eine Zumutung. Es hieß da für ABC-Schützen im Chor: „Für unsern Kaiser Gut und Blut – und Heil dem Vaterlande."

Redete man solcherart die Tragödie nicht geradezu herbei ... und steckte dann tatsächlich ein paar Jahre später die männlichen Jubelkinder von 1908 in zerschlissene k. u. k. Uniformen? Aber noch

etwas anderes war für das erste Jahrzehnt nach der Jahrhundertwende typisch: Der Gruß „Heil" der dichtenden Frau Lehrerin war
nämlich von den Deutschnationalen entlehnt, er war überhaupt nicht
österreichisch. Österreichische (wie auch bayrische etc.) Grußformeln
waren seit jeher „Grüß Gott" und „Servus". Aber Georg von Schönerer
und seine halbliterarischen Helferinnen hatten sich auf das „Heil"
fixiert; bis Adolf H. den „deutschen Gruß" in alle Welt schickte ...
Die eigentliche Tragödie dieses Festzugs anno 1908 bestand freilich
darin, dass Wiens Halbgebildete, Adabeis und Kleingeister beim Vor-
beimarsch der Nationalitätengruppen entdeckten, mit welchen Mit-
bürgern sie doch da im gleichen Staatsverband zusammenleben
mussten – eine Zumutung für die feine Hauptstadtgesellschaft: Da
gab es jüdische „Stättl"-Bewohner, bosnische Bazarhändler, beskidi-
sche Holzfäller, dalmatinische Fischer, böhmische Bierbrauer, Tiroler
Bergsteiger ... alles Figuren, die Wiens Burschenschaft mit Spott und
Hohn zu überschütten pflegte.
Aber diesmal entschloss sich die deutschnationale Prominenz erst
recht zur besonderen Pflanzerei: Just zum Zeitpunkt des Kaiser-Fest-
zuges luden nämlich die Burschenschaften zu einer „Tagung" in die
Wiener Universität. Groteskes Thema: „Freiheit der Wissenschaft".
Was aber passierte? Wie üblich kam es zu einer wüsten Schlägerei,
die von den Farbstudenten aller Richtungen ausgetragen wurde. Und
die Polizei?
Nun, diese war im „Einsatz"; und konnte niemanden zur Universität
schicken; die Beamten wurden anderswo gebraucht – nämlich als
„Schutz" beim Kinderfest für Seine Majestät – in Schönbrunn ...
War das Kaiserjubiläum zur innerösterreichischen Farce entartet, so
konnten sich auch die Außenpolitiker am Wiener Ballhausplatz darüber nicht freuen. Russland war verärgert und sprach von einer „pan-
germanischen Demonstration", die gegen die Slawen ausgerichtet
worden sei; wie immer polemisierten die Balkanstaaten. Und
Deutschland? Deutschland geriet ins Kreuzfeuer, spielte aber
geschickt den loyalen Verbündeten. Die Huldigung Wilhelms II. für
Kaiser Franz Joseph sei eben eine Art „Unterwerfung" gewesen, über-
trieben zwar, aber für den Alten Herren unentbehrlich ...
Adolf H. später: *Das Anhängen Deutschlands auf Gedeih und Verderb*

an diesen zerlumpten Habsburgerstaat war ein Verbrechen, für das die damaligen verantwortlichen Leiter der deutschen Politik noch heute aufgehängt gehörten ... Nibelungentreue kann es nur der eigenen Rasse gegenüber geben ... Das Deutsche Reich hätte nur eine einzige Aufgabe gehabt: Sofortige Hereinnahme der zehn Millionen Deutschösterreicher in das Reich – und die Absetzung der Habsburger, der erbärmlichsten Dynastie, die jemals über deutschen Landen herrschte ... aber die Reichsdeutschen waren wie mit Blindheit geschlagen, an der Seite eines Leichnams zu wandeln ...

Brutaler konnte man nicht formulieren. Und ungerechter. Denn die Habsburger waren nicht freiwillig aus dem Deutschen Bund ausgetreten, sondern mit brutaler Gewalt bei Königgrätz hinausgeschossen worden.

Neuere deutsche Historiker und Bismarck-Biografen geben – aus ihrer Sicht – den Kerngruppen des extremen Deutschnationalismus in Österreich die Primärschuld an der Katastrophe, also den in militanten Zirkeln und Vereinen organisierten Professoren, Studenten und Lehrern. Sie hätten Universitäten, Schulen und Akademien der intellektuellen Radikalisierung geöffnet. Dort entstand und wuchs auch der aufgeregte politische Stil, eine Art „Expressionismus", der die Atmosphäre vergiftete und Burschenschaften wie Corps zu Verantwortungs-Verweigerern machte. Daneben füllten Turner und Sänger, Kinder Wotans und Richard Wagners, religiöse Eiferer und verrückte Germanophile das „nationale Lager" auf. Mit den blauen Kornblumen am Revers täuschte man „Zeitgeist" vor; hielt „Ausgrenzung" und „Diffamierung" für Tugenden – und betrieb das Geschäft mit der Angst vor Überfremdung als Unverfrorenheit, die in der Geschichte wenige Vergleiche findet. Und für dieses ganze „Dritte Lager" führte der Weg ins „Paradies" durch die ebenerdige graue Ruinenlandschaft Altösterreichs ...

Der deutschnationale Journalist Karl Willomitzer (Constantia Prag) aus dem sudetendeutschen Böhmen hatte damals bereits das vaterlands-verräterische Kampflied gedichtet – andere sangen es:

> *Ei, glaubt doch nicht das Märchen*
> *Von unsrer Schielerei,*

wir schielen nicht, wir schauen
hinüber frank und frei.
Wir schauen frei und offen
Wir schauen unverwandt
Wir schauen voll Vertrauen
Ins deutsche Vaterland.

***

Nun war man in der Wiener und Budapester Regierung vor allem auch mit dem Balkan vor der Haustür beschäftigt. Eine heftige Aufrüstungsphase sollte die k. u. k. Armee stärken und das Kriegsministerium an der Wiener Ringstraße zum wichtigsten Faktor der gemeinsamen Politik von Cis- und Transleithanien – also Österreich und Ungarn – machen.

Berlin hingegen richtete den Blick auf viel weitere Regionen: nämlich auf Kolonien in Afrika und Asien. Der Antrieb, Großbritannien wirtschaftlich und militärisch zu überholen, wurde gewissermaßen zur fixen Idee der Deutschen und ihres Kaisers. Flottenrüstung wurde als notwendig dargestellt, wollte man beim Erwerb von Kolonien mit Briten, Franzosen und Portugiesen gleichziehen. Zu diesem Zweck musste man auf fremden Märkten bestehen und auf Freihandel setzen.

Diesen Kurs hatte in Deutschland die „Deutsche Fortschrittspartei" am nachdrücklichsten vertreten – eine aus bürgerlichen Liberalen und ehemaligen 1848ern zusammengesetzte „moderne" Partei. Ihr folgten die Nationalliberalen, die als „Honoratiorenpartei" das industrielle Groß- und Bildungsbürgertum vertraten.

Aber schon bei den ersten mit freiem Wahlrecht organisierten Wahlen erwies sich in Deutschland das katholisch orientierte „Zentrum" als stärkste Kraft. Ihr Führer war die – für Bismarck – hassenswerteste Figur des Kulturkampfes: Er hieß Ludwig Windthorst (Holzminda Göttingen), war Katholik und zog die deutschen Burschenschafter in den Konflikt hinein. Andere Parteiungen protestierten und verlangten Zölle – als Schutz vor den englischen Industrie-Baronen. Diese hatten zu Recht das Lied *Britannia rules the Waves* zu ihrer geheimen Hymne erkoren – während die Deutschen über die traurige „Lorelei" nicht hinauskamen.

Nun standen aber mit den Amerikanern neue Handelspartner am Horizont. Was diese wünschten, war auch bald klar; unter den Klängen des „Yankee Doodle" spottbilligen amerikanischen Weizen aus dem erschlossenen Mittelwesten der USA ins hungrige Europa zu transportieren.

Das Hickhack der Interessenten, Lobbyisten und Handelsgewinnler behagte freilich wiederum Bismarck nicht – so wie ihn auch das neuere Parteiengefüge irritierte. Und nur allzu bald bedrückte ihn auch die Angst vor den immer stärker wachsenden „Roten".

***

Ja, Bismarck!

Der Inbegriff des Preußentums war mit dem Auslaufen des 19. Jahrhunderts zum Denkmal erstarrt. Er war durch alle Perioden hindurch gegangen: Geboren, als der Wiener Kongress noch tanzte; Farbstudent mit einem Faible für blutige Mensuren, als Herr Biedermeier dichtete; ganz Preuße, als die 48er-Revolution alles durcheinanderbrachte; schließlich Reichskanzler mit dem Auftrag zur Führung ganz Deutschlands.

Bismarck hatte zusehen müssen, wie die von ihm geformten Monarchen vor der Zeit starben: Wilhelm I., dem er den deutschen Kaiserthron erst verschaffen musste; Friedrich III., der nur 99 Tage regierte. Schließlich dessen Nachfolger – Wilhelm II.! Und über diesen hatte er auch schon sehr früh die richtige Einschätzung: Der junge Kaiser sei ein „Brausekopf", der nicht schweigen könne; mit seiner Art würde er Deutschland in einen Krieg führen, „ohne es zu ahnen oder zu wollen".

Am 17. März 1890 schied der alte Corps-Student und Polit-Haudegen Bismarck aus dem Amt. Der britische „Punch" veröffentlichte eine Karikatur, die den Fürsten mit Mütze, Seemannsjacke und heruntergezogenem Schnauzbart zeigt: „Der Lotse geht von Bord."

Dennoch lebte der Kanzler a. D. noch bis 1898, mehr und mehr eine Legende. Von seinem Alterssitz Friedrichsruh aus beobachtete er seinen Nachfolger, einen General mit italienischen Wurzeln, Leo von Caprivi. Dieser hatte sich klugerweise eine Regierungsmannschaft zusammengestellt, in der die Corpstudenten Drahtzieher waren: Da

Plakatwerbung im Ersten Weltkrieg (1916): Alles für Helden …

war der Vizekanzler Karl Heinrich von Boetticher, Philister beim Corps Nassovia-Würzburg. Das Auswärtige Amt leiteten Adolf Freiherr von Bieberstein vom Corps Suevia-Heidelberg; das Ressort Inneres übernahm Otto von Oehlschläger vom Corps Baltia Königsberg und das wichtige Amt des Kultusministers Robert von Bosse, gleichfalls Suevia-Heidelberg.

***

Unter den vielen Besuchern, die Bismarck auf Friedrichsruh immer wieder begrüßte, waren auch junge Burschen und Corps-Bundesbrüder immer mit dabei, die mit Wichs und Vollcouleur anrückten. Und für den Hausgebrauch gab Bismarck den Aktiven und Alten Herren stets einen guten Hinweis, indem er auf sein grün-weiß-rotes Band der „Hannovera- Göttingen" verwies: „Kein Band hält so fest wie dieses."

Er kümmerte sich auch um die Probleme anderer Corps, nicht zuletzt um jenes des Kaisers, des „Corps-Borussia", wo es größten Hader um die Pflichtmensur gab. Wilhelm II. hatte hektisch entschieden:

Unsere Mensuren werden im Publikum vielfach nicht verstanden. Das soll uns aber nicht irre machen. Wir wissen es besser: Wie im Mittelalter durch die Turniere Mut und Kraft des Mannes gestählt wurden, so wird auch durch den Geist und das Leben der Grad der Festigkeit erworben, der später im Leben nötig ist. Und der bestehen wird, solange es deutsche Universitäten gibt.

Damit haperte es allerdings: Denn schon einige Jahre später sah es mit dem Corps-Nachwuchs nicht zum Besten aus; was mit den Kosten zusammenhing, in die sich ein Corps-Student stürzen musste, wollte er im Freundeskreis reüssieren. Immer weniger Aktive erhielten von ihrem Elternhaus so viel Geld, dass sie ein feines Leben in der Universitätsstadt ihrer Wahl führen konnten. War die Kleidung der jungen Herren vom Besten, trank man – zumindest zeitweilig – statt des ordinären Kneipen-Biers Champagner de luxe. Die Kneiplokale ähnelten eher den Salons der Zeit als den Buden und Restaurants. Der Münchner *Simplicissimus*, Deutschlands führende Karikaturen-Zeitschrift des Wihelminischen Zeitalters, machte die Corps-Studenten immer wieder zu Witzfiguren. Untertags mit schickem „Bummler" – einem studentischen Spazierstock – ausgerüstet, ging man aus Anlass von „Aktionen" mit Stöcken in beliebte Studententreffs. Nicht eigentlich politisch, hatten die Corps natürlich ihren Anteil am Universitätsklima – indem sie es an Aggression gegen Linke, „Undeutsche" und Pazifisten nicht fehlen ließen. Es gab aber auch Ausnahmen wie den Beamtensohn Wilhelm Liebknecht, der später zu den Mitbegründern der deutschen Sozialdemokratie gehören sollte und die Bänder der Corps Rhenania Gießen sowie Hasso-Nassovia Marburg trug.

In späteren Jahren ließ er sich offen aus und überließ der Nachwelt das Sittenbild der Corps-Herrlichkeit: *Die Rohheit und Rauflust der Corpsburschen paart sich mit einer Aufgeblasenheit und Einbildung, die ihresgleichen sucht ...* Man habe nur einen engbegrenzten Horizont, sei borniert und aufgedunsen und verliere an Zurechnungsfähigkeit, wenn man aus der Kneipe komme.

Tatsächlich erwies sich der sogenannte Kösener Senioren-Convents-Verband (KSCV) als schwer reformierbar. Dieser Zusammenschluss der Senioren war ungeeignet, ein Dach nach außen zu bilden. Erst als Kaiser Wilhelm persönlich eingriff, wurde 1888 der Verband Alter Corpsstudenten (VAC) geschaffen. Immerhin: Im Unterschied zu den Burschenschaften unterwarf sich dieser nicht dem Krawall-Antisemitismus und schloss auch Juden nicht aus. Es soll, so heißt es bis heute stolz in den Corps, nicht einmal Diskussionen gegeben haben. Wer Jude war und weiterhin Corpsstudent bleiben wollte, wurde nicht belästigt, bis 1933 nicht.

Dennoch gab es im ganzen Reich immer wieder antisemitische und antikatholische Ausritte, die mit Bismarck in Zusammenhang standen. Manche Narren schlossen an den Ostara-Unsinn an, andere Nationalisten wollten reichsdeutsche Schönerer werden. Womit sich der Kreis schloss:

Der gemeinsame Feind aller Deutschen und aller römischen Christen war das Judentum. „Los von Rom!" und „Juda verrecke!" waren die Voraussetzungen dafür, Deutschland wieder zusammenzuführen – und sich von den morbiden Habsburgern zu erlösen. Adolf H. erklärt Jahre später in einer seiner Vertrauten-Runden, an Schönerer hätte er am meisten bewundert, „dass dieser den Mut aufgebracht hatte, im Parlament den Ruf ‚Hoch Hohenzollern!' auszustoßen".

Nur – als Bismarck starb, lockerten sich tatsächlich die Stricke, mit denen die Vernunft bislang gewirkt hatte. Exzentriker, Wichtigtuer und Narren übernahmen die Testamentsvollstreckung Bismarcks, während Franz Joseph wohl oder übel an seine Kapuzinergruft dachte.

Mag sein, dass Schönerer bei seinem ritualisierten alljährlichen Besuch am Grab von Bismarck dem Eisernen Kanzler zugeflüstert hat, was er seinen Zuhörern sonst nur als große Programmatik zurief:

- Die Öffentlichkeit muss in allen deutschsprachigen Kronländern Österreichs sowie im ganzen Deutschen Reich zum Kampf um das deutsche Volkstum mobilisiert werden;
- die deutschnationale Couleurstudentenschaft muss für eine Bürgerkriegsatmosphäre an den Universitäten sorgen;
- alle Kraft ist zu bündeln, die sich gegen Slawisierung, Judaisierung und Frankophilie stellt.
- Deutschland muss einen gerechten Anteil an den Kolonien erhalten, notfalls durch Krieg.

- In Europa müssen die Habsburger vetrieben werden, auf welche Art auch immer; alle Deutschen sind aus dem römischen Joch – genannt Vatikan – zu befreien und zu evangelischen Christen zu machen.
- Der katholische Kirchenbesitz ist zu konfiszieren;
- und der Juden muss man sich „entledigen".

Für sich selbst ließ Schönerer gelten, was er seinen Bundesbrüdern von der Teutonia als Frage ans deutsche Herz gelegt hatte: „Könnt ihr hassen?" Um sich dann selbst die Antwort zu geben: „Wer sein Volk liebt, der muss es auch hassen können."

Die k. u. k. –Tragödie: „Könnt ihr hassen?"

Die Gewaltgesellschaft

Die Welt vor 1914 I Alles läuft auf einen Krieg hinaus I Die Verbindungen haben Zulauf wie noch nie I In Deutschland wird mit dem Schläger blutig geschlagen, in den USA scharf geschossen I Sarajevo wird zum Fanal – und zur Katastrophe

„Wer möchte gerne wissen, was sich wirklich hinter dem rot-weißroten Vorhang versteckt? Besucht uns ungeniert!"
Rot-weiß-rot?
Das auskunftsfreudige Internet verrät auf der Homepage der Zofingia Zürich, der ehrwürdigsten Studentenkorporation in und rund um die Schweiz, einiges über die Eidgenossen.
Das schöne Alpenland trennte sich im Spätmittelalter gewaltsam von seinen alten Landesherren, zunächst von den aus einem Schweizer Grafengeschlecht stammenden Habsburgern, dann folgte der Befreiungsschlag gegen die Burgunder und gegen die anderen Herren, die in den Tälern und auf den Höhen rundum hausten. Jahrhundertelang

schickte das Land seine Kinder als Söldner in alle Welt und dieses Angebot nützten auch die Habsburger, als sie in die Wiener Hofburg einzogen (woran der sogenannte „Schweizertrakt" erinnert). Während der Französischen Revolution sollten im Pariser Louvre sodann Schweizer Söldner König Ludwig XVI. und Marie Antoinette beschützen. Jahrhundertelang waren sie schließlich für die Sicherheit des Papstes verantwortlich, und noch während der Napoleonischen Kriege traten die einfachen Schweizer Bauern gegen die modern bewaffneten Soldaten Bonapartes rund um Zürich an – und das so brutal wie notwendig.

Was die Schweiz damals allerdings noch nicht hatte, waren Universitäten. Erst 1832 wurde die Universität Zürich ins Leben gerufen, es folgten 1834 Bern, schließlich 1889 Freiburg und 1873 bzw.1890 Genf und Lausanne. Schweizer, die studieren wollten, mussten also bis ins 19. Jahrhundert hinein ins Ausland übersiedeln und wurden gewissermaßen „Bildungs-Söldner", wobei Basel eine Vorrangstellung innehatte. Noch vor Jena gab es in der Stadt am Rhein einen Turnverein, der sich etwas später den Verbindungsnamen „Rhenania" gab. Nun hatten sich noch im Jahr 1819 – zum 300. Jahrestag der Predigten Ulrich Zwinglis – rund 300 Studenten aufgemacht, vor allem aus Zürich und Bern, um auf halbem Weg zwischen den beiden großen Städten einen Ort der Begegnung zu begründen. Ihre Wahl fiel auf das Städtchen Zofingen im Kanton Aargau. Die einst den Habsburgern gehörende Ansiedlung führte Rot-Weiß-Rot im Wappen – und die „Zofingia" übernahm dieses Farbenspiel eins zu eins. Dass dies just – und bis heute – die Farben Österreichs sind, wurde keineswegs als Problem gesehen.

Anders stand es um die Auslandsgründungen der Korporation, denn noch vor dem Revolutionsjahr – also 1848 – wurden zum Beispiel alle Zofinger mit Couleur aus München ausgewiesen, weil sie unter der Führung des Seniors am Haus der Lola Montez vorbeigegangen waren und dort ein lautes „Pereat!" („Verschwinde!") gerufen hatten. Die Dame war die romantische Geliebte des bayrischen Königs Ludwig I.

So gesehen waren auch die Demonstrationen der Schweizer Korporationen bewusste und hochpolitische Aktionen; die diversen Aus-

Mensuren: Blut muss fließen …

Marsch der Wiener Burschenschafter in die Hofburg, 2009.

FPÖ-Obmann Heinz-Christian Strache im Wahlkampfeinsatz 2010 (in der Pose des Türkengegners Marco d 'Àviano)

Studentinnenverbindung: ganz anders? – der neue Trend?

einandersetzungen, die in Teilungen, Aufspaltungen und Wiedervereinigungen etc. endeten, waren vor allem ideologische Richtungskämpfe – gab es doch in der folgenden Zeit diverseste Auseinandersetzungen der Zofinger untereinander und gegen andere farbstudentische Gemeinschaften aus konfessionellen und politischen Motiven.
Das Eidgenossen-Bewusstsein stand jedoch im Vordergrund und
führte dazu, dass man nicht einspurig dem Mensur-Irrsinn verfiel.
1863 beschlossen die Zofinger nämlich, keine Mensuren mehr im
Verbindungsrahmen durchzuführen. Fand das blutige Spektakel dennoch statt, dann wurde es automatisch zu einer Privatangelegenheit.
Das akzeptierten auch die mittlerweile zum farbstudentischen Ver-
bund gestoßenen französischsprachigen Kommilitonen. Bald war solcherart auch ein Teil des studentischen Liedgutes französisch. „Wir
hatten gebauet ein stattliches Haus ..." – dieses traurige Lied über das
Burschenschaftsverbot in Deutschland – lautete jetzt auch: „Nous
l'avions batie la Blanche Maison ..."
Ab 1843 existierten in der Schweiz auch Mittelschulverbindungen,
und von diesen ging sogar die Bildung des Schweizerischen Studen-
tenvereins aus. Im Zuge der Konfessions-Auseinandersetzungen
machten sich die Katholiken unabhängig und gründeten den
„Schweizerischen Studentenverein StV.", der sowohl Pennälerverbin-
dungen als auch Universitäts-Korporationen umfasste. Schon an den
Namen erkennt man den Verbindungs-Patriotismus, der die Schweizer Farbstudenten bis heute beseelt. Es gibt jede Menge Helvetias,
Kyburger (Zürich), Rauracia (Basel), Waldstättia und Semper Fidelis
(Luzern). Die altehrwürdige Zofingia wiederum wuchs und wuchs
mit ihren rot-weiß-roten Bändern und weißen Mützen weiter und
hatte niemals Berührungsängste mit Habsburg-Österreich. Gehörten
doch Persönlichkeiten zu ihren Mitgliedern wie der Schriftsteller
Jeremias Gotthelf, der Dichter Conrad Ferdinand Meyer, der Sig-
mund-Freud-Schüler Carl Gustav Jung, der Chirurg und Nobelpreisträger Theodor Kocher, der große Historiker Jakob Burckhardt, Bundespräsident Ludwig Forrer, der mehrmals in seinem Amt wiederge-
wählt wurde.
Das Bemerkenswerte war jedenfalls, dass in der Schweiz vor 1900
die Kooperation von Mittelschul- und Universitätsverbindungen

üblich war, während in Deutschland die „Bubis" an den Gymnasien zumeist von oben herab angesehen wurden. Auch die Vielfalt der Begriffe spielte eine Rolle – gab es doch in Deutschland Gymnasien, Lyceen, Akademien, Pädagogische Anstalten. Vielfach im Geheimen, entwickelten sich die deutschen Pennalien als Kopien der akademischen – sprich: Universitätskorporationen.

Die Mittelschüler waren jedoch – und sind – erstaunlich erfolgreich. Auf der Suche nach dem Ursprünglichen und Naiven bewahrten Pennalien vielfach ihre Studentenromantik, während das Hoch-Couleur längst in politische Aufgaben verstrickt war.

In Österreich bildeten die Maulwurf-Verbindungen sogar einen Verband – abseits der Hauptstadt. Federführend waren eine Alemannia Linz und eine Teutonia Innsbruck. Bald waren es 46 Verbindungen, die einen Mittelschüler-Cartellverband (MCV) begründeten und verboten waren, aber dennoch von den Behörden mehr oder weniger in Ruhe gelassen wurden. In Österreich und Deutschland gingen beachtliche Persönlichkeiten aus Mittelschulverbindungen hervor, so etwa der Genossenschaftsgründer Friedrich Wilhelm Raiffeisen, der Architekt Clemens Holzmeister, der Dirigent Herbert von Karajan, der deutsche Bundespräsident Theodor Heuss und der Vater des deutschen Wirtschaftswunders Ludwig Erhard.

Tatsache ist, dass es nicht nur zu einem leidlich guten Verhältnis zwischen Farbstudenten und Obrigkeit gekommen war, sondern sich die Beziehungen sogar zu einem Geflecht verwachsen hatten. Durch das Freundschaftsprinzip zu lebenslanger Hilfestellung verpflichtet, fehlinterpretierten viele den Begriff „amicitia" mit „protectio". Viele der „Alten Herren", die zu öffentlichem Einfluss und politischer Macht gekommen waren, wollten den beruflichen Nachwuchs für sich selbst oder für neue Berufspositionen aus dem Kreis der Bundes-Cartell-Farben oder Corpsbrüder rekrutieren. Die Jungen machten von der Möglichkeit einer angebotenen Karriere natürlich auch gehörig Gebrauch. Immerhin folgten auch Freimaurer, Clubs, Vereine etc. dem gleichen Prinzip. Aber es waren auch andere Aufstiegschancen wichtig; da war zum Beispiel der Umstand von Bedeutung, in welcher Universität man studieren wollte – oder studiert hatte. Kleinstädte mit Universitäten waren am attraktivsten für den farbstuden-

tischen Nachwuchs. Der Anteil von Farbstudenten an der Gesamtstu-
dentenzahl war in den Großstädten Deutschlands geringer. In Berlin
waren 25 Prozent der männlichen Studenten in Burschenschaften
oder Korps korporiert, in Bonn am Rhein waren es 60 Prozent.
1914 gab es *summa summarum* rund hundert schlagende Studentenverbindungen; das entsprach in etwa einer Mitgliederzahl von 30.000
Korporierten. Unter diesen bildeten Juristen mit 25 Prozent das
Hauptkontingent, 19 Prozent waren Mediziner.
Die meisten Burschenschafter kamen aus dem Kleinbürgertum, das
galt auch für die Mitglieder katholischer Studentenverbindungen.
Die „Inbesitznahme" der Universitäten durch die Kinder einfacher
Leute ist dennoch ein Phänomen der europäischen Zivilisation. Die
Corps mit ihrem zehnprozentigen Adelsanteil hatten von ihrem
attraktiven Image bis 1914 systematisch verloren – zumindest gegen-
über den Burschenschaftern und von den Lebens-Kosten der Reprä-
sentation einmal abgesehen.
Noch vor dem Beginn des Wett- und Aufrüstens vor der düsteren
Gewitterwand des Krieges expandierte jedenfalls auch die Bewegung
der Farbstudentenschaft ins Ausland. Mützen und Bänder, Fläuse
und Schläger waren keineswegs nur eine „deutsche" Staffage. Zur
Zeit des Vormärz war zuerst das Bedürfnis nach patriotischer
Gemeinsamkeit und demokratischer Kooperation im Vordergrund
gestanden; jetzt drang das Wissen um die verwandten, ja identen
Probleme auch in den Nachbarstaaten weiter vor.
Da träumten die Polen seit zweihundert Jahren von ihrem eigenen
(katholischen) Staat; viele meinten, das Farbstudententum in
Deutschland und Österreich wäre da ein Vorbild. Ein Teil der katholischen Polen lebte damals nach eigener Einschätzung miserabel und
unter preußischem Recht, die orthodoxen Russen wiederum hatten
altes polnisches Bauernland zwischen den Kohlegruben von Katto-
witz und der Mündung der Memel in Besitz genommen – einschließlich Warschau; so entspringen Polens schlechte Beziehungen zu Russland auch noch in unseren Tagen dem Amalgam aus Demütigung,
religiösem Druck und Ausbeutung. Am besten noch war das Verhältnis zwischen den katholischen Galiziern und den gleichfalls katholischen Österreichern. Die Krakauer Universität war zum Beispiel ein

Zentrum des polnischen Europabewusstseins; und Polen stellten Minister, ja sogar Ministerpräsidenten für die österreichische Gesamtmonarchie.

Nun hatten bereits nach den Napoleonischen Kriegen polnische Studenten immer wieder Aufstände angezettelt und für ihr altes Königreich, für politische Selbstbestimmung und Freiheit gekämpft. Viele flüchteten danach vor den rücksichtslosen alt-neuen Besatzern, manche traten in fremde Armeen ein oder gingen in den Untergrund.

Von 1860 bis 1900 verließen nicht weniger als 3,3 Millionen Deutsche das holde Vaterland; ein arger Aderlass bei einer Bevölkerung von 56 Millionen, der wirtschaftliche und politische Gründe hatte, darüber hinaus aber auch noch zahlreiche menschliche Tragödien auslöste. Mangels deutscher Kolonien ging der Großteil der Exilanten in die Vereinigten Staaten, von denen man sich Wunderdinge erzählte; aber auch beachtlich viele wanderten nach Chile und Brasilien aus, also in den Süden des Kontinents. In Santiago begründeten die „Alemanes" die Burschenschaft „Araucania", deren Geburtshelfer der deutsche Arzt und medizinische Leiter des Hospitals von Puerto Montt war, ein Professor Carl Martin. Er versuchte, die Regeln der Jenaer Urburschenschaft möglichst genau zu übertragen – und das mit schwarz-rot-goldenem Verbindungswappen und dem Leitspruch „Deutschtum – Freundschaft – Becherklang".

Ein anderes Emigrantenschicksal betraf den 1829 unweit von Köln in der preußischen Rheinprovinz geborenen Carl Schurz. Zwecks Studium ging er ins nahe Bonn und trat dort der Burschenschaft Frankonia bei. Wir wissen allerdings nicht, ob Geibel in Bonn dem jüngeren Burschen Schurz begegnet ist, obwohl es durchaus wahrscheinlich war. Abenteurer waren beide, der eine von revolutionärem demokratischem Feuerwasser erfüllt, der andere ein Romantiker. Nun floh Schurz nach Auflösung der Frankfurter Paulskirchenversammlung zuerst ins nahe Großherzogtum Baden, wo die letzten Demokraten Widerstand gegen die preußischen Grenadiere leisteten.

An welchem deutschen Wesen sollte aber die Welt genesen? Nun, der Burschenschafter Carl Schurz entkam der preußischen Gefangenschaft durch Flucht aus der Festung Rastatt, durchquerte als Gejagter die Schweiz, ging 1850 zurück nach Deutschland, dann nach

Frankreich und England. Die Odyssee endete auf einem Schiff Richtung Philadelphia, wo seine Frau – er hatte mittlerweile geheiratet – ein Kind zur Welt brachte und danach den ersten „Kindergarten" auf amerikanischem Boden begründete (noch heute gibt es kein ingeniöses englisches Wort für Kindergarten). Schurz wurde nun Immobilienverkäufer, was ihm ein beachtliches Vermögen einbrachte. Zugleich engagierte er sich als Finanzier der Republikanischen Partei und wurde für die Washingtoner Elite unverzichtbar; galt er doch als inoffizieller Chef der Deutschamerikaner in den USA; die Deutschen aber waren überall hoch geschätzt – weil extrem integrationsbereit. Die Wahl von Abraham Lincoln zum US-Präsidenten katapultierte den Ex-Burschenschafter a. D. in die US-Armeeführung: Der Bürgerkrieg zwischen Nord und Süd hatte begonnen.

Die Erfolge als General blieben allerdings bescheiden: Bei Bull Run, Gettysburg und Chattanooga zeigte er wenig militärisches Talent.

Dafür gründete er die republikanische Zeitung *Detroit Post*. Und reiste als wohlbestallter Journalist und Politiker erster Klasse nach Europa. Wohin genau? Zu Bismarck nach Berlin. Bald hatte ihn der preußische Weltmann vom Sinn einer kleindeutschen Lösung überzeugt und warf sich mit und für seine Amerikadeutschen in die US-Innenpolitik. Nach Lincolns Ermordung berief ihn auch der neue Präsident Rutherford B. Hayes zum US-Innenminister; in dieser Funktion verstand es Schurz souverän, die Bürgerkriegsfolgen zu mildern und die Indianerfrage einigermaßen zivil zu bewältigen. Schurz wurde Mitglied des US-Senats und ein Mitbegründer der „American Anti-Imperialist League".

Doch da entwischte ihm ein Ausspruch, der für Emigranten typisch ist. Der (noch immer) Burschenschafter der Frankonia Bonn war zum amerikanischen Nationalisten mutiert – und ging in die Geschichte mit dem Ausspruch ein: *Right or wrong, our country.*

Und das bedeutete in freier Übersetzung das Gleiche wie der Wunsch, die ganze Welt würde einerseits am deutschen Wesen genesen – und am amerikanischen, ob richtig oder falsch …

Und noch einen Fauxpas vollführte Schurz genussvoll: Er stellte den ehrenwerten österreichischen Bauernpolitiker Hans Kudlich (Markomannia Prag) auf die gleiche Stufe wie die Sklavenhändler der

US-Südstaaten, sodass die amerikanischen Zeitungsleser den Eindruck gewinnen mussten, es würde in Österreich so etwas wie Sklaverei existieren, ein Missverständnis, das zur Brunnenvergiftung gut geeignet war, auch wenn Mister Schurz Gutmenschen wie Mark Twain und William James zu seinen guten Freunden zählte.

Schließlich erlebte der gebürtige Deutsche noch als Amerikaner, wie sich die Nationalismus-Problematik in Mittteleuropa zuspitzte.

Noch eine Erwähnung wert ist auch jene deutsche Familie, die das ganze 19. Jahrhundert hindurch für die Amerikaner von Bedeutung war. Es waren die Astors – genau: die Nachfahren von Johann Jakob Astor, der in Waldorf bei Heidelberg auf die Welt gekommen war. Aus Sorge über die Unvermeidbarkeit eines Kriegs zwischen Deutschland und Frankreich entschloss sich Astor zur Auswanderung und ging 20-jährig nach Amerika. Johann Jakob handelte mit Musikalien, Pelzen und vor allem Immobilien, um bereits im Jahr der europäischen Revolution von 1848 *der reichste Mann Amerikas zu sein. Reichtum aber wurde für die Amerikaner von der Gründung der USA weg zu einem fundamentalen religiösen Lebensziel.*

Aber so erfolgreich Johann Jakob auch war, seinen Clan zog es nach Europa. Sein ältester Sohn William Backhouse Astor ging nach Göttingen und trat dort dem Corps Curonia bei. Andere Mitglieder der Familie machten es ihm nach und bauten neben den bestehenden Produktionszweigen neue auf. In den USA wurden die Astors zum Vorbild für „deutsche Tüchtigkeit", nachdem sie auch noch Lebensstil kreierten – dank ihrer Hotelketten. So erinnert bis heute New Yorks beste Adresse an das kleine badische Waldorf und an den Namen der Familie. Interessant ist aber auch die Heiratspolitik der Astors: Denn da vermählte sich ein Astor mit der Tochter des US-Kriegsministers, andere heirateten in Familien ein, in denen es von Kongressabgeordneten und Senatoren nur so wimmelte. 1912 starb ein Johann Jakob IV. auf der Titanic im kalten Nordatlantik.

Bemerkenswert ist jedoch auch, wie rasch es zu einer Entfremdung der deutschfreundlichen Astors und einiger eingeheirateter Clan-Mitglieder kam. Der endgültige „Frontwechsel" war dann im Ersten Weltkrieg typisch für viele deutsch-amerikanische Familien.

***

Es ist in diesem Zusammenhang keine Frage, dass den Amerikanern die Deutschen stets imponierten; sie hatten eine verwandte Mentalität mit Briten, Iren, Holländern, Mitteleuropäern – aber auch mit Polen, Russen und Juden. Und die Amerikaner hatten auch große Sympathien für die europäische Revolution von 1848, war diese doch als „liberal, demokratisch, aufgeklärt" eine Art Kopie der amerikanischen Revolution von 1775. Zweitens war Deutschland mehrheitlich protestantisch – und es war vor allem der öffentliche Pietismus, den die weiße, angelsächsische und protestantische Oberschicht der USA schätzte – weil sie ihn ausübte.

Und schließlich gab es da den Begriff der Ehre – *to preserve one's honor*, der in dem Pionierstaat USA große Bedeutung hatte. Die Siedler mussten ursprünglich bei der Besitznahme von *God's Own Counry* hart und grausam vorgehen und entwickelten dafür genaue Regeln. Mit den Indianern war nicht zu spaßen und man hatte sich nun einmal dazu entschlossen, sie als minderwertige Primitive sozial zu deformieren. Dafür galt das biblische *eye for an eye* auch für den Weißen Mann, wenn es ums Überleben ging.

So ist das Duell im klassischen Wildwest-Film nach einem klaren Muster gestrickt: Da stehen sich Mann gegen Mann gegenüber, mit Pistolen gleich bewaffnet, äußerlich cool, innerlich im totalen Stress; die Ähnlichkeit von Wild-West-Duell und Wild-Ost-Schlägerei ist nicht zu übersehen.

Was man erreichen will, ist in beiden Varianten nicht die „Bestrafung" des Gegners, sondern in ritualisierter Form das Aufzeigen von ritterlicher Männlichkeit; Überwindung von Feigheit durch Selbsterfahrung und Selbstdisziplin.

Der berühmte Mark Twain sah das auch so, als er 1878 seinen Landsleuten den Sinn der deutschen Mensur beschrieb: „Nicht nur in Erregung bewiesen nach einem Säbelgefecht die Fechter Seelenstärke. Sie bewiesen sie nicht minder im Zimmer des Arztes, in dem keine Zuschauer anwesend waren. Unter den Handgriffen des Arztes ächzte niemand und niemand verzog das Gesicht. In den Kämpfen war zu beobachten, dass diese Jungen, wenn sie von heftig blutenden Wunden bedeckt waren, dennoch mit demselben Feuer einhackten und zuschlugen."

Ein verwandtes Ritual?

Da wartet im Klassiker „12 Uhr Mittag" *(High Noon)* Marshal Kane auf seinen Gegner, einen üblen Gangster. In der Hauptstraße von Hadleyville lauert er ihm aber nicht von hinten auf, nein – er schafft absolut „gerechte" Voraussetzungen und er wartet. Während sich die verängstigten Bürger der Kleinstadt hinter Hauskanten und Kaminen verstecken, kommen sich die Gegner immer näher …

Nun sind in Europa die Sekundanten bei der Mensur von Anfang an unmittelbar beim Geschehen anwesend – und in den USA die Zeugen weiter weg – aber vom Prinzip des blutigen Spiels ist alles ident. Denn beide kämpfen nicht für sich – sie tun es für eine gerechte Ordnung in der Welt, für Regeln im Heimatland, für Disziplin in der Gesellschaft, für einen Ehrenkodex gegenüber Feind und Freund – am Missouri und am Neckar gleichermaßen.

So war es nur allzu natürlich, dass die Eliten in Washington dem deutschen Wesen viel Goodwill entgegenbrachten – und dem jungenhaften Charme des umtriebigen und schnoddrigen Wilhelm II. erst recht. Hingegen war Österreichs Franz Joseph I. das Kontrastprogramm für sie: uralt, fromm bis zur Bigotterie, fortschrittsfeindlich, von Krise zu Krise taumelnd, sportlich desinteressiert, dafür historisch beschlagen – was aber in einer geschichtslosen Gesellschaft à la USA nicht übermäßig gefragt war …

Also musste nur jemand kommen, den Amerikanern einzureden, die Habsburgermonarchie wäre in Wahrheit ein Störenfried in Europa und gehöre besser aufgelöst; Österreich-Ungarn sei ein riesiger Völkerkerker, in dem die Nationalitäten durch ein omnipotentes Heer gewaltsam zusammengehalten würden. Der ganze habsburgische Donauraum stehe unter der Herrschaft einer Adelskamarilla und sei ein ewiger Gegensatz zu einer offenen Demokratie.

So erfuhren die Amerikaner über Österreich primär nur Schlechtes – indem sie als gute Patrioten tatsächlich alles, was ihnen ihre eigenen Politiker und eine mächtige Presselobby über die Welt offenbarten, auch glaubten:

- Was Österreich betraf, so emigrierten zuerst die 48er-Flüchtlinge aus den Teilstaaten des Deutschen Bundes und aus den unterlegenen Armeen im Jahr 1848/49;

- dann kam Lajos Kossuth in die USA, der die Unabhängigkeit Ungarns von Österreich ausgerufen hatte, geflüchtet war und von New York als „Staatsoberhaupt" – nach amerikanischem Geschmack – empfangen wurde.
- Dann kam es zu Konflikten, weil die Sekte der Mormonen in Österreich-Ungarn Werbung betrieben und (angeblich) Vielweiberei praktiziert hatte.
- Höhepunkt eines transatlantischen Konfliktes: die Krönung Maximilians, des Bruders von Franz Joseph, zum Kaiser von Mexiko – und das mit französischer Hilfe. Kolonnen von USA-Abenteurern stellten sich als Kriegs-Cowboys in den Dienst des Präsidenten Benito Juárez, während Amerikas Zeitungen gegen den verhassten Habsburger bis zum bitteren Ende hetzten.
- In den USA wurden mittlerweile auch mehr und mehr Publikationen gedruckt; eigene Zeitungen, die dann in den Kronländern zur Verteilung kamen: Hetzartikel gegen Österreich – und das nicht auf Englisch, sondern auf Tschechisch, Serbokroatisch, Polnisch.
- In einer weiteren Eskalation wurde daraus mehr: Die USA wurden nämlich zum Asyl-Land für die Dissidenten der diversen Kronländer. Von „Exilbüros" aus steuerten ehrliche Patrioten – wie auch fragwürdige Abenteurer – die teilweise subversive, ja kriminelle Fernartillerie.

Der bedeutendste dieser Asylanten als Gesprächspartner war – vor allem für die USA-Zeitungen – Tomáš G. Masaryk, geboren im südmährischen Göding nahe der heutigen österreichischen Grenze; Schüler und Maturant am Akademischen Gymnasium in Wien, Student an der Wiener Universität, Lektor und ab 1879 nach der Habilitation Professor für Philosophie in Wien. Keine Frage: Masaryk kannte sie so gut wie alle, die Professoren der deutschnationalen „Alma mater Rudolfina" in Wien, aber auch jene in Prag und anderen böhmischen Universitäten. Dazu kam, dass er die politische Prominenz der Haupt- und Residenzstadt Wien kannte – weil er selbst ein Teil von ihr gewesen war; schließlich war Masaryk 1891 auch noch ins Parlament am Ring eingezogen.

Wo er sich wohl mit dem Milieu der aggressiven nationalistischen Couleurstudenten-Szene sehr gut vertraut machte; ebenso mit zionistischen Kreisen, die den Einsatz von Gewalt nicht generell ablehnen. Masaryk studierte nach eigener Aussage den *Judenstaat* von Theodor Herzl und arrangierte für die tschechische Studentenverbindung Slavia Vorträge über den Zionismus. Sein Befund nach den vielen Kontakten: Das Imperium Habsburg sei nicht lebensfähig und die k. u. k. Monarchie am Ende, man sollte sie auflösen. Masaryks Austritt aus der katholischen Kirche war schließlich ein symbolischer Akt, der seine Wirkung nicht verfehlte. Ansonsten war er 1914, zu Beginn des Ersten Weltkriegs, dank seiner Frau Charlotte Garrigue voll in die Ostküsten-Gesellschaft der USA integriert.

Die anderen Nationalitäten Altösterreichs verfügten nicht über ähnlich starke Persönlichkeiten wie die tschechische; überdies waren die Südslawen weniger konkret in österreichische Kalamitäten verstrickt, weil sie mit jenen der ungarischen Reichshälfte beschäftigt waren. Sehr früh übernahmen der Zagreber Bischof Josip Strossmayer und der kroatische Bauernführer Sjepan Radić wichtige Führungsrollen in ihren Nationalitäten. Die überwiegende Zahl der Kroaten war aber weder an der Zerstörung der Monarchie noch am Panslawismus interessiert. Ähnliches galt für den Priester und Journalisten Anton Korošec, der die Slowenen im Reichsrat führte.

***

Im russischen St. Petersburg wiederum verfolgte man auch den kleinsten Halbschritt genau, den die Regierung des Kaisers von Österreich setzte, um die slawischen Nationalitäten als Kombattanten zu binden.

Als ein angebliches Zitat Franz Josephs die Runde machte – nämlich: „Ich bin ein deutscher Fürst" – entrüsteten sich die Slawen und Slawenfreunde maßlos. Deutschland wie Österreich hatten sich in einer banalen Konstellation verfangen. In Berlin konnte Wilhelm II. nicht sagen, der „deutsche Fürst sei wohl er" – und in Wien Franz Joseph nicht erläutern, „er habe einen Seniorats- und Traditionsanspruch". Die alte deutsche Nationalismus-Frage stand plötzlich wieder im Raum: Wer ist der ehrwürdigere und bessere Deutsche? Zwischen den beiden Metropolen würde man – so wurde schließlich beschlossen – so miteinander verkehren, als hätte es zwischen Deutschen und Österreichern auch nicht den kleinsten Grund für ein Missverständnis gegeben.

Schlussendlich herrschte in mehreren Kronländern eine Stimmung, die auf ein Adieu hinauslief. Die üppigsten Diskussionsbeiträge kamen jedenfalls von der akademischen Elite des Reiches. Ähnlich aufgeregt war der Zustand in der Armee. Dennoch ließ man in der ersten Phase der Aufregung – „Serbien muß sterbien" – durch die beiden kaiserlichen Nationalschauspieler Franz Joseph I. und Wilhelm II. nichts zu, was die „Waffenbrüderschaft" auch nur irgendwie in Gefahr bringen hätte können. Der Begriff „Nibelungentreue" wiederum sollte mit den blutigsten Schlachten des Jahrhunderts verbunden sein. Und der österreichische Thronfolger Franz Ferdinand – so häufig es ging – mit dem deutschen Kaiser.

Alle Welt sollte begreifen, ja, wissen, dass die Götterdämmerung ein alter Hut gewesen war; vielmehr sollte ein neues Morgenlicht die neue Nibelungen-Story leuchten lassen.

Einen Lichtblick hatte der weißbärtige Kaiser in Wien aber zweifellos: Die forschen Reichsdeutschen würden es den schlappen Österreichern vorzeigen, wie man mit der „Sache" fertig wird. Die „Sache": am Balkan aufzuräumen und zugleich die „Randprobleme" zu bereinigen – nämlich den Hader mit den Tschechen, Südslawen und den Flüchtlingen aus den galizischen „Schtetln".

Und tatsächlich, das Erstaunliche an der „Verbrüderung" trat ein: Die großen deutschnationalen Einpeitscher wie Schönerer, Wolf, Anton Jerzabek, Heinrich Mataja – allesamt Burschenschafter – stellten auf leise; sie warteten ab. Erst als die ersten echten Flüchtlingstransporte von Juden auf der Flucht vor dem russischen Vormarsch Wien erreichten, war es auch mit ihrer Toleranz schlagartig vorbei. Am 28. Juli 1914 hatte Österreich-Ungarn dem Königreich Serbien den Krieg erklärt, es folgten Kriegserklärungen Österreich-Ungarns an Russland, Montenegro, Belgien, Japan und Portugal.

Nun sprang das Deutsche Reich im Rahmen der Nibelungentreue den Österreichern vereinbarungsgemäß bei – und schickte Russland am 1. August den Scheidungs-Brief.

Kaiser Wilhelm II., Offiziere: Immer wieder Giftspritzen …

Großbritannien erklärte vier Tage später den Deutschen den Krieg, Frankreich wiederum ließ sich mit der Kriegserklärung an Österreich-Ungarn 13 Tage Zeit; dann versenkte man rasch in der Adria einen österreichischen Kreuzer.

Die Türken schlossen mit Österreich-Ungarn ein Bündnis und so standen einmal fast alle Großmächte im Krieg, In der Folge stieg Italien gegen Österreich-Ungarn und Deutschland in das allgemeine Blutvergießen ein (Mai 1915), die US-Amerikaner folgten erst gegen Jahresende 1917. Die Bulgaren waren schon länger zu Verbündeten der Mittelmächte am Balkan geworden.

Da war Russland schon wieder aus dem Weltkrieg ausgeschieden, nachdem die Revolution die Zarenherrschaft hinweggefegt hatte.

***

Von den Vöglein im Lande handelte das ergreifende Lied der Soldaten des Krieges; aber „in der Heimat, in der Heimat, da gibt's ein Wiedersehen".

Die Sommer und die Winter gingen dahin – und sie sangen noch immer das ergreifende Lied der Armen Teufel in ihren grauen Uniformen. Und auf den Waggons stand noch immer mit matter Kreide vom Sommer 1914 das Versprechen für Frauen und Kinder, zu Weihnachten würde man zu Hause sein ...

Aus den 891 Studentenverbindungen auf deutscher und österreichischer Seite waren – schlagend oder nicht-schlagend – tausende Soldaten gemustert worden; durchwegs Freiwillige, viele Reserveoffiziere. Sie trugen ihr Burschenband unter der österreichischen Uniformjacke:

Jüdischen Angaben zufolge wurden insgesamt 320.000 Juden aus Österreich-Ungarn in den vier Kriegsjahren eingezogen, 100.000 waren es in Deutschland, 12.000 aus Bulgarien.

Vis-à-vis, auf der Seite der Entente, standen insgesamt über eine Million Juden.

Hatten sie einander noch vor kurzem geprügelt, kam es jetzt nach Kriegsbeginn zu einem eindrucksvollen Bündnis von deutschnationalem und christlichsozialem Jungvolk. Die Erinnerungen an die Raufereien in den eigenen Schulhöfen und auf den Universitätsrampen waren Vergangenheit; erbitterte Feindschaften ruhten. Allerdings richtete sich die kollektive Energie vor allem gegen Zivilisten in Feindesland. Man konnte sich dort kaum noch übertrumpfen mit Germanenspielen und Habsburger-Gloria. Niemals in der Geschichte Europas war eine solche Fülle von Dummheit, Banalität, Grausamkeit und Verlogenheit als „psychologische Kriegsführung" hingestellt worden.

Man meinte, durch das Schlechtmachen des Gegners Emotionen freizusetzen, die zum eigenen Mutmachen beitragen sollten. Dafür stellten sich auch namhafte Literaten und Journalisten zur Verfügung, Wissenschafter und Lehrer, die ihren Beitrag im Giftspritzen leisten wollten.

Und es traf sich doch gut, dass die Befreiungskriege gegen Frankreich genau hundert Jahre zuvor zu Ende gegangen waren; sodass man den

Heldenkult um die preußischen Lützow-Jäger, die Heldin Prochaska, den Dichter Theodor Körner und die gefallenen preußischen Heerführer ideal mit der österreichischen Heldenriege – von Andreas Hofer beginnend – kombinieren konnte.

Das Auswendiglernen von Hassgedichten wurde Pflicht.

Da hieß es zum Beispiel bei Theodor Körners „Gebet während der Schlacht" für 13-jährige Gymnasiasten:

> *Vater du, führe mich!*
> *Führ mich zum Siege, führ mich zum Tode!*
> *Herr ich erkenne deine Gebote*
> *Herr, wie du willst, so führ mich.*

Zum „Kriegslesebuch" wurde das Opus *Aus großer Zeit* mit dem Gedicht „Landwehr für Gymnasiasten":

> *Und wer schon verschossen sein Pulver und Blei,*
> *der schlägt mit dem Kolben die Schädel zu Brei.*

Nicht nur für Kinder dichteten die Angehörigen des k. u. k. Kriegspressequartiers. Man nützte die hohe Begabung der deutschsprachigen Literaturelite für eine veritable Durchhaltepoesie; Adressat: jeder erwachsene k. u. k. Bürger.

Hugo von Hofmannsthal, Franz Molnar, Alexander Roda Roda wurden mit ihren Arbeiten populär; und so schwafelten sie wunschgemäß zusammen mit der steirischen Legende Peter Rossegger über die Nibelungentreue:

> *Uns, die den alten Germanen entstammen*
> *Trennte das Schwert, einte das Schwert.*
> *Vaterland, Mutterland, herrliche Namen*
> *Vater und Mutter sind wieder beisammen*
> *Folgen mit Jauchzen den heiligen Fahnen*
> *Germanischer Fürsten auf ruhmreichen Bahnen*
> *Bauen vereint eine glückliche Zeit!*

Der steirische Priesterdichter Ottokar Kernstock reimte „Zum Gebet"
als Kriegsschuldpoesie und ließ in seiner Sängerschaft Gothia eifrig
musizieren:

Wir zogen aus Notwehr das blanke Schwert,
für unsere Lieben, für Heimat und Herd.
du hast uns vertraut dies heiligste Gut,
du willst, dass wir's schirmen mit Eisen und Blut
Der Herrgott verlässt keinen Deutschen nit!

Auch die Natur wurde bald zum nationalen Volksgut; Ludwig Anzen-
gruber ließ die Bergvölker hochleben. Ludwig Ganghofer (wahrscheinlich aktiv bei der Rheno Marchia Münster), Karl Schönherr
und Franz Kranebitter zeigten vor, wie tapfer sich deutsche Menschen gegen die „welsche List" wappnen konnten.

Und da waren auch die jüdischen Dichter in Uniform; bewährt bei
extremer Selbstüberwindung:
Hugo Zuckermann mit seinem
„Österreichischen Reiterlied" –
krasser deutsch-österreichischer
Über-Fanatismus. Zuckermann
verlor im Dezember 1914 sein
Leben im Feld; Bertha „Schalek"
wiederum empfand als erste
Kriegsberichterstatterin der Welt
unbändige Freude, wenn es im
Schützengraben (nur) krachte.
Den stärksten Eindruck beim
einfachen Volk bewirkten aber
nicht die feschen Herren in Uniform, sondern die Farbstudenten
zwischen Kiel und Adria. Der
Mythos des ersten Kriegsjahres
hieß „Langemarck" und wurde
zum germanischen Helden- und
Totenspiel.

In der Heimat, in der Heimat –
ein Wiedersehen?
Deutsch-österreichische Postkarte (1914)

Der gute Kamerad

Noch im Sommer 1914 waren die Deutschen in Frankreich und Belgien eingebrochen und bis zur Marne vorgestoßen. In Flandern versuchte das deutsche XXIII. Reservekorps zum Meer durchzustoßen. Unter Absingen des Deutschlandliedes kam es zu einem extrem verlustreichen Gemetzel; Couleurstudenten aus Burschenschaften, Landsmannnschaften, katholischen Verbindungen wurden bewusst ins Feuer gejagt, katastrophal ungerüstet, schlechtest ausgerüstet.

So fielen insgesamt etwa 6.000 Studenten bei Langemarck, die Blüte der deutschen Studentenschaft. 3.500 kamen vom Weimarer Chargierten-Convent – mit dem Burschenband um die Brust stürmten sie gegen die Schanzen. Der evangelische Wingolfbund wiederum verlor von seinen 2.087 Mann 513 Kommilitonen. Der katholische CV schickte 7.188 Mann zum Opfergang nach Langemarck – 1.276 verloren ihr Leben.

Der Beweis war geliefert. Man konnte eine Niederlage durchaus in einen Sieg verwandeln. Wenn man ausreichend skrupellos war und Menschenleben nicht schonte. Ihnen zu Ehren errichtete die Deutsche Burschenschaft auch auf den Höhen der Stadt Eisenach – gegenüber der Wartburg – ein monumentales Heldendenkmal. Man sieht weit hinein ins Land – und verfällt ins Grübeln: Hat es sich gelohnt? Im Inneren des Mahnmals reiten die Recken und Walküren nach Walhall. Und unten im Rund des Turms stehen die Feldherren. Im Tode alle vereint ...

**

In *Mein Kampf* schildert zehn Jahre nach den Ereignissen Adolf H. ein Erlebnis aus seinem Soldatenleben; seine eigene Feuertaufe mit und neben Farbstudenten: *Aus der Ferne aber drangen die Klänge eines Liedes an unser Ohr und kamen immer näher und näher, sprangen über von Kompanie zu Kompanie, und das, als der Tod gerade geschäftig hineingriff in unsere Reihen – da erreichte das Lied auch uns: Deutschland, Deutschland über alles, über alles in der Welt ...*

Man schrieb den 29. Oktober 1914, das westflandrische Dorf hieß Geluveld.

Und Geluveld liegt zehn Kilometer von Langemarck.

„Heil Hitler!": Farbstudenten anlässlich der NS-Machtergreifung und vor der
Auflösung (1933)

Der Gaudeamus-
Faschismus

Deutschlands Burschenschafter werden zu NS-Parteigenossen |
Bundeskanzler Dollfuß versucht in Österreich einen christlichen
Ständestaat zu begründen | Seine Minister sind durch die Bank
CVer | Aber wer sind die „besseren Deutschen"?

Im deutschen Hinterland entstand im Winter 1918/19 ein neuer
Typus des deutschen Studenten: der „Werkstudent". Erstaunlich, dass
die farbstudentischen Korporationen trotz – oder wegen? – der
schlechten Zeiten enormen Zulauf hatten. War es die Erinnerung an
das „goldene Zeitalter" der Bismarckära, die da nachwirkte? Immer
nur gewonnene Kriege, Machtvermehrung und Aufschwung? Und
jetzt: Demütigung, Vaterlandsverdrossenheit, Verarmung.
Also suchte man Gemeinschaft. Viele – junge und alte – fanden sie
in ihrer Korporation. Die bunten Mützen drehten sich bald wie Blu-

men im Sommerlicht. Und viele meinten: Man braucht nur eine starke Hand für Deutschlands Wiederaufstieg.

Und kein Wunder, dass die Menschen vereins-süchtig, gemein-schafts-versessen, autoritäts-verliebt wurden. Man fühlte sich in der Masse wohl, suchte religiöse, nationale oder ideologische Kollektiv-Erlebnisse, glaubte an Spruchbänder, Plakate, Uniformen, Fahnen, Zeichen. Viele hoben automatisch die Hand zum „Salve"-Gruß, der älter war als jener des Adolf H. – oder salutierten mit der rechten Hand an Kappen und Mützen. Und so wurde das Farbstudententum bald eifrig militarisiert, die Kommentregeln gefestigt und marschiert, wo einst gebummelt worden war.

So kam es zum Erlanger Verbände- und Ehrenabkommen von 1921; die Schlagenden gründeten den „Deutschen Waffenring" und einen „Deutschen Hochschulring". Der katholische CV wiederum führte den Du-Comment verpflichtend ein: jeder begrüßte jeden mit „Du", was dazu führte, dass 18-jährige Fuxen renommierten Ministern oder Universitätsprofessoren ur-demokratisch entgegentraten. Besonders im altbarocken Österreich führte das zu ritualisierten Ansagern: „Servus, Grüß Gott, Herr Minister, Habe die Ehre ..." Die Sache bot viel Stoff für Kabarettisten ...

Aber zwischen die Farbstudenten der Nachkriegszeit schoben sich jetzt auch „neustudentische" Vereinigungen, so die Deutsche Gildenschaft DG oder der Bund Neudeutschland; das österreichische Pendant nannte sich „Neuland". Sie alle verstanden sich als Opposition gegen den *politischen Katholizismus* innerhalb der katholischen Kirche. „Alles in Christus zu erneuern", war ein mutiges Postulat, aber wieder durchaus „politisch" zu definieren. Und so gab es auch Kontakte einiger Neuland-Gruppen zu den von Wahl zu Wahl stärker werdenden Nationalsozialisten. Man wollte „zeitgemäß" sein, zeitgeistig.

Unterdessen verurteilte der Vatikan den grassierenden Primitiv-Antisemitismus vieler Christen durch das sogenannte „Heilige Officium" ebenso wie die konservative „Piusbruderschaft". Wodurch sich sowohl die CV-Traditionalisten wie die „modernen" Reformkatholiken bestätigt fühlten. Die Kulisse des Trauerspiels bildete jedenfalls die Tatsache, dass nirgendwo in Europa so viele verstädterte Juden

Mützen und Bänder werden gesammelt: Führerbefehl statt Verbindungsdemokratie (1933)

lebten wie in den großen Agglomerationen Wien, Prag und Budapest. Und so nahm die „Erledigung" der Judenfrage auch von diesem „Dreieck" aus ihren tragischen Anfang.

Man schrieb das Jahr 1920, als die bieder-konservative Wiener CV-Studentenverbindung Franco-Bavaria auf der 51. Cartellversammlung des CV in Regensburg einen brisanten Antrag stellte. Jeder CVer müsse – bis zurück zur Generation der Großeltern – erklären, dass er keine direkten jüdischen Vorfahren habe. Der Antragsteller im Auftrag seiner Verbindung – der Franco-Bavaria Wien – hieß Engelbert Dollfuß und war Philistersenior.

Geboren 1892 im niederösterreichischen Texing im Mostviertel als uneheliches Kind, wollte er zuerst Priester werden, meldete sich dann aber freiwillig zum Truppendienst. Er war Angehöriger der Kaiserschützen, blieb unverletzt, erhielt acht Tapferkeitsmedaillen und wurde nach 1918 Angestellter des Bauernbundes in Niederösterreich. Er heiratete eine Frau aus Norddeutschland, die Franco-Bavaria blieb jedoch sein Familienersatz. Fasziniert haben mag ihn schließlich der große gemeinsame deutsch-österreichische Cartellverband …

Und dann das! Der Antrag von Dollfuß über die Anwendung des Arierparagraphen bei allen CV-Verbindungen in ganz Europa! Im demokratischen Westen war man entsetzt. Von den katholischen Österreichern hatte man ein so frivoles Spiel nicht erwartet.

Um es vorwegzunehmen: Der Dollfuß-Antrag der Franco-Bavaria ging daneben. Er fand keine ordentliche Mehrheit auf der Cartellversammlung in Regensburg. Ziemlich wahrscheinlich ist, dass es die deutschen CV-Verbindungen waren, die den österreichischen Antrag zu Fall brachten.

Nun hätte sich die Sache nur als eine Fußnote der Geschichte herausgestellt, wäre der kleine zähe Dollfuß – der nur 1,51 Meter groß war – absichtslos nach Hause zurückgekehrt. In Wirklichkeit aber gab er keineswegs auf, was auch seiner bäuerlichen Art nicht entsprochen hätte. Vielmehr ging er daran, eine Alternativstrategie zu entwickeln. Seine These: Das Thema „Antisemitismus" darf nicht der politischen Konkurrenz überlassen werden.

***

Nun, das genau begriff auch Adolf H., Österreicher mit außergewöhnlichem politischem Instinkt. Das Programm von H. umfasste genau das, was auch die nationalen Studentenverbindungen eigentlich als Programm mit sich führten. Was deren Programm ein gutes Jahrhundert zuvor gewesen war, wurde jetzt genial vereinfacht, trivialisiert, fanatisiert – und für die „Volksgemeinschaft" verständlich gemacht:

Die NSDAP war völkisch-nationalistisch, antidemokratisch, antikommunistisch und antikapitalistisch; das grenzte sie zu den Linksparteien wohl ausreichend klar ab. Die NSDAP trat daher zusätzlich mit einem 25-Punkte-Programm an: für die Revision des Versailler Vertrages, für den Erwerb von deutschen Kolonien und den Zusammenschluss aller Deutschen – nach rassenbiologischen Gesichtspunkten. Damit lag ganz klar und unmissverstehbar auf dem Tisch, was H. anstrebte und was er in *Mein Kampf* festgelegt hatte. Es war inhaltlich deckungsgleich mit den politischen Forderungen, die die nationalen Studentenverbände vertraten. Und auch wenn es pures Kommersgerede, ja Kneipenquatsch war, so war über ihn die „Stunde der Vorsehung" hereingebrochen: „Was wir seit Jahren ersehnt und erstrebt und wofür wir im Geiste der Burschenschafter von 1817 jahraus, jahrein an uns und in uns gearbeitet haben, ist Tatsache geworden. Das deutsche Volk hat erkannt, dass höchstes und oberstes Gut nationale Einheit und nationaler Friedenswille sind ... weshalb alles Trennende hinter den Gedanken an die Nation zurückzutreten hat." Die Nation!

In den Augen vieler Farbstudenten war sie tatsächlich noch immer das „heilige" Ziel, gab es nichts Größeres als die Verwirklichung eines göttlichen Auftrags und damit die Forderung an die Volksgemeinschaft, alle zusammenzuführen, die jetzt – und auch früher – Deutsche waren. Damit war klar, dass die Nazis die „Debattenhoheit" über den Kommerstischen erobern mussten. Die Burschen sollten das Couleur aus und die braunen Nazi-Uniformen anzichen. So wie es auch der aus einer berühmten Pastorenfamilie stammende Pfarrer Eduard Putz forderte. Der Protestant ließ in Erfurt beim Festkommers der Bubenruthia-Erfurt Wortkaskaden niederprasseln: „Heute ist das Sehnen der Urburschenschaft erfüllt ... Die nationalsozialistische Bewegung hat dort angeknüpft, wo 1817 die Urburschenschaft erwacht war ... und die nationalsozialistische Idee ist die wahrhaftige und berechtigte Erbin der burschenschaftlichen Bewegung." Schließlich ging die Devotion so weit, dass sich Putz beim „Führer" für das Verbrennen der schwarz-rot-goldenen Originalfahnen bedankte ...

Die Überführung der Burschenschaften in NSDAP-Organisationen deutete jedenfalls der wichtigste Mitarbeiter von Adolf H. bereits sehr früh an: Joseph Goebbels. Denn dieser hatte nichts Wichtigeres zu tun, als einen deutschen Studentenroman zu verfassen! Der spätere Reichspropagandaminister und „Herr Doktor" der Germanistik und Geschichte griff in die Schreibmaschinentasten, um den Roman *Michael Voormann – Ein Menschenschicksal* zu Papier zu bringen. Goebbels griff darin polemisch das Hochschulwesen und Farbstudententum an, indem er das Hohelied auf die Zukunft einer nationalen Universitätserziehung anstimmte. Immerhin konnte Goebbels darauf verweisen, dass er in seiner Studentenzeit während des Ersten Weltkrieges bei der Unitas Sigfridia zu Bonn aktiv gewesen war. Und man geht nicht fehl in der Annahme, dass der Schlagende Goebbels schon damals Ideengeber und Drahtzieher für eine ganz andere Hochschulpolitik war – um Hitler zeitweilig die Initiative aus der Hand zu nehmen.

Ähnliches wurde gerüchteweise über die Absichten des (späteren) Reichsjugendführers Baldur von Schirach behauptet. Offenbar wollte auch er zwischen Nazis und Schlagenden vermitteln: *Es ist kein Zufall, dass der Nationalsozialistische Studentenbund und die schlagenden Verbindungen eine gewisse Auslese des Menschenmaterials der heutigen Studenten in ihren Reihen vereinen. Der Wille zur Tat und zur Waffe hat die aktivistischen Elemente zusammengefasst.*

Aber noch war es nicht so weit, denn Adolf H. musste zuvor einmal seine gefährlichsten innerparteilichen Gegner ausschalten. Und danach die preußischen Konservativen – an deren Spitze Staatspräsident Hindenburg – zur Beweglichkeit zwingen. Hitlers wichtigstes Ziel: *den Anschluss seiner eigenen alten Heimat an ein künftiges Großdeutschland durchzukämpfen.*

Nun erreichte die NSDAP 1930 bei den Reichstagswahlen 107 Mandate; 1932 eroberte sie 230 Sitze; sie sank dann zwar wieder etwas ab, wurde aber dann doch zur stärksten Partei Deutschlands. Dem alten Hindenburg, Mitglied der Burschenschaft Thuringia (Bad Frankenhausen), blieb nichts anderes übrig, als den „böhmischen Gefreiten" H. zum Reichskanzler zu bestellen, der seinerseits bereits 1933 seine Aufmerksamkeit ganz dem „deutschen" Nachbarn Österreich widmen wollte. Endlich war Adolf H. auch deutscher Staatsbürger geworden.

In der alten Heimat Österreich war aber zu diesem Zeitpunkt bereits Engelbert Dollfuß als Bundeskanzler im Amt – ein unbekanntes schwarzes Leichtgewicht, wie die österreichischen Parteigenossen nach Berlin berichteten.

Daher erklärte Adolf H. sofort nach dem 30. Jänner 1933 das Regime in Österreich zum Hauptgegner; die Österreicher seien erbarmungslos anzugreifen. Österreich war für ihn „verjudet, korrupt und bigott" und daher sein Landsmann Engelbert Dollfuß der Gegner Nummer 1. Dabei hatte Dollfuß seinerseits im März 1933 das Parlament in Wien kaltblütig ausgeschaltet – also geputscht. Und so hatte die Nazipartei sogar einen Rest von Reputation im Vergleich zur CV-Maschine – und zur gesamten Farbstudentenschaft. Immerhin traf H. damit auch seine engsten Mitkämpfer und NS-Spitzenleute, die ihrerseits Burschenschafter oder Corps-Mitglieder waren; allen voran Heinrich Himmler (Apollo München), Reichsminister Hermann Göring (Markomannia Berlin), der Rassenideologe Alfred Rosenberg (Corps Curonia Riga), der Führer der Arbeitsfront Robert Ley (Sängerschaft St. Pauli), der Chef der Sicherheitspolizei Ernst Kaltenbrunner (Arminia Graz) und Reichsminister Wilhelm Frick (AGV München). Propagandaminister Joseph Goebbels war am 27. Mai 1917 der Sigfridia Bonn beigetreten, wobei diese Korporation konfessionell orientiert war und sich als „katholische *Burschenschaft*" im „Unions-Verband" bezeichnete. Goebbels trat 1918/19 wieder aus.

Einer von den frühen Nationalsozialisten war auch der Corps-Student Horst Wessel, Normannia Berlin. Er wurde Opfer eines tödlichen Anschlages – und zum Idol einer Generation; das sogenannte Horst-Wessel-Lied wurde zur NS-Parteihymne.

So ähnlich die antidemokratischen Überzeugungen des Oberösterreichers aus Braunau und des Niederösterreichers aus Texing auch waren, gegensätzlicher konnten ihre Methoden nicht sein: Adolf H. war im privaten Umgang mit Sympathisanten und Förderern charmant, er war beredt und wohlinformiert, und dies auch ohne Universitätsbildung, wie er wiederholt betonte. Seine Höflichkeit gegenüber Damen der Gesellschaft war legendär.

Engelbert Dollfuß hingegen war weder smart noch intellektuell oder charismatisch, war er doch durch Zufall in den politischen Box-Ring gestiegen. Und das hing wesentlich mit seiner farbstudentischen Fixierung zusammen. Zeitgenossen schilderten ihn aber auch als sozial engagiert, hilfsbereit und fromm. Als fanatischer Couleurstudent war sein Aufstieg auf der Karriereleiter der Christlichsozialen Partei Österreichs programmiert.

CVer, aber auch MKVer waren zu einer zivilen Elitetruppe geworden, die im Kleinstaat Österreich ein Netzwerk von Verwaltung und Politik, Sicherheit und Justiz, Militär- und Bildungswesen geschaffen hatte. Und allzu lange einen entscheidenden Fehler machte: ihren Hauptgegner in der sozialdemokratischen Linken zu sehen. Dollfuß sollte die Fehlkalkulation bitter büßen – mit dem eigenen Leben.

***

Nun war mittlerweile die päpstliche Enzyklika *Rerum novarum* aus dem Jahr 1891 von mehreren Bischöfen bestätigt worden. Der „politische Katholizismus" war also keinesfalls unaktuell, ganz im Gegenteil, er bildete die Hoffnung vieler Katholiken in ganz Europa. Im Kampf gegen den liberalkapitalistischen Staat und den revolutionären Sozialismus, aber auch gegen den Faschismus sollte eine gerechte *ständestaatliche Ordnung* zwischen Arbeitgebern und Arbeiterschaft geschaffen werden.

Daher entschloss sich Dollfuß als treuer Katholik und Führer eines katholischen Landes, eine neue Verfassung ausarbeiten zu lassen, die ein fantastischer Mix aus religiösem Pathos, Urburschentum und Deutschtümelei werden sollte. Die Präambel:

Im Namen Gottes, des Allmächtigen, von dem alles Recht ausgeht, erhält das österreichische Volk für einen christlichen deutschen Bundesstaat auf ständischer Grundlage diese Verfassung.

Dann ging Dollfuß daran, wieder eine Aktionsgemeinschaft mit dem deutschen CV herzustellen – gegen Hitler. Ein naiver Plan. Demnach sollte ein CVer nicht NSDAP-Mitglied sein können – wie auch ein Nazi nicht in einer Burschenschaft oder einem Corps Aufnahme finden sollte.

Der Gegenzug aus dem Dritten Reich ließ nicht lange auf sich warten. Die NSDAP hatte als Vorfeldorganisation den gewalttätigen Schlägerverein der SA formiert, der bei Sozialisten und Kommunisten wütete, aber auch Übergriffe gegen „bürgerliche" und kirchliche Einrichtungen unternahm; alles unter dem Vorwand, die „Ruhe" aufrecht zu erhalten und der Selbstjustiz ein Ende zu bereiten.

Und so gerieten Bismarcks einstige Garde – die Burschenschaften des 19. Jahrhunderts – ins Räderwerk der neuen braunen Herren Deutschlands: kein weiteres Couleurtragen, keine Mensuren, keine autonomen Buden, kein eigenständiges Liedgut usw. So gelang es Adolf H. nicht nur, die ihm verhassten Studentenverbindungen zu liquidieren, sondern auch die Universitäten als *Bildungs*einrichtungen schwer anzuknacksen. Alle kuschten – die Rektoren, die Professoren, die Studenten ... und die neue Führung des Deutschen Studentenbundes erst recht: Dort hieß es sogar, erst jetzt sei die Sehnsucht der Urburschenschaft erfüllt ...

Abseits solcher devoter und lächerlicher Reaktionen auf die Hiebe, die der jetzt schwarz-weiß-rote Dackel erhielt, überschlug man sich geradezu bei der Übertragung der Befugnisse auf den neuen Bundesführer Otto Schwab (Germania Darmstadt). Der NS-Funktionär machte rasch klar, dass das Führerprinzip eingeführt werde, es sei denn, dass die Deutsche Burschenschaft freiwillig zur Gleichschaltung bereit sei. Ein „Führerbrief" gab die Regeln vor: Gefolgschaft und Gehorsam in der Studentenschaft, rigorose Anwendung des Ariernachweises, Neuregelung der Verbandsgerichtsbarkeit. Und der Ex-Philister Schwab verbot auch gleich studentische Doppelzimmer. Eine „Wohnkameradschaft" sollte für „soldatisches Wohnen" sorgen, wobei sich Adolf H. höchstpersönlich sorgte, ob nicht die „Gefahr der Homosexualität zu groß ist". Und weil die bereits aufgelösten Verbindungen gegen die Männer-Kameraderie heftig ankämpften, setzte die NSDAP Schlägertrupps ein, die unter dem Begriff „Göttinger Krawalle" in die deutsche Universitätsgeschichte eingegangen sind.

Während also über allen Gipfeln die Ruh' eintrat, erlebte die Wartburg bei Eisenach als Deutschlands geschichtsträchtige Kulturwerkstatt noch einmal einen Höhepunkt von Erinnerlichkeit: Studenten aus Leipzig übergaben den Nazi-Bonzen symbolisch die alte Burschenschafterfahne von 1817 sowie 120 Couleurmützen plus Bänder als trauriges Brandopfer einer großen Geschichte. Das Gleiche wiederholte sich bei der berüchtigten Bücherverbrennung, die als „Nacht der Feuer" am Berliner Opernplatz inszeniert wurde: In theatralischem Hetz-Ton wurden namentlich all jene literarischen Publikationen „aufgerufen", die sich versündigt hatten gegen „Unmoral und Zersetzung", gegen den Verlust von „Zucht und Sitte in Familie und Staat", weiters gegen „Dekadenz und moralischen Verfall", ebenso gegen „Gesinnungslumperei und politischen Verrat", gegen die „seelenzersetzende Überschätzung des Trieblebens", die „Verfälschung der deutschen Geschichte und die Herabwürdigung ihrer großen Gestalten", gegen „volksfremden Journalismus – und die Frechheit und Anmaßung gegenüber dem unsterblichen deutschen Volksgeist". Im Ausland war man ein paar Wochen nach Hitlers Machtergreifung betroffen über die Berichte, die täglich um die Welt gingen – und die die Nazis mit dem Begriff „Barbarei" in Verbindung brachten.

Der kleine Wiener Bundeskanzler Dollfuß – klein im Sinne seiner Funktion in einem kleinen Land – nutzte hingegen die Gelegenheit eines bevorstehenden Österreichischen Katholikentages zu einer massiven Abgrenzung und ideologischen Aufrüstung. Nicht dem nazistischen Deutschland sollte die Zukunft gehören, sondern dem christlichen Österreich.

Zwei deutsche Staaten also?

***

Pferderennbahnen – wo gewettet wird – sind nicht unbedingt Orte für kirchenpolitische Großveranstaltungen; aber Dollfuß ließ am 11. September 1933 dennoch den 250. Jahrestag der Befreiung Mitteleuropas von den Türken am Wiener Trabrennplatz abfeiern. Christen gegen Moslems, anständige Europäer, die gegen jene antraten, die Österreich im Stich ließen, barocke Kreuzfahrer gegen Verräter des Papsttums – eine bemerkenswerte Heerschau. Auf der Rennbahn im

Prater versammelte der Bundeskanzler alles, was im bürgerlichen Lager Österreichs Bedeutung hatte. Vor allem aber empfand er es als Genugtuung, dass ihm Benito Mussolini zusichern ließ, hinter seiner Regierung zu stehen: „Wir wollen das neue Österreich."

So stellte Dollfuß auch jetzt die große Frage, die schon die Frage der Urburschenschaft war, dann des 1848er-Jahres und der Paulskirche, die Frage von Königgrätz und von Habsburgs Schicksal im Jahre 1918.

Wer sind die besseren Deutschen? Ist Adolf H. der beste Deutsche oder der schlechteste Österreicher? Oder ist Engelbert Dollfuß überhaupt kein Österreicher, vielmehr Kanzler eines Deutschlands der romantischen Philosophie – und einer, der nichts von europäischen Verträgen hält?

- Hitler in Berlin, Dollfuß in Wien – das war tatsächlich eine abenteuerliche Paarung. Beide wollten ihr Ideal vom deutschen Staat verwirklichen, beide die demokratische Mitbestimmung liquidieren, beide einen Mitarbeiterstab heranziehen, der nicht autonom gewählt, sondern chancenlos untertänig war.

- Und wie die Führungsriege des Deutschen Reiches aus braunen Eminenzen plus ein paar verlässlichen Experten bestand, so wurde in Österreich die gesamte Erste Republik zu einer Republik des katholischen Couleurstudententums, des politischen Katholizismus und schlampigen Gaudeamus-Faschismus.

- Da war Wilhelm Miklas, nach dem Ersten Weltkrieg Nationalratspräsident, ab 1928 Bundespräsident, Alter Herr der Waldmark Horn (MKV); schwächlich, versagte in entscheidenden Stunden. Seine größte Tat: Bereits 1918 hatte er gegen den sofortigen Anschluss „Deutschösterreichs" an Deutschland gestimmt.

- Ignaz Seipel, Moraltheologe, seit 1899 Priester, war CVer der Norica. Der „Prälat ohne Gnade" und „Prälat ohne Milde" war von 1926 bis 1929 österreichischer Bundeskanzler.

- Michael Mayr war in der Zeit des Kampfes um die Bundesverfassung Bundeskanzler – ein Mitglied der Austria Innsbuck.

- Kurt Schuschnigg, gleichfalls Ausria Innsbruck, war unter Dollfuß Unterrichtsminister, später sollte er Bundeskanzler werden. Ein Unglücksrabe der Nation.

- Weiters: Der kurzzeitige Bundeskanzler Rudolf Ramek war ebenfalls CVer der Norica.
- Nicht christlichsozial, sondern großdeutsch – aber gefügig – war Wiens Polizeipräsident Johann Schober. Er ließ 1927 vor dem Justizpalast in Wien auf Arbeiter schießen und gehörte als Großdeutscher zur Sängerschaft Ghibellinen Wien (heute „Barden").
- Emmerich Czermak war Unterrichtsminister „für eine christliche Jugend" und Mitglied der CV-Nordgau-Prag.
- Theodor Innitzer war ein vitaler Sozialminister, bis er vom Papst 1932 zum Erzbischof von Wien bestellt wurde. Er machte seit Jahren die Katholische Soziallehre populär und trug gleichfalls die gelbe Mütze der CV-Verbindung Nordgau.
- Verteidigungsminister in fast allen Kabinetten seit 1918 war Karl Vaugoin. Die Urverbindung Vaugoins war die Rudolfina Wien.
- Weitere wichtige Stützen des Ständestaat-Systems: der (spätere) Wiener Bürgermeister und überzeugte Großösterreicher Richard Schmitz, Mitglied der Norica Wien;
- Oberösterreichs Landeshauptmann Heinrich Gleißner, rezipiert bei Saxo-Bavaria, damals noch Prag, heute Wien;
- Karl-Maria Stepan, Verleger im Hauptberuf, Landeshauptmann der Steiermark und CV Norica;
- schließlich Richard Steidle, Heimwehr-Führer in Tirol, Angehöriger der Austria Innsbruck.
- Und aus der jungen Generation der St. Pöltner Baumeister Julius Raab und der Bauernfunktionär Leopold Figl aus Tulln – beide Vertreter des Wirtschafts- bzw. Bauernbundes und beide Norica Wien. Wobei Raab als „Landesführer" der niederösterreichischen Heimwehr am 18. Mai 1930 den „Korneuburger Eid" der Rechtsmilitanten abgelegt hatte: *Wir verwerfen den westlichen demokratischen Parlamentarismus ... und wir kennen nur drei Gewalten: Gottglauben, den eigenen harten Willen und das Wort seiner Führer.*

Am Trabrennplatz gut drei Jahre später klang es fast identisch. Dollfuß im Originalton:
Dass vor 500 Jahren der Stephansdom als Kunstwerk der christlich-deutschen Kultur entstehen konnte ... bringt uns zum Bewusstsein, dass

echtes, kerngesundes Volkstum zu einer Hochblüte der Kultur geführt hat ... Heute wollen wir den christlichen, deutschen Staat Österreich ... wir sind so deutsch, so selbstverständlich deutsch, dass es uns überflüssig vorkommt, es eigens zu wiederholen ... wir glauben, dass wir ehrliche deutsche Kultur in diesem christlichen Teil Mitteleuropas zu erhalten haben ... wir überlassen das Urteil, wer schließlich dem Deutschtum besser gedient haben wird, dem Urteil der kommenden Generationen ... ich habe bei allen Gelegenheiten, im Ausland zu reden und zu werben, niemals vergessen zu sagen: Wir sind Österreicher und ein deutsches Land ... Ich kann nur eines sagen, ... dass wir Deutsche sind.

***

Zum Zeitpunkt der Dollfußrede auf dem Trabrennplatz war der Wettkampf auf allen Ebenen bereits im Gange:

- Der österreichische CV hatte sich vom deutschen CV vollkommen gelöst.
- Die Verbindungen in der Tschechoslowakei – also im Sudetenland – schlossen sich einhellig dem ÖCV an.
- Dollfuß verbot die mächtige NSDAP in Österreich. Renitente „Ilegale" stellt er vor Gericht.
- Hitler revanchiert sich mit der – für das Fremdenverkehrsland Österreich – tödlichen „Tausend-Mark-Sperre".
- In München bildet sich aus geflohenen Österreichern eine militante „Österreichische Legion". Auf ihr Konto gehen in der Folge Attentate in Österreich.
- Am 25. Juli 1934 wird im Bundeskanzleramt in Wien Engelbert Dollfuß erschossen. Eine Rotte von jungen Nationalsozialisten war – als Bundesheer-Soldaten verkleidet – in das Kanzleramt eingedrungen. Dollfuß verblutet, ein Priester wird ihm verweigert.
- Seine Mörder werden später zum Tod verurteilt.

Am Rande passiert ein besonders schäbiger Verrat – und CV-Prinzipienbruch –, den der frühere Landeshauptmann der Steiermark, Anton Rintelen, begeht. Dieser hatte mit den Putsch-Nazis und offensichtlich mit Berlin paktiert, um im Fall der Verhaftung der Ministerratsmitglieder als neuer Bundeskanzler zur Verfügung zu stehen.

Der CVer Rintelen (Babenberg Graz) wartete in einem Ringstraßen-Kaffehaus, dass Dollfuß eliminiert würde. Als im Bundeskanzleramt die Putschisten aufgegeben hatten, floh Rintelen. Zu spät. Ein anderer CVer, nämlich der Staatsrat Friedrich Funder (Norica Wien) nimmt ihn fest und befördert ihn handgreiflich zur Polizei.

In CV-Publikationen wird Dollfuß seither als „Heldenkanzler" verehrt. Sehr zum Missbehagen der politischen Linken und der organisierten Sozialdemokraten. Aus heutiger Sicht ist freilich unverständlich, dass es nicht – über die Bahre von Dollfuß hinweg – schon seinerzeit zu einem patriotischen Handschlag zwischen Schwarz und Rot gekommen ist und dass niemand bei den Sozialisten die tödliche Gefahr erkannte, die von den Antidemokraten in Deutschland gegen die kleine Alpenrepublik ausging.

Während aber viele deutsche CVer irgendwann mit dem Nazi-Regime – zumindest äußerlich – Frieden geschlossen hatten, blieben viele österreichische CVer bei ihrer Radikal-Gesinnung gegen die „Nazi-Pest". Und was das „Deutschtum" betraf: Die deutschen CVer stellten noch vor dem Mord den Antrag, Dollfuß solle wegen „undeutschen Verhaltens" aus allen katholischen Korporationen ausgeschlossen werden. Stattdessen wurde Dollfuß als „Hitlers erstes Opfer" (so der Buchtitel des Münchner Historikers Gottfried-Karl Kindermann) zum „Märtyrer", für die Linke allerdings zum „Arbeitermörder".

Österreich machte jedenfalls als einziger Staat Europas noch einmal den Versuch, die Deutschland-Frage auf dem Tapet zu halten. Wer sind die besseren Deutschen, 1934, im Hochsommer? Aus Europas Staatskanzleien kommen keine Antworten.

Nur die unmittelbaren Parteigänger von Dollfuß wollen sein Erbe

Dollfuß-Begräbnis in Wien (1934): „Hitlers erstes Opfer"

weitertragen; er wird so etwas wie ein Heiliger, der für die Unabhängigkeit Österreichs sein Leben geopfert hat.

In dieser Wortschlacht kommt es zur Bestellung eines neuen Regierungschefs für Österreich; ein ernsthafter Kandidat taucht auf. Es ist
der Führer der Heimwehr, Fürst Ernst Rüdiger Starhemberg. Der
Adelige mit großem Stammbaum ist aber nicht CVer, sondern Mitglied des Corps Rhaetia in Innsbruck. Und passt nicht in die christlich-soziale Runde, in der jetzt auch Monarchisten mitspielen. So
einigt man sich auf den bisherigen Unterrichtsminister Kurt
Schuschnigg (CV Austria Innsbruck). Schließlich sind acht von zehn
Regierungsmitgliedern CVer, zugleich 90 Prozent der 100 Bundes-
ratsmitglieder (Zweite Kammer in Österreich) korporiert. 1936 wird
die Heimwehr aufgelöst, was Starhemberg ins Ausland treibt. Den-

noch wünscht sich der Fürst, „daß wir Österreicher die Gegenrevolution des Deutschtums gegen die Barbarei sind … darum müssen wir unsere Unabhängigkeit erhalten."

Schuschnigg unternimmt genau das. In mehreren Treffen am Obersalzberg in Bayern versucht er, Hitler von der Idee abzubringen, die Unabhängigkeit Österreichs gewaltsam zu beenden. Hitler behandelt Schuschnigg aber wie einen Lakaien – und verbietet dem Gast sogar das Zigarettenrauchen. Von Mussolini kommen besorgniserregende Berichte: Das faschistische Königreich Italien gibt seinen „Spezialschutz" für Österreich auf.

So erteilt Adolf H. am 11. März 1938 den Befehl zum Einmarsch der Deutschen Wehrmacht in Österreich. Rund 100.000 Mann rücken über die Grenzen vor.

Während viele Österreicher jubeln, stürmen SA-Männer die Buden von CV- und MKV-Verbindungen, später auch jene der aufgehobenen Burschenschaften. Erste Züge mit Verhafteten rollen nach Bayern – und die meisten Inhaftierten finden sich in Dachau bei München wieder.

KV-CV-Mitglieder Konrad Adenauer, (links), Julius Raab (Mitte):
Im Mantel der Kreuzritter

Drahtzieher –
Nazis und Märtyrer

Ein Vorausblick als Rückblick? I Nach der Weimarer Republik
NS-Terror I Der Vatikan schweigt I Und die Burschen kehren
wieder I Schreibt man „Zufall" mit CV?

Die Stadt Weimar in Thüringen war während des 19. Jahrhunderts
immer mehr zu einem Athen des Abendlandes geworden, zu einem
sakralen Ort für Kultur und Wissenschaft. Hier schlug für jeden
bewussten Deutschen das wahre Herz seines Vaterlandes.
Dort, wo Johann Wolfgang Goethe und Friedrich Schiller an ihrem
Deutschland-Mythos arbeiteten, liegt sodann mit Erfurt die Haupt-

stadt Thüringens; wiederum einen Katzensprung weiter und man ist in Eisenach – dort, wo Johann Sebastian Bach geboren wurde und Martin Luther die Bibel übersetzte.

Sich also Weimar als Ort der Erneuerung zu wählen, wo man eine Verfassung verabschiedet und ein Parlament tagen lässt, ist mutig und ein beeindruckendes Programm: Es heißt, sich zur deutschen Geschichte zu bekennen – und zugleich zum Primat der Kultur.

So war das, was nach dem verlorenen Weltkrieg 1918/19 vor sich ging, vor allem ein Versprechen an die Zukunft: nie wieder imperiale Arroganz und Großmauligkeit, Nationalpathos und Militanz unter einer kaiserlichen Pickelhaube. Und nachdem Deutschland schon eine Republik ist, soll jetzt das größte Land Mitteleuropas eine Großregion für Kunst und Kultur werden, ein wahrhaftiges Land der Dichter und Denker.

Aber es bleibt beim Programm. Die bösen Nachbarn zwingen Deutschland Unfriedensverträge auf, man drangsaliert die deutsche Wirtschaft und als Reaktion schwören sich sofort rechts- und linksradikale Parteien Deutschlands auf den Bürgerkrieg ein. Als Speerspitze wieder dabei: die Studentenverbindungen, rechte Rabauken und fromme Fantasten.

Was aber geht in den Köpfen jener honorigen Herren vor sich, die diese Weimarer Republik zuerst dirigierten – und sie dann einem Adolf H. auslieferten?

Da war Wilhelm Marx – der nichts mit dem bartumrandeten Nationalökonomen und Philosophen Karl M. zu tun hat. Der Sohn eines katholischen Schuldirektors aus Köln studiert Jus und wird bei der KV-Verbindung Arminia Bonn rezipiert. Später wird er Oberbürgermeister von Düsseldorf und nach 1918 Ministerpräsident von Preußen. Am Ende seiner politischen Erfolgswanderschaft kann er sich rühmen, der am längsten dienende Reichskanzler der Weimarer Republik gewesen zu sein – nämlich drei Jahre lang.

Auch Heinz Brüning ist CVer (Badenia Straßburg). Er ist nur Reichstagsabgeordneter, steigt aber infolge günstiger Konstellationen bis zum Reichskanzler auf.

Die Schlüsselfigur im Drama ist aber schließlich Franz von Papen (Rheno-Bavaria München, KV). Er ist aus westfälischem Adel, Großgrundbesitzer, Generalstabsoffizier. Und auch er ist wie alle anderen Parteichefs davon überzeugt, er werde Adolf H. und dessen „braune Strolche" von der Macht fernhalten können. 1932 wird er Reichskanzler, taktiert unglücklich und muss 1933/34 Adolf H. als Vizekanzler dienen. H. schickt ihn als Botschafter nach Wien, wo er die Wogen nach der Dollfuß-Ermordung glätten soll.

Und dann ist da noch ein korporierter Reichskanzler, vielleicht der menschlich interessanteste: Gustav Stresemann, Chef der deutschen Regierung im Jahre 1923 und Friedensnobelpreisträger 1926 – und bei *keiner* katholischen Verbindung. Als Student der Nationalökonomie war er in Berlin in die Neogermania eingetreten, eine sogenannte *Reform*burschenschaft. Und weil er ein guter Burschenschafter sein wollte, machte er wider besseres Wissen bei den Comment-Spielchen mit. Wie das so ist, bekommt er bei Mensuren prompt ordentliche Schmisse ab, die seine Wangen zerfurchen.

Stresemann ist aber konsequenter als seine Vorgänger und Nachfolger im Amt des Regierungschefs: Er verabschiedet sich von den Neogermanen und wird Freimaurer in der Loge „Zu den drei Weltkugeln" sowie Vorkämpfer eines liberalen und integrierten Europa.

Welche Bedeutung hat aber die Frage, ob man zugleich katholischer Student und Freimaurer sein kann? In der Tat eine erstaunlich wichtig genommene Banalität, die zuerst die Aufklärer spaltete, dann Fürstenhäuser entfremdete und schließlich das christlich-jüdische Milieu irritierte. Wie von der katholischen Kirche zweihundert Jahre zuvor, wird Logenzugehörigkeit von den Nazis streng geahndet; Stresemann stirbt 1929.

Womit aus heutiger Sicht die Frage gestellt werden muss: Welche Mitschuld am Holocaust hatten die Amtskirche, der Vatikan und die Päpste Pius XI. und Pius XII.? Der Letztgenannte war vor seiner Wahl zum Pontifex nämlich Nuntius in Hitler-Deutschland und kannte die gesamte nationalsozialistische Kamarilla persönlich. Warum also das große Schweigen vor dem Krieg, während des Krieges und nach dem Kriegsende? Weiters: Warum ist Pius XII. bis heute nicht seliggesprochen worden, sein Nach-Nach-Nachfolger aus Polen aber sehr wohl? Es wäre höchst wünschenswert, würde Rom die Archive öffnen und in den Dschungel an Gerüchten, Verleumdungen, Halbwahrheiten endlich hineinleuchten lassen; denn bei dieser Gelegenheit könnte man auch die Rolle der katholischen Laienorganisationen in der NS-Zeit klären.

Tatsache ist, dass unmittelbar nach 1945 ein großes Schweigen einsetzte; dass aber auch die Opferbilanzen im Vorfeld verfälscht wurden. Erst vor kurzem hat der Kirchenhistoriker Gerhard Hartmann eine Neuberechnung vorgenommen und die Leiden und Schäden erhoben, die z. B. der Österreichische Cartellverband während der sieben Jahre „Anschluss" erlitten hat:

- 11 Prozent der Gesamtmitglieder waren inhaftiert;
- 67 Prozent der CVer waren Schikanen ausgesetzt – Verwarnung, Entlassung, Gefängnis.
- Etwa diese Größenordnung fand auch die Untersuchung „Priester unter Hitlers Terror" für katholische Geistliche heraus.
- Eine große Zahl von überzeugten Katholiken verstrickte sich in Einzelwiderstand, verstieß gegen das „Heimtückegesetz" oder wurde in Widerstandsgruppen aktiv.

Wie sehr die Zugehörigkeit zu einer katholischen Studentenformation eine Rolle spielte, wenn es vor NS-Gerichten um Leben und Tod ging, beweist der Prozess gegen Josef Wirmer. Der Lehrersohn aus Paderborn studierte Jus in Freiburg im Breisgau, wurde Mitglied der Brisgovia Freiburg und dann der Langemarck Bonn, ließ sich als Rechtsanwalt nieder und nahm Kontakt zu oppositionellen Gewerkschaftern auf. Wäre das Attentat auf den „Führer" am 20. Juli 1944 gelungen, hätte Wirmer Justizminister werden sollen. Nun aber stand er vor Gericht und der berüchtigte Präsident des Volksgerichtshofes Roland Freisler schnauzte Wirmer an: „Ja, ja, ein feines Früchtchen ..."

Wirmer: „Wenn ich hänge, habe nicht ich Angst, sondern Sie! Und wenn Sie in die Hölle nachkommen, wird es mir ein Vergnügen sein."

Freisler, brüllend – nachdem sich Wirmer zur Mitgliedschaft bei den genannten Verbindungen bekannt hatte: „Na also, Sie sind KVer!"

Die Würfel waren gefallen. Am 8. September 1944 wurde Wirmer verurteilt, zwei Stunden später mit einer Drahtschlinge in Berlin-Plötzensee hingerichtet ...

Nun hatte Gerhard Hartmann auch die Probleme beim katholischen Klerus und unter den evangelischen Theologen untersucht und kam zu einem interessante Phänomen: Das Verhältnis der Katholiken und Protestanten im Widerstand gegen NSDAP, Wehrmacht und Verwaltung betrug 9 zu 1. Kein Wunder, umfasste die Burschenschafterbewegung im 19. Jahrhundert gewissermaßen die protestantische Elite und hatten die evangelischen Theologen auch stärksten Einfluss auf das Innenleben der Verbindungen, also auch auf das Mensurwesen.

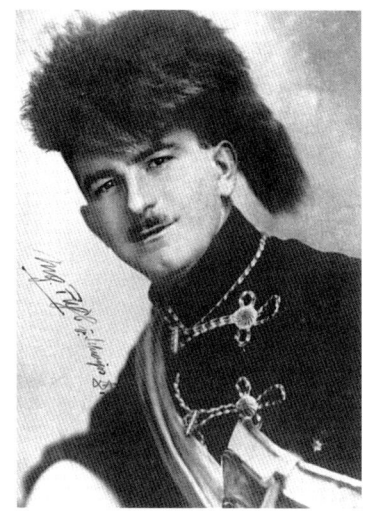

Fuchsmajor Figl (1923): Vom Studenten zum Bundeskanzler

Der besondere Hass der Nazis auf die Farbstudenten zeigte sich auch bei jenen Korporierten, die als Soldaten während des Krieges vor ein Wehrmachts-Gericht gestellt wurden. Insgesamt wurden von 1300 deutschen Gerichten 1,5 Millionen Urteile gegen Deutsche in Uniform ausgesprochen. 23.000 Todesurteile sollen vollstreckt worden sein. Zum Vergleich: Die US-Army exekutierte nur 146 ihrer eigenen Soldaten (zumeist wegen Desertion), die Franzosen 202. Schaurig die Zahl der sowjetischen Kriegsgefangenen, die von den Deutschen – und da großteils von der regulären Wehrmacht – umgebracht wurden: 4,7 Millionen.

***

1945: Der Krieg ist zu Ende. Die Bilanz ist bitter. Die Aufräumarbeiten in den Städten Deutschlands beginnen – in jeder Hinsicht. Viele Burschen sind sehr prompt, überprompt: Aber es erweist sich das Prinzip der Lebensfreundschaft für stark genug, dass man sich als Bundes-, Verbands- und Cartellbruder wiederbegegnet. Aber konnte, wollte, durfte man wieder dort anfangen, wo man 1933 aufhören musste? War der Comment noch zeitgemäß – man hatte ja nicht einmal eine Krawatte zu den Couleurbändern – und sollte man die Mensur wieder einführen?

Erst im November 1949 kam es zum ersten Burschentag nach Krieg und Nazizeit, und das in Marburg, wo die angesehene Alemannia beheimatet war. Dort trafen sich Vertreter von 68 Verbindungen und begründeten die „Marburger Arbeitsgemeinschaft"; der Wahlspruch lautete „Ehre, Freiheit, Vaterland" und schon ein Vierteljahr später erschienen die „Burschenschaftlichen Blätter". Alle, die an der Wiederherstellung des Korporationswesens im besetzten Deutschland interessiert waren, wussten auch, dass die Besatzungsmächte dazu ihre Zustimmung würden geben müssen. Aber würden sie ihr Siegerrecht ausnützen, für alle Zeit mit dem eigenartigen Blutspektakel an den Universitäten ein Ende machen und damit auch Gewaltexzesse verbieten? Oder die eigenwillige Tradition belassen und sogar den Nazis die Möglichkeit einräumen, an der Wiederbelebung der Universitäten mitzuwirken?

Das Erstaunliche: Franzosen, Amerikaner, Briten und Sowjets wussten ziemlich genau über das deutsche Studententum als historisches Phänomen Bescheid. Den deutschen Bittstellern der früheren Burschenschaften und Corps standen plötzlich bei den westlichen Mächten sachkundige „Universitätsoffiziere" gegenüber; die Amerikaner und Briten hatten in ihren Reihen viele jüdische Emigranten mit perfekten Deutschkenntnissen. Bei den Sowjets erfüllten die gefürchteten Politoffiziere und ihre Helfer aus den Reihen der „Roten Kapelle" eine „nachhaltige Njet"-Philosophie – nämlich den Deutschen jede Eigenständigkeit auszutreiben. Mit starrem Blick saß nach wie vor Josef Stalin im Kreml und diktierte seinen wechselnden Statthaltern die Sowjetisierung von Mitteleuropa. Studentenverbindungen? Für den Georgier etwas Unbekanntes, wohl auch Geheimnisvolles; auch wenn allgemein bekannt war, dass Karl Marx und Friedrich Engels deutsche Farbstudenten gewesen waren.

Nun stand man damals – nach den Katastrophen des Kriegsendes – unter dem Eindruck der immer stärker spürbaren Teilung Deutschlands. Welche Deutschen aber waren – aus atlantischer Sicht – demokratisch richtig motiviert, fachlich kompetent und dem „Westen" gegenüber folgsam? Es gab solche und solche Deutsche; und in den Burschenschaften und Corps lebte immer noch viel vom Geist des „Kaisers". Die Besatzungsoffiziere erinnerten sich an die Angst ihrer Väter vor den „Huns", den „Krauts" und „Boches". So konnten sie nicht zulassen, Nazis wieder an die Schalthebel Deutschlands zu setzen.

Mehr oder weniger gründlich wurde vieles recherchiert und unter US-Leadership deformiert. Der Prozess, Nazis von Nichtnazis, Belastete von Widerstandskämpfern und Mitläufer von Kriminellen zu trennen, gelang jedenfalls unter akademisch gebildeten Burschenschaftern schwerer als unter den Angehörigen anderer Gemeinschaften.

Größtes Problem dabei: Deutschland fehlte die bürgerliche Mitte als historische Dimension – christlich, sozial, gemäßigt antisemitisch, stabil, regionalpolitisch verankert ...

So blieb es einer Handvoll Männer vorbehalten, schon unmittelbar nach dem Kriegsende eine verständliche, politisch klare Struktur für eine Partei der Mitte zu entwerfen. Herausgekommen ist eine für Katholiken wie Protestanten offene Christlich-Demokratische Union (CDU) – in Bayern Christlich-Soziale Union (CSU). Waren die beiden Schwesterparteien in der Lage, das Vakuum zu füllen? Und wer kam für CDU/CSU als solider Mehrheitsbeschaffer in Frage?

Nun, heute wissen wir: Binnen kurzem hatten die katholischen Verbindungen die Führerschaft in der CDU/CSU übernommen, die FDP folgte bald nach und gemeinsam hielt man die Sozialdemokraten von der Macht fern. Hatten einst die deutschnationalen Burschenschaften Bismarck politisch „durchgetragen", so standen nach 1945 die „bürgerlichen" und „christlichen" Korporationen bereit. Comment, Kneipordnungen, Lieder und Traditionen waren erstaunlicherweise gleichgeblieben, da hatte sich nichts verändert – dafür aber gab es zum Teil die starke Verknüpfung mit den politischen Parteien.

So manche Probleme aus dem Lebensalltag wurden in die Verbindungen verlegt. Da bildeten „Radau" und „Rabatz", „Hetz" und „Gaudi" wichtige Freundschaftsmotive und Lebenshilfen – nebst einer religiösen Gemeinschafts-Motivierung.

Jedoch: Während die nationalen Burschenschafter noch mühsam in Gießen ihre Auferstehung als Vereine beredeten, waren die CV/KV-Akademiker längst in die neuen demokratischen Verwaltungsstrukturen integriert. Sogar öffentlich riefen alliierte Werteapostel das flexible Handeln der Christdemokraten als gelebte Demokratie auf und diffamierten jene Ostblock-Intellektuellen, die in der DDR Wasserträger der Kommunisten waren.

Im Gegensatz dazu gab es aber auch genügend Optimisten auf beiden Seiten des Stacheldrahts, die meinten, dass die Teilung Deutschlands nicht für die Ewigkeit bestimmt wäre …

***

Doch derlei wurde nicht in Düsseldorf, Stuttgart oder Dresden entschieden, sondern in Washington, Paris oder Moskau. Aber ab den späten 1940er-Jahren stand immer mehr fest, dass der Westen Deutschlands ein neuer Staat werden würde, völkerrechtlich unabhängig und in eine atlantischen Gemeinschaft eingebunden; im Osten musste sich erst herausstellen, welche KP-Geheimdienst-Kommandatura sich wo durchsetzte.

In Washington war auch die wichtigste Personalentscheidung damals längst gefallen. Es ging den Amerikanern um einen Mann ihres Vertrauens, der in ganz Deutschland geschätzt wurde. Und das war der Oberbürgermeister der rheinischen Metropole Köln, der zugleich bereits Vorsitzender der CDU war. Am 14. August 1949 fanden Bundestagswahlen statt, einen Monat später wählte das neue Parlament Konrad Adenauer zum ersten Bundeskanzler der Bundesrepublik. Bald stellte sich auch heraus, dass Adenauer der Richtige war: Denn er brachte in den „Deal" nicht nur sich selbst ein, sondern ein komplettes „Netzwerk" von akademisch ausgebildeten, verlässlichen Katholiken. Es waren dies sein „Kartellverband der katholischen deutschen Studentenvereine" (KV mit „K") und der „Cartellverband (CV mit „C"). Politisch war das unproblematisch zur Deckung zu bringen; wesentlicher Unterschied zwischen KV und CV war und ist ja lediglich, dass die KV-Vereine keine bunten Bänder und Mützen in der Öffentlichkeit tragen, während für den CV das Farbentragen als weltanschauliches Bekenntnis gilt. Bei festlichen Anlässen tragen

aber auch die Chargierten des KV die gleichen bunten Fläuse, Schärpen, Hosen und Schläger wie der CV.

Adenauer selbst war gleich bei drei KV-Korporationen Ur-Mitglied,
und das seit Studententagen: Bei der Brisgovia Freiburg, der Saxonia
München und der Arminia Bonn. Dass er nicht auch CVer war,
begründete Adenauer nie explizit. Er empfand das Zusammensein
im Korporationsverbund aber als gesellschaftswichtig und pädago-
gisch überaus wertvoll.

***

Wie gelang es aber Adenauer, dass die junge Bundesrepublik nicht
an die Sozialdemokraten fiel, wie Beobachter in aller Welt erwarte-
ten? Nun, Hintergrund war ein geschickter Schachzug: Man ließ
Westberlin nicht als eigenes Bundesland im Bundestag mitstimmen,
nachdem die roten Arbeiterbezirke der alten Hauptstadt wohl eine
SPD-Mehrheit bewirkt hätten. So war es nur allzu natürlich, dass
Adenauer jetzt seine Bekannten und Vertrauten aus Studententagen
in die vielen neuen Ämter berief, die ein durch den Wiederaufbau
engagierter großer Staat zu vergeben hatte.

Politiker aller Ebenen konnten damit rechnen, in der CDU Karriere
zu machen; Spitzenbeamte und die Hoffnungsträger in der öffentlichen Wirtschaft engagierten sich bei Ländern und Kommunen –
soweit diese dem „Alten" in Bonn zu Gesicht standen. Einer von diesen war z. B. auch Helmut Kohl, der seinerseits später erklärte, dass
ihn mit Adenauer ein Vater-Sohn-Verhältnis verbunden habe.

Andere sahen in Adenauer den unerbittlichen reaktionären Kämpfer
gegen den „Osten"; seine Politik war für sie eine riskante Herausforderung im Kalten Krieg. Und tatsächlich wurden sie bestätigt durch
eine schwerwiegende Geste: Im März 1958 trat Adenauer dem Deutschen Ritterorden bei, kniete vor dem Hochmeister nieder und legte
den Mantel des Kreuzritters an. In Polen empfand man dies als Provokation, wütete doch der Orden ab dem 15. Jahrhundert in Polen
und im Baltikum. Immerhin trat dort Preußen das Erbe der Ordens-
ritter an, auch wenn die Männervereinigung ihren Sitz in Wien
genommen hatte.

Für die NATO-Europäer war das aber ein Zeichen für ein starkes

Europabewusstsein; Adenauer war in ihren Augen ein deutscher Patriot, kein Scharfmacher. Der deutsche Einstieg in das westliche Verteidigungsbündnis und der Ausgleich mit Frankreichs Charles de Gaulle bewiesen ihnen überdies, dass Adenauer atlantische Weite mit französischer Nähe zu verbinden wusste und es ihm die Deutschen eben an der Wahlurne honorierten.

Allerdings: Adenauers Personalpolitik war immer auch Grund für innenpolitische Verstimmungen, für Aversionen und Vorwürfe. So war es der erste Bundespräsident der jungen Bundesrepublik, Theodor Heuss (FDP), der eine präzise Feststellung zur Hand hatte: „Zufall schreibt man offenbar mit CV." Immerhin war das ein Zeichen kritischer Distanz zu allen Abenteuern der Farbstudenten-Personalpolitik und doppelt bedeutsam, weil Heuss selbst CVer in der Ascania Bonn war …

Was nichts daran änderte, dass die rund 80 katholischen KV-Vereine ohne Farben ebenso wie die rund dreimal so vielen CV-Verbindungen mit Couleur eine gefestigte Rolle als Drahtzieher der Wiederaufbaujahre spielten. Und es gibt die Theorie, dass der Wiederaufbau und die Konsolidierung der Bundesrepublik misslungen wären, hätten die Stasi (der DDR-Geheimdienst) und andere Ost-Geheimdienste nicht eine verlässliche – ja verschworene – Gemeinschaft in Bonn und den neun Bundesländern vorgefunden, die ihre Loyalität zu Deutschland mit Treueschwüren und Gelöbnissen auf die Fahnen ihrer Verbindungen geleistet hatten; und nicht von DDR-Agenten erpressbar waren. Durchforstet man die Korporationen, stößt man auf die unglaublichsten Eintragungen – und ist verblüfft, wer aller in der Bundesrepublik CVer ist oder war. Dass sie alle Profiteure waren und sind, die Berufskarriere machen wollten, ist weit überzogen. Richtig ist aber wohl die Tatsache, dass die Korporationen die Rolle von Drahtziehern für so manche Entscheidung spielten und spielen.

Einige Namen seien wegen der wichtigen politischen Rolle ihrer Träger von der härtesten Zeit der Republik bis in die Gegenwart angeführt:

Da ist Hermann Höcherl, Franco-Bavaria München. Er schaffte es zum CSU-Bundesinnenminister, obwohl er Mitglied der NSDAP gewesen war. Unter dem Einfluss seiner Freunde akzeptierte er die demokratische Nachkriegsordnung.

Bernhard Vogel war CDU-Ministerpräsident von Rheinland-Pfalz und Thüringen, korporiert bei der Burschenschaft Arminia-Mainz; Günther Beckstein – als CSU-Urgestein Ministerpräsident von Bayern – gehört zur Fridericiana Erlangen. Eberhard Diepgen war der letzte Berliner CDU-Bürgermeister nach der Wende und ist Mitglied der Burschenschaft Saravia Berlin; nur der erste Ministerpräsident von Niedersachsen war – aufgepasst – ein Sozialdemokrat: Hinrich-Wilhelm Kopf bei der Lunaburgia Göttingen.

Inhaltlich war es die Soziale Marktwirtschaft, die damals für das neue Deutschland zur Trademark wurde, auf der als Markenzeichen „Ludwig Erhard" stand. Erhard war ein klassisches Kind einer Kriegsgeneration: 1897 in Unterfranken geboren, trat er in die Schülerverbindung Alemannia Würth ein (die heute zum Passauer Seniorenkonvent gehört), wurde 17-jährig einberufen und schwer verwundet. Erst mit 22 Jahren konnte er das Studium beginnen und unternahm alles, um nur möglichst rasch fertig zu werden.

Einen Namen in der deutschen Wirtschaft machte sich Erhard, als er im Sinne des Wirtschaftsliberalismus für eine Verstärkung des Wettbewerbes eintrat; die ersten Marketingseminare Deutschlands wurden von ihm geleitet. Den Zweiten Weltkrieg hatte er unbeschädigt überstanden. 1947 holte ihn die CDU in den Bundestag und Erhard hielt vor Cartellbrüdern Referate und Festreden. Berühmt wurde er aber durch den angstfreien Umgang mit den Besatzungsmächten. Trotz solcher Kraftmeierei setzte sich Erhard wenig durch. Aus der Wahl zum Bundespräsidenten wurde nichts und als Kanzler musste er sich nach nur drei Jahren im Bonner Kanzleramt gleichfalls verabschieden. Ihm folgte als Bundeskanzler Kurt Georg Kiesinger, ein Württemberger, und dieser war bei der noblen Askania-Burgundia Berlin korporiert. Dort hatte man sich trotz aller Probleme ans Bewährte gehalten und sang unter dem Wahlspruch „Mit Gott für deutsche Ehre" im Bundeslied über Religion, Wissenschaft, Freundschaft. Mindestens der Anfang und das Ende klangen anders als bei den Groß- und Urgroßvätern:

Nun roll zum Himmel Deine Feuerwellen
Du Bundeslied, Du heilger Brudersang!
Die Augen leuchten und die Pulse schwellen
Das volle Herz wallt auf beim Jubelklang …
… Durchs Wirrsal kann uns nur der Glaube tragen
Den himmelher uns Gottes Sohn gebracht
Durch Well' und Wind den Port gewinnt
Wer sich bekennt zu Christ dem Herrn.
Das ist der Stern, der Weisheit Kern
O folg ihm, Deutsche Jugend, gern!

Bei so viel Frömmigkeit der Bundesbrüder musste der Dank von oben kommen und lang nachwirken; er war für Cartellverband und Kartellverein eine Überraschung, hieß der himmlische Bote doch Eugenio Maria Giuseppe Giovanni Pacelli und war Apostolischer Nuntius und damit Vertreter des Vatikans in der Weimarer Republik gewesen.

Schon am 30. Mai 1928 hatte der elegante Kardinal Pacelli die Mitgliedschaft der Askania-Burgundia im KV angenommen und sich kurz danach auch das weiß-blaue Band der CV-Verbindung Trifels (Wahlspruch „Fest wie Fels!") umlegen lassen.

Am 8. Juli 1933 unterfertigte Pacelli dann im Auftrag Roms das Konkordat zwischen dem Deutschen Reich und dem Vatikan; als Pius XI. im Februar 1939 starb, wurde Pacelli – als Pius XII. – zum Oberhaupt der Kirche gewählt. Just jener Diplomatenpapst also, der Deutschland und das Nazi-Regime wie kein anderer kannte, damit aber auch die katholischen Studentenverbindungen Deutschlands. Aber nach und nach war bekannt geworden, dass der italienische Papst bei vielen Gesprächen mit den deutschen Konkordats-Unterhändlern dem Wunsch Adolf Hs. nie zugestimmt hatte, dass sich die deutsche Amtskirche ganz aus der Politik zurückziehen solle und die katholischen Verbände – an der Spitze die katholischen Studentenverbindungen – allein gelassen werden sollten. Pacelli machte klipp und klar deutlich, dass aus der Sicht Roms vor allem CVer und KVer in Ruhe gelassen werden mussten.

Was in der Praxis natürlich nicht funktionierte. Ähnliche Schutzgarantien strebten zum Beispiel auch die bayrischen Gruppierungen an – nicht zuletzt, um die Bajuvarisierung des ehemaligen Freistaates zu retten. Die Nazis waren nämlich unverlässlich und unverschämt; ihre Handschlagqualität war gleich Null.

Nun brach am 1. September 1939 mit dem Angriff der Deutschen Wehrmacht auf Polen der Zweite Weltkrieg aus. Und endete im Frühling 1945 nach grauenvollen Metzeleien mit einem Sieg der Alliierten, die offenbar jetzt den ehrlichen Wunsch hatten, nicht die Fehler des Ersten Weltkrieges zu wiederholen.

Nachschub fanden sie allerdings – und bis heute – immer wieder bei den Burschenschaften und Corps. Der Mangel an Attraktion für den Nachwuchs band schlagende Verbindungen und politisch Heimatlose aneinander. Vor allem sehen sie sich in der heutigen politischen Öffentlichkeit zunehmend als isoliert, missverstanden und an den Rand gedrängt an. Tatsächlich ist seit 1968, dem Jahr der Erregungen, der unorthodoxen Linken die Eroberung der Universitäten und der „Marsch durch die Institutionen" glänzend gelungen. Vor allem die Medien sind heute von einem linken Zeitgeist durchsetzt, dem die Rechten nichts entgegenzusetzen haben. Dabei haben sich Burschenschafter in der Hochschulpolitik in beachtlichem Ausmaß engagiert. Da beschäftigten sich die „Burschenschaftlichen Blätter" im letzten Jahr mit der „Vierten Gewalt". Für den gewählten Altherrenvorsitzenden der Normannia Heidelberg, Ulrich Lang, war zum Beispiel eine Verwechslung von Terror und Moral im Gange: Die Medien hätten sich eine moralische Rolle angemaßt und eine unerträgliche Atmosphäre geschaffen.

Tatsächlich häufen sich von Jahr zu Jahr die tätlichen Gewaltakte gegen Einrichtungen der Burschenschaften; allein 64 Straftaten wurden zur Anzeige gebracht – aber nur widerwillig von der Polizei zur Kenntnis genommen, obwohl es sich um Vandalismus und Hausfriedensbruch, Brandstiftung und Diebstahl handle, um Grafitti- und Farbbeutelangriffe. Dass die Medien darüber nichts berichten, empört die Burschenschafter von heute noch mehr. Das Gutmenschen-Gerede einer selbsternannten Clique zwecks Rechtfertigung sei – so sagen sie – nichts anderes als eine organisierte Hetze der sogegannten „Antifa". Und in der Tat muss man sich nur ein wenig erinnern: Es gab in der Zeit des Baader-Meinhof-Terrors Ermordete, die Farbstudenten waren: Alfred Herrhausen starb 1989 nach der Explosion einer Bombe in Bad Homburg; er war Mitglied des Corps Hansea und als Chef der Deutschen Bank natürlich eine Feindfigur der kriminellen RAF-Bande. Die Bluttat ist bis heute nicht aufgeklärt. Und es ist durchaus denkbar, dass der oder die Mörder heute noch immer frei herumlaufen.

Der Wirtschaftsjurist Hanns Martin Schleyer war trotz Zugehörigkeit zur SS in den Vorstand von Daimler-Benz – also in die lichten Höhen des deutschen Kapitalismus – berufen worden. Seit Studententagen war der Arbeitgeberpräsident auch Mitglied des Corps Suevia Heidelberg gewesen; mit Stolz trug er einen präzisen Schmiss am Unterkiefer und bekannte sich in Interviews zu seiner rechten und studentischen Vergangenheit. Schleyer wurde auf der Heimfahrt zu seiner Wohnung gekidnappt, nach Brüssel verschleppt und nach demütigender Haft am 18. Oktober 1977 ermordet.

Es ist verständlich, dass die Bluttaten an den Burschenschaftern und Corps-Studenten Erregung und Entrüstung hervorriefen; und dass man doppelt empört war, dass eine Postille mit dem Namen „Burschi-Reader" Hetzereien gegen das Verbindungswesen verbreitet. Unterstützt wurde die Herausgabe des Flyers bis in die Gegenwart von sozialdemokratischen Gruppen und Gewerkschaften, Grünen und Alternativen. Eine Leseprobe sei präsentiert: „Jeder Mensch hat sie schon gesehen: Junge Männer mit komischen Käppchen auf dem Kopf und bunten Bändern um den Hals stranguliert, die mit großen Fahnen durch die Stadt torkeln ... lustig anzuschauen ..."

Nun steht zweifellos eine politische Absicht hinter dem „Burschi"-Aktivismus, vor allem natürlich als Teil der aktuellen Hochschulpolitik. Die meisten deutschen Medien unterstützen dabei eindeutig die linken Gegner der Korporierten und haben in vielen Fällen zur Diffamierung beigetragen.

Als Beispiel für die Zusammenarbeit von Medien und linker „Vierter Macht" führen die Burschenschafter auch immer wieder den Fall des früheren Hamburger CDU-Bürgermeisters Christoph Ahlhaus an. Dieser habe im Wahlkampf in Hamburg Verbindungsveranstaltungen besucht, und zwar rein als Gast die Turnerschaft Ghibellinia in Hamburg, wo er einmal Konkneipant war. Die Presse griff das sofort auf und organisierte eine Kampagne gegen den CDU-Spitzenmann, der daraufhin nachgab und seinen Kontakt zu den Burschenschaften einstellte. Die Print-Medien und die Grünen gaben aber so lange keine Ruhe, bis Ahlhaus zusagte, zum Ausgleich auch eine Love-Parade der Homosexuellen besuchen zu wollen ...

Mehr denn je fühlen sich heute viele „Schlagende" in einer „Opfer-rolle" und beschäftigen sich ersatzweise vor allem mit ihrem eigenen Vereinsleben, was aber wiederum nicht geheim bleibt, sondern auf Unverständnis in der Öffentlichkeit stößt. Ein Beispiel: Die Burschen-schaft Hansea Mannheim sollte aus dem Dachverband ausgeschlos-sen werden, weil sie einen „Asiaten" als Aktiven rezipiert hätte. Der 26-jährige Kai Ming Au, Student an der Fachhochschule Ludwigsha-fen, geboren in Mannheim und hier zur Schule gegangen, absolvierte seinen Wehrdienst bei der deutschen Bundeswehr und schlug seine Mensuren, ganz wie vorgeschrieben. Au zum *Spiegel*: „Ich lebe das Brauchtum und wahre die deutsche Sprachkultur. Deutschland hat meinen Charakter geformt ... wenn daher jemand sagt, ich sei kein Deutscher, könnte mich das schon sehr aufregen."

Nun bedeutet es ein besonderes Maß an Instinktlosigkeit, eine solche Diskussion anzuzünden; und man muss wohl gewärtig sein, dass Parallelen bemüht werden. Auch eine nicht bösartige Presse hätte die Auseinandersetzung wohl als „Streit um einen neuen Ariernachweis" zur Story gemacht.

Wobei sich der Streit vor dem Hintergrund der Tatsache abspielte, dass in der derzeitigen deutschen Bundesregierung Philipp Rösler FDP-Vizekanzler ist, ein im Dorf Soc Trang in Südvietnam geborener Vietnamese. Zwei weitere Beispiele: Der Ministerpräsident von Nie-dersachsen, David McAllister, ist Sohn eines schottischen Offiziers und besitzt die britische Staatsbürgerschaft; die türkischstämmige Aygül Özkan ist in Niedersachsen CDU-Sozialministerin. Und so sind bei allen Bundestagsparteien – zumeist in zweiter Generation – ähn-liche Fälle von Integration durchaus üblich. Ein Rückgriff auf die Argumentation der Zeit eines Ernst Moritz Arndt oder Georg Schö-nerer hingegen ist fatal; und so ist das Mitspielen von Burschenschaf-tern in der Politik auch bis auf weiteres wohl eine Utopie.

Anders als in anderen EU-Mitgliedsländern gelang es der deutschen

Rechten nämlich seit 1945 nicht, sich als Zünglein an der Waage zu etablieren. Hatte man im 19. Jahrhundert noch den Zeitgeist ganz und gar auf seiner Seite gehabt – was Otto von Bismarck geschickt ausnützte –, so war der geringe Widerstand der Burschenschaften gegenüber den Nationalsozialisten im 20. Jahrhundert die „Ursünde" – und der Beginn des Abstiegs der burschenschaftlichen Bewegung in der zweiten Hälfte des 20. Jahrhunderts. Rund um das Jahr 1968 verlor sie endgültig auch den Kampf um den Zeitgeist: Berliner Revolte, Pariser Mai, Prager Frühling, Widerstand gegen Vietnamkrieg und gegen Rassendiskriminierung – all das fand ohne die bunten Verbandsbrüder statt. Hatten sie einst die Verfolgung der Ur-Burschen und die Demagogenjagd im Vormärz überstanden, dann den Barrikadensturm der 1848er-Revolution angeführt und dem Krieg gegen Österreich 1866 einen Sinn gegeben, so machten sie danach die großen Bewegungen der Zeit nicht wirklich mit. Und man kam – was die jüngere historische Periode betrifft – zu spät, um den Aufstieg der Arbeiterschaft mitzutragen, verweigerte sich der „Moderne" und war unfähig, das Großprojekt „Europa" auch nur zu bewerten. Auf den Bürosesseln der Ministerien und Gerichte, auf den Stühlen der Lehrer und Professoren saßen längst andere.

Mit starrem Blick erlebten also die Burschen die Demokratisierung der Gesellschaft, blieben stumm angesichts der Frauen- und Friedensbewegung und hatten keine Idee, wie der Kulturrevolution zu begegnen wäre. Fast macht es den skurrilen Eindruck, als sei die Welt in den Augen der Burschenschafter ein Irrgarten, in dem nur Drogenabhängige, Hippies, Sexbesessene und Gammler herumtorkeln. Ihre Hoffnung: dass die Deutschen von morgen die Zukunft so sehen, wie sie ist ... Man ist „mehr oder weniger" (politisch) konservativ, traditionsverbunden, gemeinschaftsorientiert – und „mehr oder weniger" antiliberal, antisozialistisch, antikatholisch. Noch immer auch: antiösterreichisch, wie vor Königgrätz.

Ein Beispiel: Da erklärte doch am 16. April 2011 bei einer Totenehrung für die Helden von Langemarck der Hauptredner – Alter Herr Hans Merkel (Arminia-Rhenania München) – Erstaunliches zur „Deutschtum"-Debatte: „Wir Deutschen sind als Volk nicht mehr dreigeteilt wie ehedem, sondern nur noch zweigeteilt. Hier die Bundesrepublik – und dort Österreich." Weiters: „Was die Toten betrifft, so sind sie als Deutsche für Deutsche gestorben, die zwischen Maas und Memel, Etsch und Belt ihre Heimat haben."

Solch verkorkste Gesinnung ist nun einmal mehr als missverständlich. Bedeutet sie doch in hohem Maße eine gefährliche Umkehrung der Geschichte – die mittlerweile im toten Winkel erstarrt ...

Und die SPD?

- Da hatte bereits kurz nach dem Ende des Zweiten Weltkrieges die SPD in einem sogenannten Unvereinbarkeitsbeschluss jegliche Mitgliedschaft von Burschenschaftern in der SPD untersagt.
- In den 1960er-Jahren, als die SPD ihr Godesberger Programm selbst als Rechtsrutsch verstand, hob man aber die 45er-Bestimmung schnellstens ersatzlos auf.
- Um nach 1968 zur großen Ausmerzung der Nazis mit den bunten Mützen anzutreten – mit Mao- und Che-Guevara-Sprüchen.
- Egon Bahr bekam 2005 eine Parteirüge, weil er vor Burschenschaftern Vorträge gehalten hatte. Eine SPD-„Projektgruppe Rechtsextremismus" stempelte einen Teil zu rechtsradikalen Outcasts: Coburger Convent, Deutsche Burschenschaft – und CV, was vor allem Letztere maßlos verärgerte.
- Aber es holperte weiter: 2005 wurde von der SPD nur mehr die „Burschenschaftliche Gemeinschaft" gebannt. Ein Prozess ging für die SPD verloren.
- Letzer Streich: Ein „SPD-Arbeitskreis sozialer und demokratischer Korporierter" (AKSK) wurde begründet und soll „aussöhnen". Aber nicht lange, denn der Arbeitskreis wurde umbenannt. Seit dem Jahr 2008 heißt er „Lassalle-Kreis", steht unter der Führung von Alexander Stintzing und will „Netzwerk" sein, aber nicht unter den Korporierten, sondern innerhalb der SPD. Und das geschieht gegenwärtig mit leisem Tremolo wie lautem Getöse.
- Schließlich finden sich auch in der SPD immer wieder schwarze Zugpferde, die sich an die „Große Koalition" erinnern und vorsorglich nach Verbündeten suchen. Oder sich selbst als Protektoren benützen lassen:

Da ist zum Beispiel das Mitglied des Präsidiums der Bundes-CDU, der frühere Innenminister von Brandenburg und Inspekteur der Bundeswehr, Jörg Schönbohm. Der konservative Preuße sieht sich als Verteidiger und Ratgeber der Burschen, ohne selbst korporiert zu sein; und er empfiehlt, dass man sich die „Stigmatisierung" nicht länger gefallen lassen dürfe: „Heute kann jeder jeden Unsinn sagen, Großvater Marx bei wehender Hammer- und Sichelfahne bewundern ... da ist im Lande der politisch Korrekten alles in Ordnung. Aber wenn sich Studenten heute in Burschenschaften engagieren, die in einer demokratischen und rechtsstaatlichen Freiheitstradition stehen, dann wird versucht, sie abzuwürgen oder ins rechtsextreme Eck zu drängen."

„Rechtsverbinder" könnte man auch Peter Ramsauer nennen, der heute Bundesverkehrsminister ist. Der CSU-Konservative ist nicht Mitglied einer CV- oder KV-Korporation, sondern Alter Herr der Burschenschaft Franco-Bavaria-München, fakultativ-schlagend. Er war immerhin Spitzenkandidat der CSU bei den letzten Bundestagswahlen, stimmte aber bereits 1991 im Bundestag eindeutig rechts – nämlich gegen den Staatsvertrag Deutschlands mit Polen, durch den die Grenze zwischen Deutschland und Polen endgültig festgelegt wurde – die so genannte Oder-Neisse-Grenze.

Franz Xaver Schönhuber, Jahrgang 1923, war noch im Krieg SS-Unterscharführer und begründete später die Partei der „Republikaner", wobei der erheblich jüngere Harald Neubauer sein eifriger Pendler in allerlei rechten Zirkeln war. Größter Erfolg: 1989 ins Europaparlament einzuziehen. Er hatte sich allerdings mit dem bayrischen Innenministerium herumzuschlagen, das wiederum die Burschenschaft Danubia München als „extremistisch" einschätzte.

Die deutsche Großwetterlage von heute lässt daher den CV als erheblich attraktiver erscheinen, geht man nur von den Mitgliederzahlen aus und von der Häufigkeit, mit positiven Storys in die Medien kommen.

Ansonsten gibt es Wechselspiele: Das Bizarrste ist wohl die Mitgliedschaft Rezzo Schlauchs, des Fraktionschefs der Grünen im Bundestag, bei der Burschenschaft Saxo-Silesia Freiburg, zu der er steht, auch wenn er mittlerweile ausgetreten ist. Und da ist der Bundesvorsitzende der FDP, Klaus Kinkel, Justizminister, Außenminister in der kritischen Zeit nach dem Mauerfall; er ist beim katholischen CV, nämlich der Guestfalia-Tübingen. Politisch hochaktiv ist der Vorsitzende der Bundestagsfraktion der CDU, Friedrich Merz, der die Farben der Bavaria Bonn trägt.

CVer in der deutschen Innenpolitik sind hier nur demonstrativ angeführt: bilden sie jedenfalls heute auch keine Geheimloge innerhalb ihrer Parteien. Mitglieder des CV können auf ein verlässliches Gesamtverzeichnis zurückgreifen, in dem es sich unter Umständen genussvoll lesen lässt. Für die schwarzen Politiker ergibt das natürlich ein erhöhtes Kontaktniveau; es beginnt beim Du-Comment, der im CV sogar in den Statuten angeordnet wird; es ermöglicht regionale Beziehungen – Bundesbrüder haben im Wahlkreis eine besondere Informationsqualität. Absprachen können auch unauffällig erfolgen, weil es sich mit Band und Deckel leichter konspirieren lässt. Zum Beispiel mit führenden Medienmenschen? August Everding, der Bayrische Staatsintendant, war CVer, ebenso sind es Intendant Albert Scharf oder ZDF-Chefredakteur Nikolaus Brender ...

Schließlich sollte nicht auf den KV, den Zwilling des CV, vergessen werden: Dort trägt das Fußvolk zwar kein Couleur, aber die Umstände sind die gleichen wie beim größeren Bruder. Da ist der populäre Bundes-Raumordnungs-Minister Klaus Töpfer Mitglied bei der Ketteler-Mainz (KV) – benannt nach dem großen katholischen Sozialreformer und Bischof von Mainz; Bundes-Cartell-und Verbandsbrüder sind: Bundesbildungsminister Jürgen Rüttgers, Rainer Barzel, Heiner Geissler, Matthias Wissmann, Joachim Hermann, Erwin Huber. Thomas Goppel ... Und dann ist da die große Zukunftshoffnung der CSU, nämlich der heute erst 44 Jahre alte bayrische Umwelt- und Gesundheitsminister Markus Söder, der schon Generalsekretär der CSU und Europaminister des Freistaates war. Dessen ideologische Heimat: die Teutonia Nürnberg, eine christliche Burschenschaft, die seit 1887 mit einigen anderen Korporationen den „Schwarzburgbund" bildet.

Ansonsten kann man feststellen, dass es bei den konfessionellen Korporationen wenig Austritte gab. Man geniert sich offenbar, zuerst einen Schwur auf die Fahne der Verbindung zu leisten, ein „Ich gelobe" zu murmeln – und dann mit eingeschriebenem Brief eine Mitgliedschaft wie bei einem Fußballverein zu lösen.

Daher sind auch die Großen der CDU/CSU sicher, in ihren Korporation einen Freundeskreis zu besitzen, der sie selbst nicht ausnützt oder bloßstellt. Oft genug sind allerdings Streitereien unter Bundes- oder Cartellbrüdern auch in die Öffentlichkeit gedrungen. Das wusste Franz-Josef Strauß, die Heldenfigur der Bayern, sehr wohl – war er doch schon Fux der Tuiskonia in München, als Adolf H. 1933 die Macht ergriff und den CV drangsalierte.

Wetten, dass es kein Zufall ist, dass auch das bekannte TV-Unterhaltungsgenie Thomas Gottschalk Ur-Mitglied der Tuiskonia ist? Gottschalk ist allerdings längst zu einem Medienexperten geworden – den eine Vereinigung wie der Cartellverband auch gut brauchen kann.

***

Nun ergab sich seit dem Fall der Berliner Mauer für alle studentischen Korporationen Deutschlands eine völlig neue Aufgabe: Es galt, die verbrannte Erde im DDR-Osten in „blühende Landschaften" (Copyright Helmut Kohl) zu verwandeln. Weniger pathetisch: die zum Teil einst sehr wichtigen und großen Korporationen wieder zu beleben und ihre Arbeit reaktivieren zu helfen. Sowohl Burschenschaften und Corps – wie auch CV und KV – stecken aber noch immer in diesem Prozess, der nicht unerheblich Kraft und Ausdauer strapaziert.

1933/1945/1989/HEUTE. Wer vor 1933 noch eine „demokratische" Universität von innen erlebt hatte, geriet dann unter den Terror der Nazis; nach 1945 kamen dann mit den Russen die Kommunisten ins Land und verwandelten die Universitäten in sozialistische Kaderschmieden zwecks „Aufbau des Sozialismus". Wer dann die Wende und den Mauerfall im Osten noch erlebte, war so um die 74 Jahre alt. Heute ist er 96 – und ein Fall für die ewige Burschenherrlichkeit ...

ENTEIGNUNG. Von den „alten" Verbindungen im Osten war und ist also nichts mehr übrig, weil auch die Verbindungshäuser und -buden im Krieg zerstört oder von den DDR-Behörden beschlagnahmt wurden, Unterlagen über die früheren Besitzverhältnisse aber nur durch Zufall ans Tageslicht kamen. Aber einige Alte Herren waren irgendwie noch da. Und viele davon in Westdeutschland.

Daher war es zwischen den frühen 1950er-Jahren und der Wende in mehreren Fällen zu Neugründungen oder Fusionen im Westen

Benedikt XVI., deutsche Farbstudenten: der Papst, der Couleur trägt

gekommen. Einige Verbindungen veränderten ihre Namen, verstärkten sich durch ein Bindezeichen im neuen Namen und manche schluckten auch den jeweils schwächeren Partner.

WIEDERVEREINIGUNG. Kinder der Wiedervereinigung sind z. B. die Leipziger Burschenschaft Alemannia zu Bamberg, die Frankfurt-Leipziger Burschenschaft Arminia, die Gießener Dresdenia-Rugia. Aus dem alten Ostpreußen stammt die Germania Königsberg zu Hamburg, in München ist die Prager Carolina zu Hause, die Arminia Czernowitz sitzt in Linz.

IMITATION. Sehr ähnlich organsierten sich mehrere CV-Verbindungen: Da gibt es die Marchia Breslau zu Aachen, Nordgau Prag nennt als Verbindungsstandort Stuttgart, Nordmark-Rostock ist jetzt in der Ruhrmetropole Essen – und es gibt eine Chursachsen Dresden. Eine groteske Story betrifft die Alemannia Greifswald, die unter den Augen der Stasi nach 1945 verbotenerweise Mensuren schlug und sich erst 1987 Statuten zulegte, alles an den DDR-Behörden vorbei. Dank der katholischen Hochschulgemeinde kam es zu Kontakten zum Westen – und man entdeckte, dass es in Münster ausgewanderte Alemannen gab, wodurch eine Fusion zwischen West und Ost Wirklichkeit wurde.

INTERNATIONALES. Exotisch mag sein, dass es jetzt auch in anderen früheren Volksdemokratien Korporationen gibt, teils im CV, teils nicht-schlagend: So in Polen eine Salia-Silesia Gleiwitz (Gliwice), in Bratislava die slowakische Istropolitana, in Südungarn die Suevia-Danubia Pecs, die Edo Rhenania in Tokio.

Diese besser „Vereine" zu nennenden Korporationen verkörpern natürlich keine nationalen, kulturellen oder politischen Traditionen, sondern sind gut gemeinte Imitationen. Der studentische Comment hat eben doch etwas mit der Mentalität zu tun, die sich nicht nach Staatsgrenzen ausrichtet, sondern nach dem „Kulturraum", nach Sprache, Geschichte und Tradition in einer als „Heimat" empfundenen Wirklichkeit.

Damit rechtfertigt auch die DB – Deutsche Burschenschaft – die Zusammenführung der Verbindungen aus der Bundesrepublik Deutschland mit jenen aus der Republik Österreich; man ist frei von irrationalen „Anschluss"-Überlegungen. Im CV wurde auch auch niemals wieder von einer „Wiedervereinigung" (wie vor 1933) von deutschen und österreichischen CV-Verbindungen gesprochen: Sie wäre wohl auch nicht mehrheitsfähig ...

Ein gänzlich neues Element sind Studentinnenverbindungen. Es ist nicht genau auszumachen, wann der Idee die Tat folgte. Aber die Rechnung ist wohl korrekt: Immer mehr junge (und auch ältere) Frauen besuchen eine Universität, wobei der Quantensprung erst nach dem verrückten 68er-Jahr erfolgte. Die Universitätsreformen haben in Verbindung mit Maßnahmen der Familienpolitik in den 1970er-Jahren zu einer Vervielfachung der weiblichen Hörerzahlen geführt. Es gibt kaum typische „Frauenstudien" mehr, vielmehr studieren an vielen Hohen Schulen durchwegs mehr Frauen als Männer. (Vergleicht man den Prozentsatz korporierter Studenten von heute mit jenem vergangener Zeiten, so darf man seriöserweise nur die Männeranteile vergleichen.)

Jedenfalls zeigte sich bald, wie kompliziert eine „Öffnung" für das männliche Verbindungsleben ist. Frauen wie Männer (gleich) zu behandeln, verbot der gute Geschmack; die Anwendung des Komments eins zu eins wurde auch von den weiblichen Pionierinnen selbst abgelehnt. Ergo begründete man einen Verband farbentragender Mädchen (VfM), eine Vereinigung christlicher farbentragender Studentinnen (VCS), eine Akademische Mädelschaft Freya ...

Jetzt sind die meisten weiblichen Korporierten „unter sich", und sie haben auch historische Vorbilder entdeckt – wie in Belgien den Vlaamse Katholikie Meisjesstudenten (Leuvener Damendachverband) aus den 1920er-Jahren und den bereits 1912 gegründeten Verein Grazer Hochschülerinnen. In der Schweiz gibt es heute drei Damensektionen im Schweizer Studentenverein (SchwStV), dem eidgenössischen CV; und in Österreich ist de facto ein Durchbruch erzielt – mit rund dreißig Damenverbindungen; allerdings ist vor allem die ehrwürdige CV-Korporation Norica an der Frage fast zerbrochen. Heute finden sich hingegen immer öfter die Hinweise auf Einladungen: *sine fem.* – „ohne Frauen".

Heute sind die amtierende österreichische Justizministerin Beatrix Karl korporiert (Academia Graz), die langjährige Gesundheitsministerin Maria Rauch-Kallat (Walcueria Güssing) oder die Staatssekretärin für Wirtschaft und Arbeit Christine Marek (Koinonia Wien). Denkt man über den Tag hinaus, ist daher auch denkbar, dass es zu einer neuen Gemeinschaftsbildung kommt, die den Männerverbindungen sogar Impulse verschaffen könnte. Noch aber wird um die Mitgliedszahlen ein Geheimnis gemacht; was für Probleme bei der Damen-Keilung spricht ...

In Deutschland schließlich existieren derzeit an die 50 Damenverbindungen, die primär christlichsozal orientiert sind. Denn die deutschnationalen Burschenschaften haben mit den Pflichtmensuren nach wie vor das Problem, dass die Mensurregeln einen gemeinsamen Verbindungsbetrieb undenkbar machen. Noch gelten Narben im Gesicht der Frau nicht als schön, wiewohl Tätowierungen an Frauenkörpern durchaus „in" sind.

***

Es bleibt wohl dabei: Die Mensur ist und bleibt das Handikap aller schlagenden Korporationen. Ja, man wird damit rechnen müssen, dass die Dramatik der Körperverletzung immer wieder die Öffentlichkeit sensibilisiert. In einer Gesellschaft, die Verletzungen unter allen Umständen verhindern will – man denke nur an die Vorsichtsmaßnahmen im Straßenverkehr –, eine „Pflicht" zum „Schlagen" aufrecht zu erhalten, ist schwierig.

Dabei waren die Weichen der Politik in Richtung Mensur-Verbot schon gestellt. Der *Common sense* der großen politischen Lager in der Bundesrepublik war nämlich eindeutig – keine Packelei mit den Burschenschaften, selbst wenn man sie da und dort brauchen würde. Sollten sie sich doch ihrerseits auf den Paukböden nach alter Väter Sitte prügeln.

Und das war legal, wie der sogenannnte Göttinger Mensurenprozess 1951/53 klarstellte: Der Student Wilhelm von Studnitz (Corps Bremensia Göttingen) wurde denunziert, 1950 einen Pauktag lang gefochten zu haben. Nachdem damals ein allgemeines Mensurverbot bestand, erfolgte eine Anklage durch das zuständige Landgericht. Die Strafkammer in Göttingen erließ am 19. Dezember 1951 einen Freispruch und stellte fest, dass „eine Mensur kein Duell mit tödlichen Waffen sei und Körperverletzung mit Einwilligung nicht strafbar bzw. auch nicht sittenwidrig ist".

Damit war die studentische Bestimmungsmensur straffrei gestellt – während das studentische Duell weiterhin verboten blieb, wenn es nämlich der Austragung von „Ehrenhändeln" diente. Schlussendlich erließ noch der Disziplinar-Dreierausschuss der Uni Göttingen eine Strafe gegen Studnitz, worauf aber das Verwaltungsgericht Hannover auch diese Entscheidung aufhob.

Keinen Zweifel an ihrem Standpunkt ließ die katholische Kirche: Man bemühte erst gar nicht das kanonische Recht, sondern hielt namens der Bischöfe fest, dass Mensuren „sittlich verwerflich" sind und die Kirche an ihrem Verbot festhält. Damit war die klare Abgrenzung neuerlich gegeben. Wer „katholisch" im Verbindungsnamen führt, kann nicht für die Austragung von Mensuren sein; wer trotzdem auf Verletzungen eines Gegners abstellt, begeht eine Sünde.

Immerhin empfing nach dem Göttinger Urteil Deutschlands Bundespräsident Theodor Heuss die Delegationen aller mensurschlagenden Verbände, was man wohl als „Anerkennung" durch den Staat interpretieren konnte. Dass damit aber tatsächlich die Sinnhaftigkeit des „Waffengebrauchs" gerichtlich bestätigt wurde, ist eine Illusion. Die Burschenschaften blieben isoliert.

Burschenschafter Haider, CV-Gegner Schüssel (2000): Rechter Weg über neue Brücke?

Österreich ist anders

Deutschnational, rechtsradikal, brutal – das ist das Spruchmotto der FPÖ I Immer stärker wachsen Freiheitliche und Schlagende zusammen I Wie gefährlich ist Karl H. Strache wirklich? I Die ÖVP und die neue Burschenherrlichkeit

„Glaubt an dieses Österreich!", bat via Radio am Weihnachtsabend des Jahres 1945 der erste demokratisch bestellte Bundeskanzler seine frierenden und hungernden Landsleute. Im Unterschied zu Deutschland durften schon im letzten Kriegs- und ersten Friedensjahr 1945 die erwachsenen Bürger Österreichs ihr Parlament wählen. Allerdings nicht alle, denn die ehemaligen Mitglieder der NSDAP waren pauschal vom Wahlrecht ausgeschlossen – immerhin rund eine Million Staatsbürger. Die Alliierten stellten aber in Aussicht, das Verbot aufzuheben. Und sofort begann ein Wettlauf der Großparteien ÖVP und SPÖ um diese Ex-Nazis. So wurden regelrechte Auffangvereine begründet – wie der schwarze „Akademikerbund" und der rote „Bund sozialistischer Akademiker". Die Burschenschafter und Corps-Studenten der Jahre bis 1938 trafen einander als „Schwarze" oder „Rote" wieder und erhielten Jobs, vor allem in der weitläufigen Verstaatlichten Industrie, im Gesundheitswesen und im Staatsdienst; viele bekamen auch Wohnungen oder Ausbildungsplätze für ihre Kinder.

1949 war es dann so weit, die Frage stand im Raum: Würde der „Verband der Unabhängigen" (VdU) eher der Verband der *Ehemaligen* sein – oder würden die Ex-Nazis zu den anderen Parteien überdriften? Nun – der Schock saß tief: Das „Dritte Lager" wollte zusammenbleiben und gab dem „Verband der Unabhängigen" (VdU) auf Anhieb 16 Mandate: Bei den Bundespräsidentenwahlen erhielt der deutschnationale Chirurg Burghart Breitner (Vandalia Graz) sogar über 15 Prozent der Wählerstimmen.

Das Glück für die in einer Großen Koalition verbundenen Großparteien bestand allerdings darin, dass das „Dritte Lager" zerstritten war wie eh und je in Österreich. Während sich ÖVP und SPÖ die Republik gewissermaßen untereinander aufgeteilt hatten, konnte man sich nicht einmal auf einen Parteinamen einigen – erst nach einigem Hin und Her wurde aus dem VdU die „Freiheitliche Partei Österreichs" (FPÖ). Neuer Obmann wurde Anton Reinthaller, ehemals SS-Offizier und Landwirtschaftsminister in der Nazi-Regierung nach dem „Anschluss" 1938 …

In der ÖVP wuchs die Verärgerung über die „Blauen", die man so nannte, weil die Kornblume seit Schönerers Zeiten das Symbol der Nationalen war. Es war ja auch erst eine Generation zurück, dass die Nazis Dollfuß ermordet hatten, dass es permanente Prügeleien zwischen Burschenschaftern und katholischen Farbstudenten an den Hochschulen gegeben hatte und Kirche wie Papsttum verspottet worden waren.

So blieben die CVer – und MKVer – unter sich. Sie machten aus der ÖVP geradezu eine Dependance ihrer Budenherrlichkeit. Erst jetzt wurde auch sichtbar, dass der Mittelschüler-Kartellverband (MKV) sprunghaft angewachsen war. Der legendäre Bauernsohn und KZ-Überlebende Leopold Figl (Norica Wien) wurde zum ersten Bundeskanzler der Zweiten Republik, sein Nachfolger acht Jahre später Figls Bundesbruder Julius Raab (Norica Wien). Beide hatten gemeinsam auch noch als Gymnasiasten die St. Pöltner Mittelschulverbindung Nibelungia gegründet. Es folgten der Steirer Alfons Gorbach (Babenberg Graz, Liechtenstein Judenburg) und der Salzburger Josef Klaus (Rudolfina Wien) als Regierungschefs in Österreich.

Als nach der absoluten Mehrheit der ÖVP von 1966 bis 1970 – und nach Eroberung der Mehrheit in den meisten Bundesländern – die „Grand old Party" in die Opposition gehen musste, war wieder der CV die konsequenteste Stütze der Schwarzen: Bundesparteiobmänner wurden der Niederösterreicher Hermann Withalm (Norica Wien), der Wiener Josef Taus (Bajuvaria Wien) und Alois Mock (Norica Wien). Alle waren auch MKVer.

Das konnte natürlich auf Dauer nicht gutgehen. Denn die Nichtkorporierten in der ÖVP ließen sich die „Verhaberung" (wienerisch für enge, aber dubiose Freundschaft) nicht so recht gefallen. Wobei auch noch die sogenannten ÖVP-Bünde eine Rolle spielten: Der Bauernbund war seit der Dollfuß-Zeit ein besonderer Hort für Bundesbrüder, der ÖAAB hütete das Allerheiligste der Christlichen Soziallehre seit *Rerum novarum*. Und hier traten sich die schwarzen Cartellbrüder geradezu auf die Zehen. Blieb der Wirtschaftsbund. Dort jedoch hatte ein Maurer- und Steinmetzmeister den Sessel des Wirtschaftskammer-Präsidenten erobert – Rudolf Sallinger. Von Farbenspielereien hielt er nicht viel, sehr wohl aber von einer ordentlichen weltanschaulichen Nachwuchspflege. Politisch interessierte, nicht korporierte, kluge junge Leute wollte er um sich sammeln. So stieß Sallinger – ob er wollte oder nicht – auf die Katholische Hochschulgemeinde in Wien, die unter der Leitung des Prälaten Karl Strobl stand und in der auch der Akademiker-Seelsorger und Kunstfreund Otto Mauer eine wichtige Rolle spielte. Bald bildete sich auch eine feste Achse nach Graz, wo sich der intellektuelle Hochschulseelsorger Egon Kapellari auf dem Weg zum Bischof befand. Graz war mit seiner Universität, einer auflagenstarken Tageszeitung des Katholischen Pressvereins sowie einer modischen Literatenszene ein interessanter Boden. Die jungen Leute der Hochschulgemeinde waren von der Spiritualität des kirchlichen Gemeinschaftserlebnisses beeindruckt, schalteten aber auch beim Thema „Politik" nicht ab. Und bald war man auch der langsamen ÖVP-Maschine voraus: Gerade rechtzeitig zur ersten Energiekrise beschäftigte man sich mit großen Zeitthemen – wie mit der „Ökosozialen Marktwirtschaft", an deren Spitze sich die Bauernbündler Josef Riegler und Josef Krainer gestellt hatten. Der Bergbauernsohn Riegler imponierte durch seine Sachkenntnis, Josef Krainer durch seine Wien-kritische Stallorder: war er doch der Sohn des gleichnamigen steirischen Landeshauptmanns. Der Junior hatte exzellente Kontakte zu nationalen Kreisen in der Grünen Mark und stritt gegen die Wiener CV-Dominanz. So bugsierte er mit steirischer Kraft auch einen Burschenschafter aus der dritten Reihe in die Bundesregierung: Der protestantische Pharma-Unternehmer Martin Bartenstein (Akademischer Turnverein Graz) wurde 41-jährig Staatssekretär und im Jahr 2000 Wirtschaftsminister. Mit dem Verteidigungsminister und CVer Robert Lichal (Rhaeto-Danubia) lief hingegen der Streit auf eine Parteispaltung hinaus, nachdem sich Krainer weigerte, Abfangjäger in „seiner" Steiermark stationieren zu lassen. Modernisten gegen Traditionalisten – das führte zu veritablen Stellvertreterkriegen für und gegen CVer im bürgerlichen Lager.

Bei den theologischen Schwergewichten Strobl, Mauer und Kapellari stellte man mittlerweile Fragen an die Amtskirche, rebellierte geschickt, wenn möglich, gegen die römische Kurie und lehnte den politischen Vereins-Katholizismus vehement ab. Sehr wohl war man aber für die aktuellen Probleme der Sozialen Marktwirtschaft, der Sozialpartnerschaft und einer gerechten Gesellschaft offen.

Die jungen Männer ohne Burschenband, die Sallinger der Gesamtpartei anzubieten hatte, bezeichneten sich selbst als „bunte Vögel", wie der Jurist Erhard Busek (später Vizekanzler), der Privatisierungs-Fan Wolfgang Schüssel (später Bundeskanzler), der Bergbauernbub Josef Riegler (Vizekanzler), der Edelagrarier Wilhelm Molterer (Vizekanzler und Finanzminister) sowie der EU-Kommissär Franz Fischler.

Der Zeitpunkt war insofern ideal, die CV-Herrschaft in der ÖVP in Frage zu stellen, als Franz König, Wiener Erzbischof und Kardinal, für die Reformen des Vatikanischen Konzils kämpfte und auch in Österreich politischen Experimenten nicht abgeneigt war. Das später geäußerte Angebot Bruno Kreiskys, die Kirche möge doch mit den Sozialisten „ein Stück des Weges gemeinsam gehen", fiel nicht nur in der „Ebendorferstraße" auf Zustimmung.

Es war noch Bundeskanzler Julius Raab, Urgestein der „alten" CV-Garde, der anlässlich eines Empfanges der Bischofskonferenz den Konflikt ansprach: „Exzellenzen, ich habe gehört, ihr wollt's dem CV das ‚katholisch' wegnehmen … aber ich sag Ihnen, daraus wird nichts!" Raab wusste, dass nicht nur der CV und MKV, sondern auch traditionsreiche andere katholische Verbände wie der „Reichsbund", die „Turn-und Sportunion" oder die Kolpingbewegung hinter ihm standen und dass man in Rom gute Freunde sitzen hatte …

Dennoch war Raab voreilig gewesen: Die „Katholische Aktion" der Amtskirche erhielt nach italienischem Muster zuerst einmal eine Art Vorrangstellung für das sogenannte Laienapostolat. Sie wurden als *Katholische Männer-Frauen–Jugendbewegung* versammelt. Und auch im CV – sowohl im deutschen wie österreichischen – begannen die Katholiken mündiger zu werden; was Konservative wie Reformer zu vermehrter Aktivität trieb. Die Übernahme politischer Ämter durch Priester war jedenfalls schon seit langem von Rom untersagt worden.

Entscheidend war dann freilich der Amtsantritt des polnischen Papstes Karol Wojtyła, der der Weltkirche eine konservative Führung verordnete. Der CV in Deutschland und Österreich wurde mehr und mehr wieder zu Entscheidungsprozessen herangezogen und nicht länger in den Hintergrund gedrängt.

Noch CV-freundlicher wurder man in Rom, als der Ur-Bayer Joseph Ratzinger zum Papst gewählt wurde. Er folgte insofern Pius XII., als sich dieser – weil Italiener – ein Ehrenband überreichen hatte lassen. Benedikt XVI. jedoch war Urphilister und hatte eine Menge Bänder, auch solche von Pennalien – darunter Isaria Freising, Alemannia München, Rupertia Regensburg und natürlich der Capitolina mit Sitz in S. Maria dell Anima, der deutschen Nationalkirche in Rom. Das hatte es noch nie gegeben und beflügelte mittlerweile jene CV-Verbindungen, die sich als „konservativ" verstehen.

Erstaunlicherweise traten nun auch Kleriker den Farb-Verbindungen positiver entgegen. In Zeiten der Spannung hatten ja Korporationen nicht einmal einen Priester für Stiftungsfestmessen erhalten; Verbindungsheime in Klöstern und Pfarren waren aufgekündigt worden. Interessanterweise sank allerdings auch die Bedeutung der Katholischen Hochschulgemeinde. Der Dominikanermönch Christoph Schönborn, Wiener Erzbischof und Mitglied einer hochadeligen Familie Altösterreichs, ist seit 1997 Alter Herr der Rhaeto-Danubia Wien und seit 1999 der Frankonia Wien. Ehrenbandverleihungen an Bischöfe und Äbte wurden wieder en vogue, Jungpriester folgten den Hirten.

Überdies war der Papstbesuch in Deutschland wie in Österreich innerkirchlich mit der Frage verbunden, wer das Wohlwollen des Pontifex aus Rom in besonderem Maße besitzt. Im Herbst 2007 besuchte der Papst das Zisterzienserstift Heiligenkreuz im Wienerwald. Das idyllische Stift ist Begräbnisstätte der Babenberger seit dem 13. Jahrhundert und heute mit rund hundert Mönchen eine der größten und erfolgreichsten theologischen Ausbildungsstätten Mitteleuropas. Von dort aus eroberten die CDs „Chant Music for Paradise" mit Gregorianischer Musik die internationale Musikszene und hielten sich dann erstaunlich lange in der Spitzengruppe der britischen Charts. Der Papst applaudierte begeistert. Und neu ist: Die Gründung einer CV-Verbindung mit dem Namen KAV Sanctottensis in Heiligenkreuz wird vom Erfolgsabt Gregor von Henckel-Donnersmarck (Neostadia Wr. Neustadt) nachhaltigst gefördert.

Mittlerweile hatte die Zweite Republik eine nicht einfache Phase durchlaufen. Im Nationalsratswahlkampf 1999 verloren die bis dahin nebeneinander agierenden Koalitionsparteien ÖVP und SPÖ Stimmen und Mandate. Die Sozialisten lehnten eine rot-blaue Koalition mit der FPÖ aber kategorisch ab, die ÖVP hingegen entschloss sich zu einer Kleinen Koalition von Gnaden der FPÖ. Jörg Haider verzichtete selbst auf eine Teilnahme an der Regierung und ließ die ÖVP in den internationalen Boykott rutschen.

Dass kein einziger der zwölf Minister Mitglied des CV war, führte naturgemäß innerparteilich zu Frustrationen. Und die anfängliche CV-interne Genugtuung, dass die Sozialisten endlich das harte Brot der Opposition essen müssten, wich der Ernüchterung. Die Machtübernahme der zerstrittenen Freiheitlichen und der Mangel an Erfahrung der Haider-Truppe beseitigten die Unschuld der Blauen als Retter des Vaterlandes. Pannen, Mitwirkung an Malversationen, Konzeptlosigkeit, dazu das systematische Säen von Zwietracht – all das führte zu Pannen, die das gesamte bürgerliche Lager in eine Art nationaler Krise stürzten.

Auch bei den CV-Verbindungen teilten sich die Geister. Da war ein Flügel für das „Weitermachen" mit den Freiheitlichen und daher auch für die Kleine Koalition – während der andere ein „Zurück" zur alten „Großen Koalition" mit den Sozialdemokraten forderte: *Nichts mehr zu tun haben mit dem Sauhaufen im nationalen Lager!*

Bis es so weit war, installierte Schüssel in höchster Not den überzeugten Nicht-CVer Molterer als Vizekanzler, Finanzminister und ÖVP-Parteichef. Eine glatte Überforderung! Aber Schüssel ging noch weiter: Er wollte die Ex-Freiheitlichen zu einem Übertritt zur ÖVP gewinnen und die Ex-Freiheitlichen Karl-Heinz Grasser das wichtigste Ressort der Bundesregierung übergeben – das Finanzministerium.

Es war Andreas Khol, der Tiroler Ur-CVer und langjährige Klubchef im Parlament, der den Schüssel-Plan unterlief. Der Raeto-Bavare aus Innsbruck (MKV Kreuzenstein Wien) stürzte am 9. Jänner 2007 endgültig die Seilschaft der Schüsselianer; im Chaos machte man Josef Pröll, den Neffen des mächtigen niederösterreichischen Landeshauptmannes Erwin Pröll (Raeto-Danubia), zum Parteichef. Der „Sepp" gab aber dieses Amt aus Gesundheitsgründen im April 2011 wieder ab; und damit ist der Weg frei für eine neue-alte ÖVP-Mannschaft aus Farbstudenten, die jetzt die Zügel in der Hand halten:

- Da sind zunächst die mächtigen Länder-Chefs der ÖVP: Erwin Pröll, Josef Pühringer (Severina Linz), Herbert Sausgruber (Leopoldina Innsbruck), Wilfried Haslauer (Rheno-Juvavia Salzburg);
- dann der neue Außenminister und Bundesparteiobmann Michael Spindelegger (Norica Wien), der Wirtschafts- und Familienminister Reinhold Mitterlehner (Austro-Danubia Linz), Umweltminister Stephan Berlakovich (Nordgau Wien) und Wissenschaftsminister Karlheinz Töchterle (Leopoldina Innsbruck)
- sowie als weibliche Korporierte die Justizministerin Beatrix Karl (Academia Wien).

Nun gibt es nirgendwo in ganz Mitteleuropa etwas Vergleichbares zur österreichischen Situation. Freimaurerlogen, Opus Dei, Propaganda Due, die Bilderberger oder Scientology – um nur einige trivialpopuläre Institutionen herauszugreifen – haben völlig andere Zielsetzungen und Strukturen. So ähnlich CV und MKV durch Comment und Kleidung äußerlich scheinen, so falsch ist es, sie im gleichen Atemzug mit den Burschenschaften und Corps zu nennen.

Die Bindung der Mitglieder von konfessionellen Verbindungen an die römische Traditionskirche – und zugleich eine lebenslange an die Bundesbrüder – hat einen hohen ethischen Anspruch. Es gilt dabei auch die Regel, dass ungeprüfte „Freunderlwirtschaft" eine fehlgeleitete Bundesbrüderlichkeit ist. „Drahtzieher" mögen manche sein, die über den Tag hinauswirken möchten – denn der Wusch, den „Stab" weiterzugeben, ist ein zutiefst menschliches Verhalten. Eingriffe in den Wertecharakter einer offenen Gesellschaft sollten aber unterbunden bleiben, Leistung und Tüchtigkeit hingegen bestimmend sein.

Dieses Prinzip hat sich bei den Freiberuflern und Verantwortlichen der Wirtschaft durchgesetzt. Ähnliches gilt für Wissenschafter, Unternehmer, Medienvertreter. Niemand stellt einen jungen Bundesbruder deshalb in seinem Unternehmen an, weil ihn dieser „per Du" anspricht.

Allerdings gibt es eine Tatsache zu beobachten, wonach noch immer überproportional viele CVer und MKVer in staatlichen oder staatsnahen Unternehmen arbeiten; dort ist es natürlich unvermeidlich, dass man mit den Vertretern der Politik in Kontakt tritt. Ähnliches gilt für Genossenschaften, Staatsbanken, ORF.

Da sind zum Beispiel korporiert: der Präsident der Nationalbank, mehrere Mitglieder des Raiffeisenmanagements, die Generaldirektoren von Elektrizitäts-Landesgesellschaften. Und mittlerweile gibt es auch innerhalb der Verbindungen Familienclans, wo Onkel und Neffen, Väter und Söhne, Brüder und Schwestern aufeinandertreffen.

Wie aber stand und steht es um die FPÖ?

Das nun hängt wiederum mit der inneren Verfasstheit der Freiheitlichen in den 1960er-Jahren zusammen. Man hatte fast den Eindruck, als würden sie sehr bald wie ein Spuk aus der österreichischen Wirklichkeit verschwinden. Parteichef und Altnazi Anton Reinthaller war 1958 gestorben, und der farblose Lehrer Friedrich Peter paktierte mit der SPÖ, konkret mit dem 1967 an die SP-Spitze gewählte Obmann Bruno Kreisky. Der legendäre „Sonnenkönig" war jüdischer Herkunft und konnte es sich international leisten, von Altnazis, Burschenschaftern und Deutschnationalen unterstützt zu werden. Konkret: Die FPÖ wurde Mehrheitsbeschafferin für die Sozialdemokratie; nicht mehr, aber auch nicht weniger. Über Nacht gehörten 89 blaue Landtagsabgeordnete, 27 Bürgermeister und 3.882 Gemeinderäte der FPÖ als Stützen einer „Kleinen Koalition" an. Das hieß Dienstbarkeit dem übermächtigen Partner gegenüber, Blutverlust auch ohne Mensur.

Peinlicherweise wurde bekannt, dass auch Peter braune Flecken auf der Weste hatte; weil er in der Waffen-SS gedient hatte. Verzweifelt suchten die FPÖ-Granden – vor allem aus den Bundesländern – sehr bald nach einem unangreifbaren Obmann. Und fanden ihn in der Person des jungen Rechtsanwaltes Norbert Steger (Sängerschaft Barden-Wien). Dieser erreichte zwar bei den Nationalratswahlen 1983 das schlechteste Ergebnis der FPÖ-Geschichte, diente aber in Wahrheit der SPÖ als Retter in der Not; Steger wurde Vizekanzler und neben ihm waren die Burschenschafter Friedhelm Frischenschlager (Rugia Salzburg, Barden Wien) und Helmut Krünes (Olympia Wien) Landesverteidigungsminister.

Die Groteske war perfekt und echt österreichisch: Denn jetzt revoltierten die Konservativen des „Dritten Lagers". Der Anführer: ein jugendlicher Draufgänger mit guten Mensur-Ergebnissen, ansonsten Berufspolitiker und charismatisches Redetalent, Kärntner Volkstumspfleger; hochintelligent und überschlau: Jörg Haider; Mitglied der Mittelschulverbindung Albia Ischl und der akademischen Burschenschaft Silvania Wien.

Nun ist Ischl ein nobles Städtchen mitten im Salzkammergut, wo die Habsburger jagten und kurten. Und dort gründeten Gleichgesinnte anlässlich einer „Julfeier" das sogenannte „Salzkammergut-Kartell". Haiders erster politischer Auftritt als 16-Jähriger: Die Rede bei einem Rednerwettbewerb über das Thema: „Sind wir Österreicher Deutsche?" In Wien studierte er Jus und trat bei einer schlagenden Jagd-Verbindung ein, die vor allem auf der k. u. k. Hochschule für Bodenkultur keilte. Der Wahlspruch: „Frei und treu in Jagd und Tat." So war – Glück muss man haben – der Jungbursch im richtigen Milieu gelandet: Er erbte nämlich in dieser Zeit ein ganzes Tal in Kärnten von seinem Südtiroler Wahlonkel – das „Bärental". Dass der Besitz 1938

„arisiert" worden war, irritierte wenig; war doch in der Folge in Österreich ein vielfacher Eigentumswechsel erfolgt. Die Blicke richteten sich erst auf Haider, als dieser in einer Kampfabstimmung der FPÖ in Innsbruck siegte. Drei Jahre später wurde Haider Landeshauptmann in Kärnten. Und sprach aus, was andere FPÖler nur dachten, vor Waffen-SS-Veteranen zum Beispiel: „Wir geben Geld für Terroristen, für gewalttätige Zeitungen, für arbeitsscheues Gesindel aus und haben kein Geld für anständige Menschen." Und dann: „Die österreichische Nation ist eine ideologische Missgeburt." Parallel dazu griff Haider jüdische Journalisten der US-Ostküste an – und hielt die „ordentliche Beschäftigungspolitik im Dritten Reich" für etwas Gelungenes und Wünschbares. Über die Arbeitssklaven in den NS-Lagern verlor er kein Wort. Das offizielle Österreich war empört, viele Österreicher aber gaben Haider Recht. Tatsächlich verdrängte der energische Oppositionsführer bei den Nationalratswahlen 1999 die schlappe Volkspartei vom zweiten auf den dritten Platz und verhinderte eine neuerliche Große Koalition. Nach langem Tauziehen kam es im Millenniumsjahr zum Bündnis von Freiheitlichen und Schwarzen, aber ohne Haider als Bundeskanzler – eine Bürde, die er lieber dem schwarzen Wolfgang Schüssel überließ. Die einsetzende heftige Kritik aus EU-Europa prallte an ihm ebenso ab wie die Demos gegen seine Partei auf dem Wiener Heldenplatz.

Nun war dennoch über Nacht die innere Struktur des komplizierten Lager-Gefüges in Österreich gestört. Und dabei spielten die Farbstudenten neuerlich – in einer verqueren Kräfteverschiebung – mit:

Die Sozialisten waren im Frühjahr 2000 in die Opposition gewankt und blieben dort; später kam heraus, dass der Wiener Bürgermeister Michael Häupl auch bei der pennalen schlagenden Verbindung Rugia zu Krems in Niederösterreich rezipiert worden war. Der mächtige rote Bürgermeister hatte dann ein „Damaskuserlebnis" und drehte den bunten Bundesbrüdern den Rücken zu. Ansonsten hielten aber die Sozialdemokraten ihre Reihen dicht geschlossen. Zwischen Rot und Blau – mit Haider – gab es keine Versöhnung.

Schließlich lag es auch daran, dass der „Jörgl" immer mehr durch abstruse Abenteuer auffiel: Er besuchte den später hingerichteten irakischen Staatschef Saddam Hussein; er reiste zum libyschen

Präsidenten Gaddafi nach Tripolis und ließ dessen Sohn in Kärnten „Geschäfte" abwickeln; er selbst fuhr in die USA und inskribierte einen dreiwöchigen Seminar-Kurs über „Privatisierung" an der angesehenen Harvard-University; etwas politisch höchst Ungewöhnliches.

Zu Hause trat danach bald ein, was im Dritten Lager immer schlechte Sitte war. Man stritt sich nachhaltig. Obwohl es mit der ÖVP eine Weile ganz gut gegangen war, kam es aus sachpolitischen Gründen zur Krise im Dritten Lager: Extrem-Rechte gingen in den Fight mit populistischen Opportunisten; und scharfe Waffenstudenten beglichen – auch ohne Mensurschläger – offene Rechnungen. So gründete ein verärgerter Haider eine neue Partei, die er „Bündnis Zukunft Österreich (BZÖ)" nannte – und forderte zum Übertritt auf: Als Erste folgte seine Schwester Ursula Haubner, dann sein Paladin, Vizekanzler Hubert Gorbach. Schließlich traten dem BZÖ eine Reihe von Politikern bei, die verschiedentlich korporiert waren. Haider selbst ging nach Klagenfurt und ließ sich als Landeskaiser herumreichen, der vom Thronsessel des erfolglosesten Bundeslandes gegen Wien, aber auch gegen Europa Stimmung machte. Der Sozialminister Herbert Haupt wiederum – ein Tierarzt, der zwölf Mensuren gefochten hatte (Landsmannschaft Kärnten zu Wien) – ging zu Haider über und wurde dafür beim „Schillerkommers" der Burschenschaften in der Hofburg ausgebuht. Volksanwalt Ewald Stadler, Mitglied der Skalden, Haider-kritisch und mit ordentlich vielen Schmissen ausgewiesen, verordnete sich Selbsttoleranz, während Andreas Mölzer vom Corps Vandalia Graz von Haus aus treu blieb. So war er auch in Brüssel als EU-Parlamentarier anwesend, wohl um Weltgewandtheit demonstrieren zu können ... und konnte bequem als Herausgeber der Zeitschrift *Zur Zeit* beachtliche Hetzereien zulassen. Mittlerweile waren als „Rechtsradikale" am Strafrecht nicht mehr vorbeigeschrammt: Gottfried Küssel, der junge Hansjörg Schimanek, Gerd Honsik. Ihr Vorbild: Norbert Burger, Scharfmacher bei der „scharfen" Olympia. Der Südtirolaktivist war 1961 in Klagenfurt von der heimischen Polizei verhaftet worden und hatte in Abwesenheit in Italien ein „Lebenslang" ausgefasst. Bis zu seinem Tod (1992) überschritt Burger die italienische Grenze nicht mehr. Zu einem geistigen Nachfahren Andreas Hofers hatte er es nicht gebracht. Zu einem „Rechts-radikalen" fehlte ihm möglicherweise die Lockerheit.

Aber da war immerhin jemand, der den Stab von Burger entgegen-genommen hatte: Martin Graf, gleichfalls Alter Herr der „Olympia", Mitwisser der Operationen in Südtirol, Buch-Herausgeber, heute Drit-ter Präsident des Nationalrats und Förderer eines „volkstumbezoge-nen Vaterlandsbegriffes".

Graf ist heute protokollarisch der höchste Spitzenmann der FPÖ. Frei-gestellt von seinem Beruf, verdient er so viel wie ein Bundesminister. Ohne Pflicht zur Führung eines Ministeriums. Ansonsten war Graf auch seit 1981 Funktionär des „Ringes Freiheitlicher Studenten". Man muss lange suchen, bis man bei Wahlen – gleichgültig wo und wann sie stattgefunden haben – so totale Einbrüche beobachten kann: Hatte bei Hochschülerschaftswahlen der „Ring Freiheitlicher Studenten" immerhin 1953 den schönen Wert von 32 Prozent er-reicht, lag 1987 der Prozentsatz an Stimmen bei zwei Prozent (kein Schreibfehler!).

****

Aber es ist eine Tatsache: Die vaterlose Freiheitliche Partei wurde im ersten Jahrzehnt des 21. Jahrhunderts von fast allen politischen Beob-achtern totgesagt. Aber, O Wunder! Bei den Nationalratswahlen 2006 wuchs sie auf elf Prozent Wähleranteil, 2008 stieg der Anteil auf 17,5 Prozent. Bei den Wiener Landtagswahlen ging der Marsch unge-bremst weiter – auf 26,2 Prozent, das war der zweite Platz. Ihr „Füh-rer": Karl Heinz Strache.

Äußerlich eine Kopie Haiders, ist Strache fesch, eloquent und cool; außerdem seit seinem 16. Lebensjahr Mitglied bei der Wiener Pen-nal-Verbindung Vandalia. 1909 gegründet, wechselten die Vandalen mehrmals die Mensurregeln und Comment-Usancen. Nur der „Waf-fenspruch" blieb: „Die blanke Wehr für Deutschlands Ehr." Gefochten hat Strache noch vor einem Jahrzehnt (Seite 106).

Der neue FPÖ-Chef stürzte sich jedenfalls eifrig ins politische Leben und konzentrierte seine Stoßrichtung auf die in Österreich besonders unbeliebte Immigranten-Gruppe, auf die türkischen Moslems in Österreich. Eine Plakatwelle rollte gleich nach Straches Antritt als

Parteichef: „Daham statt Islam"; „Pummerin statt Muezzin"; „Abendland in Christenhand ..."

Strache ging so weit, sogar in die Rolle des Hasspredigers der Gegenreformation und der Türkenkriege Marco d'Aviano (1631–1699) zu schlüpfen: Vor der Kaisergruft im Kapuzinerkloster in der Wiener Innenstadt wacht dieser düstere Mönch überlebensgroß mit seinem Kreuz. Strache imitierte den Seliggesprochenen und hielt die Verkleidung offenbar für einen guten Scherz. Wobei er ansonsten gekonnt grobe Trachtenanzüge mit feinsten Tweedanzügen tauscht. In diesem Zusammenhang halten ihn seine Gegner für einen Provokateur: Da trug Strache doch als Kopfbedeckung beim Besuch des Herzl-Berges und der Gedenkstätte von Yad Vashem in Jerusalem das Cerevis seiner Vandalia – auch „Biertonne"genannt –, die historische Variante einer besonderen studentischen Kopfbedeckung mit dem eingestickten Zirkel. Fragt sich: Wusste Strache nicht, was eine jüdische Kippa ist? Und wie penibel vor allem die israelische Öffentlichkeit einen Parteichef der Blauen – oder Braunen? – aus dem gelobten Land von Herzl und dem verdammten des Adolf H. beurteilt?

Nun kann man davon ausgehen, dass es zwischen Jörg Haider und Heinz Strache irgendwann zum Konflikt gekommen wäre. Trotz äußerlich ähnlicher Wesensart sind beide Egomanen. Untereinander zu stehen, ist denkbar – nebeneinander nicht. Und noch 2008 spitzte sich auch alles auf eine unelegante Kampfsituation zwischen Jörg Haider und Heinz Christian Strache zu. Eine Entscheidung, wer das „Dritte Lager" füllen werde, war unausbleiblich. Eine Duellsituation ...

Wäre da nicht eine Pechsträhne Haiders deutlich geworden. Denn allen politischen Insidern war klar, dass das von ihm geführte Bundesland Kärnten in eine Reihe von Skandalen verwickelt war – Finanzskandale, Fehlspekulationen, strittige Investments, die ungeklärte Frage der slowenischen Ortstafeln in Südkärnten – usw. Die Recherche-Medien waren hinter Haiders Aktionen und denen seiner Clique fleißig unterwegs. Immer deutlicher trat auch zutage, dass Kärnten nicht eine Vorbildrolle in Österreich spielen würde. Mit fast allen wichtigen volkswirtschaftlichen Daten liegt das Land im Ranking der Bundesländer im hinteren Drittel.

Umso tragischer erscheinen bis heute vielen Freunden, Gegnern und Beobachtern die Vorfälle des 11. Oktober 2008. Da fuhr Landeshauptmann Jörg Haider mit 1,8 Promille Blutalkohol und 142 Stundenkilometern durch das geschlossene Ortsgebiet von Lambichl südlich von Klagenfurt. Sein Wagen, den er selbst lenkte, kam von der Fahrbahn ab. Der Unfall war tödlich.

Niemand weiß, was in den Stunden zuvor geschah. Auch nicht die nach dem Tod begründete „Jörg-Haider-Gesellschaft"; schon gar nicht die Gebetsliga, die eine Seligsprechung Haiders durch die katholische Kirche bewirken will.

***

Mittlerweile hat die FPÖ ihre innerparteilichen Fronten geklärt. Strache ist der „Chef", seine Gefährten auf dem wahrscheinlichen Schlachtfeld werden die Burschenschafter sein – plus der alten Kämpfergarde aus der Zeit, in der sie Simon Wiesenthal in die finsteren Ecken bannte. Alle hoffen auf Strache, und zu vorgerückter Stunde erzählen Weggefährten auch gern über Jugendabenteuer mit K. H. S.

In dieser Zeit nahm der Pennäler an Feldlagern des VAPO-Chefs Gottfried Küssel teil; aus der Zeit 1989/90 gibt es Fotos, die ihn in einer Art Uniform mit Gummiknüppel, Pumpguns und Gewehren zeigen. Mehrmals kam er mit der Polizei in Kontakt; die österreichische Staatspolizei soll ihn beschattet haben, ebenso das Dokumentationsarchiv des österreichischen Widerstandes. 1990 nahm ihm die deutsche Polizei in Passau einen Schreckschussrevolver ab.

Strache arbeitet politisch eng mit dem zweitwichtigsten Blauen zusammen, dem (Dritten) Nationalratspräsidenten Martin Graf. Dort soll man von Gesinnungsfreunden aus der Wr. Neustädter Militärakademie über eine rechtsradikale Homepage im Internet informiert worden sein. Die österreichische Polizei schritt zwar ein, konnte aber ein Weitererscheinen im Internet nicht unterbinden. Diese „Alpen-Donau-Info" soll auch Verbindungen zur Mittelschülerverbindung Germania Wr. Neustadt und zur Hochschulverbindung Wiking besitzen.

Tatsächlich gibt es extremistische „Facebook"-User; es wird behauptet, sie seien den Behörden bekannt. Ein David K. aus Klagenfurt bezeichnet sich dort als „Deutschnationalist und Antisozialist". Er schreibt darunter: „Ich bin kein Österreicher, ich bin ein Deutscher". Und seine „Inspiration" ist Georg von Schönerer – der grauenvolle Antisemit. Ist Strache und seine Mannschaft also am Überlegen, ob und wie man wieder wie zu Haiders frühen Zeiten eine rechtsradikale Bewegung technisch beflügeln kann? Tatsächlich ist neuerdings bei rechten, konservativen und nationalistischen Gruppen eine Taktik erkennbar, sich ins internationale Spiel zwischen Politik und Medien einzuschalten. Die Unzufriedenheit der EU-Europäer mit der Politik in Brüssel ist auch evident; und in manchen EU-Mitgliedsstaaten besteht bis hinauf in die Staatskanzleien Unmut über das politische Outcoming:

- Erst vor nicht allzu langer Zeit hat in Finnland die Rechtspartei „Wahre Finnen" einen beachtlichen Erfolg erzielt. Nur mit größter Mühe konnte man diese Rechts-Formation von der Mitregierung fernhalten.

- In Italien kann bei Neuwahlen Berlusconis „Volk der Freiheit" – wie auch die „Lega-Nord" von Umberto Bossi – genauso gut stürzen wie siegen. Die Meinungsforscher sind sich nicht sicher. Dass die Südtiroler mit den Zuständen im Süden Italiens höchst unzufrieden sind, wollen die FPÖler in Österreich nützen: Die Forderung zielt auf die Doppelstaatsbürgerschaft von Deutschen, die auch im FPÖ-Parteiprogramm gefordert wird. Die zweite Forderung stellt auf das Selbstbestimmungsrecht der Südtiroler ab.

- In Ungarn besitzt Viktor Orbans FIDESZ eine Zweidrittelmehrheit im Parlament. Schon jetzt fürchten Beobachter ein Abgleiten in ein autoritäres System, das doppelt stabil ist, weil es sich auf das Wählervotum berufen kann.

- In den Niederlanden geht nichts ohne Zustimmung des Fremdenfeindes und Islamkritikers Geert Wilders. In Belgien gibt es seit 18 Monaten keine Regierung mehr. Wie lange das gutgehen kann, weiß niemand.

- Und in Frankreich steht Le Pens attraktive Tochter vor der Tür des Elysée. Warum nicht eine Frau als Präsident?, mögen sich die Franzosen fragen. Auch die eigenwilligen Auslandsreisen Straches – auf den Spuren Haiders – sind wohl in einem größeren Zusammenhang zu sehen. Wie einst Jörg Haider, so liebt auch er skurrile Auslandsziele. Erster Vorgeschmack: Straches Auftritt in Belgrad, dem Land der permanenten Krise. Als Gastredner bei der großen nationalistischen Kundgebung rief er den begeisterten Besuchern im Mai 2008 zu: „Lasst Euch von der EU nicht erpressen!"

Weiß Strache nicht, dass die Radikale Partei Serbiens so ziemlich die gleichen ideologischen Wurzeln hat wie die Geheimdienst-Organisation „Schwarze Hand", die 1914 von Belgrad aus das Attentat auf Österreichs Thronfolger Franz Ferdinand in Sarajevo plante?

Eine weitere Auslandsbeziehung will Strache offenbar mit den radikalen „Tea Party"–Republikanern knüpfen. Einladungen liegen angeblich vor. Wobei Amerikas Rechte einen Sieg des farbigen Präsidenten Obama verhindern will. Nur: Was kann K. H. S. aus dem fernen Vienna dazu beitragen?

Und das ist das Szenario, wie man es im Parlamentsklub der FPÖ und auf den Buden der Korporationen zeichnet:

- Die FPÖ wird ihren nächsten Nationalratswahlkampf schon demnächst beginnen und ganz auf die Themen Wirtschaft und Europa ausrichten – nebenbei die Angst vor einer Weltwirtschaftskrise schüren, die auf dem Rücken der Europäer ausgetragen wird; sowie die Neidgefühle der Europäer untereinander am Leben halten.

- Noch vor den nächsten Europawahlen sollen die FPÖ-Fraktionen mobilisiert werden: von den kleinen Gemeinderäten bis zum machtvollen Nationalrat. Angestrebt wird eine massive Schwächung der Europäischen Union mit Hilfe aller Möglichkeiten der Blockade, des Vetorechtes und der in den EU-Beitrittsverträgen enthaltenen Vorbehalte.

- Drittens überdenkt die FPÖ mit Hilfe der Boulevardpresse in Österreich, wie man gleichzeitig die Regierung in Wien, die EU-Kommission in Brüssel und das Europäische Parlament in Straßburg unter Druck setzten kann.

**

Was also ist der Unterschied zwischen Deutschland und Österreich? Vereinfacht: dass die schlagenden Korporationen in der Berliner Republik von heute keine Zeichen eines Einstiegs in die Politik erkennen lassen; die aus Österreich aber schon drinnen sind – mehr als drinnen.

Zweitens: Die rechtsradikalen Verbindungen in Deutschland leiden daran, dass sie von den Roten und Grünen an den Universitäten unter permanenten Druck gesetzt werden. In Österreich hingegen sind die wichtigsten Verbandsbrüder Exponenten unter dem Schutz und Schirm der parlamentarischen Immunität; olympische Zustände. Drittens geben die meisten Burschen freimütig zu, dass es eine historische Schuld der Deutschnationalen vor 1933 gibt, ja dass die deutschen Väter und Großväter zu sehr die Gewalt und den Gehorsam im preußisch-deutschen Kaiserreich verherrlicht haben. Und die Österreicher in Couleur? Sie hielten – und halten – an der These fest, dass „Österreich das erste Opfer Hitlers gewesen sei".

Aber noch etwas ist relevant: Die meisten Schlagenden in Deutschland sind nicht mehr am Kulturkampf nach Bismarckschem Strickmuster interessiert. In Österreich hingegen ist erst jetzt ein „Los von Rom"-Streit ausgebrochen: Innerhalb der katholischen Kirche, zwischen Bischöfen, Priestern, Laien, Vereinen und Verbänden geht es hektisch hin und her.

Summa summarum: Die deutschen Burschenschaftler wollen Deutsche bleiben, was immer das bedeutet. Die österreichischen sind es nach Eigendefinition längst. Für sie geht's um politische Aktionen – gegen Asylanten, Illegale und Flüchtlinge: „Ausländer raus ..." Alle aber wollen Einfluss nehmen; Drahtzieher sein in einer immer komplexer werdenden Gesellschaft. Dass man „Elite" sein wolle, wird zwar geleugnet: Das Wort ist hässlich und politisch inkorrekt. Aber der Begriff kommt aus dem Lateinischen, von *electus*, und bedeutet „auserlesen" ... und das ist wiederum zum Lachen.

Studentische Begriffe

Aktivitas: Gesamtheit der Studierenden einer Verbindung – Burschen, Füchse (Füxe), Inaktive

Alte Herren: Altmitglieder einer Verbindung – sollten ihr Studium beendet haben

Band: Wichtigstes äußeres Zeichen der Verbindungszugehörigkeit, ist normalerweise dreifarbig (Füxe: zweifärbig); die Farben sollen Symbole zum Ausdruck bringen.

Bier: Studentisches Hauptgetränk; Wortverbindung wie Bierfamilie, Biernagel, Bierverschiss (Strafe vor der Kneiptafel), Biertonne (Käppchen statt Mütze), Bierzipf (Schmuck, wird am Gürtel getragen) etc.

Bude: Studentenwohnung, zumeist auch Verbindungsheim

Bursch: Vollberechtigtes Mitglied zwischen Fuxen- und Altherrenstatus. Teilnehmer am Burschenkonvent (BC).

Burschenschaft: Seit 1815 studentenpolitische Richtung mit deutsch-nationaler Ausrichtung

Cartell (Kartell): Vertragsverhältnis zwischen verschiedenen Verbindungen zwecks gemeinsamer Interessensvertretung

Cerevis: Kleine Kopfbedeckung in den Verbindungsfarben

Convent: Beschlussfassendes Organ einer Verbindung

Corps: (Wahrscheinlich) älteste Korporationsform, innere Organisation weist auch Verwandtschaft zu den Orden auf; frühe Mitgliedsschaft nur Adeligen vorbehalten.

Couleur: Gesamtheit der farbstudentischen Bekleidung – Band schräg über der Brust; Deckel (Mütze).

Cumulativkonvent: Gemeinsames Zusammentreten von Burschen- und Altherrenkonvent, wird zumeist bei außergewöhnlich wichtigen Angelegenheiten oder feierlichen Anlässen einberufen

Deckel: Bezeichnung der studentischen Mütze

Dimission: Strafe des Ausschlusses aus der Verbindung („ad tempus", auf Zeit) oder „cum infamia"– mit Schande).

FIducit: Form des Grußes, wörtlich „Treue möge sein"; in Verbindung mit einem Umtrunk.

Fuchs (Fux): Noch nicht vollberechtigtes Mitglied, Absolvent während der Lernzeit, unterschieden zwischen Krass- und Brandfuchs.

Fuchsmajor: Ein mit der Erziehung der Füchse beauftragter Bursch

Komment(Comment): Regeln des studentischen Lebens, Benimm-Kodex, Summe der studentischen Ausdrücke

Landesvater: Wichtiger studentischer Brauch, der eine Ehrerbietung zum Landesherren zum Ausdruck bringen soll; besteht im Durchbohren der Mützen, wobei der Einstich umstickt wird.

Leibbursch, Leibfuch: Naheverhältnis zweier Verbindungsangehöriger, die einander unterstützen und fördern

Mensur: Der Name erklärt sich aus dem Abstand der Fechter zueinander (lat. *Mensura* – Abmessung); heute Begriff für den Kampf insgesamt

Pennalie, Pennäler: Mittelschüler-Korporation, Angehöriger einer Gymnasial-Verbindung; Mitgliedschaft für Schüler einer Höheren Lehranstalt, Fachhochschule, Oberstufen-Gymnasium etc.

Plenis coloribus: Gemeint ist „in vollen Farben", also mit Band und Mütze; Krawattentragen erwünscht.

Salamander: Trinkzeremonie bei Kommersen und Kneipen. Reiben und Trommeln auf dem Tisch; Zeichen der Zustimmung und Sympathie.

Schlagende: Sammelbegriff für jene Korporationen, die Mensuren zwingend vorsehen

Schläger: Fechtwaffe für Mensuren, Dekoration für die Wichs bei allen farbentragenden Korporationen

Schmiss: Mensurnarbe im Gesicht

Schmollis: Zuruf bei Veranstaltungen mit Bier (ein Ersatz für „Prost")

Senior: Der für normalerweise ein Semester gewählte höchste Repräsentant der Verbindung.

Stoff: Andere Bezeichnung für Bier.

Stürmer: Kopfbedeckung in Form einer Jakobinermütze, ersetzt das Couleur.

Vorort: Bei diversen Verbänden sind Einzel-Repräsentanten nicht vorgesehen, sondern die gesamte Verbindung ist für den Verband kollektiv federführend.

Wahlspruch: Motto der Verbindungsphilosophie

Wichs: Festbekleidung, besteht seit der Mitte des 19. Jahrhunderts (Cerevis, Flaus, Schärpe, Stiefelhose, Schläger).

Zeiten: s.t. bedeutet „pünktlich"; c.t. eine akademische Viertelstunde Verspätung.

Zirkel: Dem Namen der Verbindung wird eine Buchstabenkombination vorangesetzt; Ein C oder K zeigt an, dass es sich um eine konfessionelle Verbindung handelt. Ein Rufzeichen und B stehen für Burschenschaft, „L!" für Landsmannschaft, T! für Turnerschaft, C! für Corps.
Zirkel sind aber auch Einrichtungen von beruflichen und regionalen Zusammenfassungen von Berufsgruppen oder Regionen. Erfolgreiches Betreuungssystem der Altherrenschaften.

Literatur

1848 – Das tolle Jahr, 241. Sonderausstellung des Historischen Museums der Stadt Wien, 1998

Boockmann Hartmut , Mitten in Europa, Berlin 1984

Bruckmüller Ernst, Nation Österreich, Wien-Graz-Köln, 1996

Burgdorff,/Pötzl/Wiegrefe. Preussen – Die unbekannte Großmacht, München 2002

Daim Wilfried, Der Mann, der Hitler die Ideen gab, Wien 1985

Das Junge Deutschland – Texte und Dokumente, Stuttgart 1966

Diem Peter, Die Symbole Österreich, 1995

Drimmel Nicolaus, Für Volk und Glauben, Graz 2002

Eismann Wolfgang (Hg.) Rechtspopulismus, Wien 2202

Engelbert Ernst, Bismarck – Das Reich in der Mitte Europas, Berlin 1990

Feichtlbauer Hubert, Der Fall Österreich, Wien 2000

Fest Joachim, Das Gesicht des Dritten Reiches, München 1993

Fleischhacker Michael, 4 .Februar 2000, Wien 2001

Funder Friedrich, Als Österreich den Sturm bestand, München 1957

Funder Friedrich, Vom Gestern ins Heute, Wien 1971

Gall Lothar, Bismarck, Frankfurt 1980,

Gaudeamus igitur, Katalog der Ausstellung des Amtes der NÖ-Landesausstellung, 1992

GEO-Epoche, Deutschland um 1900, Hamburg 2010

Gerhard Hartmann, Kirche und Nationalsozialismus, Kevelaer, 2007

Goldhagen Daniel, Die Katholische Kirche und der Holocaust, Berlin 2002

Grumke Thomas-Wagner Berndt, Handbuch des Rechtsextremismus, Leske-Budich, 2002

Gulick Charles, Österreich von Habsburg zu Hitler, Wien, 1975

Habsburg, Otto, Briefe aus der Verbannung, Wien 1935

Hamann Brigitte, Hitlers Wien, München 1996

Hartmann Gerhard, Für Gott und Vaterland, Kavaeler 2006

Heer Friedrich, Der Glaube des Adolf Hitler, München 1998

Herre Franz, Metternich – Staatsmann des Friedens, Köln 1983

Holzer Gabriele, Verfremdete Nachbarn, Wien 1995

Hoor Ernst, Österreich 19181938, Wien–München 1966

Hübner Kurt, Das Nationale, Graz-Wien, 1991

Jagschitz Gerhard, Der österreichische Ständestaat 1934–1938, in Weinzierl-Skalnik, Wien 1982

Jarausch Konrad, Deutsche Studenten 1800–1970, Frankfurt.

Karner Stefan/Schöpfer Gerald, Als Mitteleuropa zerbrach, Graz 1990

Kindermann Gottfried Karl, Österreich gegen Hitler, München 2003

Kleindel Walter, Gott schütze Österreich – Anschluß 1938, Wien 1988

Klotz Anton, Sturm über Österreich, Wien 1934

Krasser Robert, Katholische Farbstudenten, Wien 1952

Krebs Felix-Kronauer Jörg, Studentenverbindungen in Deutschland

Kriechbaumer Robert, Die Ära Josef Klaus, Wien 1998/99

Kurth Alexandra, Männer, Bünde, Rituale, Berlin 1978

Liebmann Maximilian, Theodor Innitzer und der Anschluß, Graz 1988

Lutz Heinrich, Zwischen Habsburg und Preußen, Berlin 1995

Magenschab Hans, Die große Flut, Wien 2004.

Magenschab Hans, Erzherzog Johann, Graz und Wien, 2008

Meinecke Friedrich, Politische Schriften und Reden, Darmstadt 1958

Mück Werner, Österreich – das war unser Jahrhundert, Wien 1999

Müller Artur, Die Deutschen, München 1972

Pauley Bruce, Eine Geschichte des Österreichischen Antisemitismus, Wien 1993

Pelinka Anton, Die Kleine Koalition SPÖ-FPÖ, Wien 1999

Pelinka Anton, Stand oder Klasse, Wien 1972

Pelinka Peter, Das Ende der Seligkeit, Wien 1995

Plaschka Richard,(Hg.), Was heißt Österreich? Wien 1995

Portisch Hugo, Die unterschätzte Republik, Wien 1989

Portisch Hugo, Österreich I – Die unterschätzte Republik, Wien 1989

Rauchensteiner Manfried, Die Zwei – Große Koalition in Österreich, Wien 1987

Scharsach Hans Henning, Haider – Österreich und die rechte Versuchung, Reinbek 2000

Schausberger Norbert, Griff nach Österreich, Wien 1974

Schorschke Carl, Geist und Gesellschaft im Fin de siecle, Frankfurt 1982

Schuschnigg Kurt, Ein Requiem für Rot-weiß-rot, Wien 1974

Schüssel Wolfgang, Offengelegt, aufgezeichnet von Alexander Purger, Salzburg 2009

Shepherd Gordon, Engelbert Dollfuß, Graz- Wien,1961

Stachel Peter, Mythos Heldenplatz, Wien 2002

Steiger-Ludwig, Gaudeamus igitur, Leipzig,1989

Stourzh Gerald, Vom Reich zur Republik, Wien 1990

Trost Ernst, Figl von Österreich, Wien 1972

Vodopivec Alexander, Wer regiert Österreich? Wien 1992

Weissensteiner Friedrich, An den Hebeln der Macht, Wien 2005

Wieland Carl Paul, Die Rolle Österreichs in Europa, München 1998

Zwei Jahrtausende österreichischer Geschichte dreidimensional in Wort, Bild und Kartenmaterial dargeboten – Wilhelm J. Wagner „öffnet uns mit diesem Bildatlas einen Zugang zur Geschichte, wie es ihn in dieser Form im deutschen Sprachraum bisher nicht gegeben hat". (Hugo Portisch)

Wilhelm J. Wagner
BILDATLAS ZUR GESCHICHTE ÖSTERREICHS
Mit einem Vorwort von Hugo Portisch
288 Seiten, 21 x 29,7 cm
Geb. mit SU, durchg. Farbabb.
€ 29,99 · ISBN: 978-3-222-13345-9

styria premium

Siege, Helden und Legenden – Johannes Sachslehner setzt sich mit den großen Mythen der österreichischen Sportgeschichte auseinander, er erzählt von unvergesslichen Triumphen, Dramen und Tragödien, von den Sternstunden und Wegmarken im Gedächtnis der „Sportnation".

Johannes Sachslehner
SCHICKSALSORTE DES SPORTS
312 Seiten, 17 x 24 cm
Hardcover mit SU, zahlr. Farbabb.
€ 29,99 · ISBN: 978-3-222-13339-8

styria premium

„Wer sind wir Österreicher? Welche Gedenkfeiern und Denkmäler, welche Mythen und Rituale, welche Erinnerungsorte bilden zusammen das Netz des kollektiven Gedächtnisses der „österreichischen Nation"? Johannes Sachslehner lässt in „Schicksalsorte Österreichs" Geschichte und Erinnerung lebendig werden.

Johannes Sachslehner
SCHICKSALSORTE ÖSTERREICHS
Band 1

320 Seiten, 17 x 24 cm
Hardcover mit SU, zahlr. Farbabb.
€ 29,95 · ISBN: 978-3-222-13278-0

styria premium

Österreich ist reich an Erinnerungen, reich an Plätzen, die eng mit den Menschen und dem Schicksal des Landes verknüpft sind. Unvergessliche Ereignisse bestimmten den Lauf der Geschichte und prägen bis heute das Gedächtnis der Nation wie der Generationen.

Johannes Sachslehner
SCHICKSALSORTE ÖSTERREICHS
Band 2

288 Seiten, 17 x 24 cm
Hardcover mit SU, zahlr. Farbabb.
€ 29,95 · ISBN: 978-3-222-13298-8

styria premium

Bildnachweis

Martin Schalk/picturedesk.com: Umschlagbild vorne

ullstein bild/Ullstein Bild/picturedesk.com: Umschlagbild hinten, Nachsatz, 257

Scherl/SZ-Foto/picturedesk.com: Vorsatz, 241

Dieter NAGL/picturedesk.com: 222/223

Anonym/Imagno/picturedesk.com: 243

© ÉPhoenix/picturedesk.com: 224 (oben)

EGGENBERGER GERT/APA/picturedesk.com: 281

akg-images, Berlin: 17, 34/35, 39, 85 (oben), 88, 103, 129

IMAGNO/Austrian Archives: 205

IMAGNO/ÖNB: 61, 79, 81, 86/87, 91, 184, 197, 255

Lessing Photoarchiv: 36 (unten)

W.K.St.V .Unitas Frankonia zu Eichstätt: 277

Anhaltische Germäldegalerie Dessau: 57

www.demokratiegeschichte.eu: 53

Wikimedia Commons: 7 (Mensur Hansea Bonn, 1842, aus: Einst und Jetzt. Jahrbuch des Vereins für corpsstudentische Geschichtsforschung, Jg. 36), 19, 21, 25 (Foto: karstenknuth), 27 (Mensur zwischen den Corps Bremensia und Nassovia Göttingen,1837), 29, 33, 36 (oben), 45 (Urheber: Lofor), 47, 53, 65, 69, 71, 74, 75, 82, 83, 85 (unten), 107, 111, 115, 117 (Zeichnung von Christian Wilhelm Allers), 137 (Detail eines Gemäldes von Carl Heinrich Steffeck), 141, 145, 149, 153 (Gemälde von Ludwig Noster, 1897), 154/155, 157, 159, 177 (Studentisches Säbelduell, Darstellung von Georg Mühlberg, um 1900), 179 (Foto: Charles R. Savage), 181, 191 (Karikatur von Wilhelm Scholz im „Kladderadatsch"), 221 (Urheber: Patrick-Emil Zörner)

Archiv des Autors: 16, 47, 99, 113, 209, 215, 219, 236, 239, 254, 261

Peter Krause, „O alte Burschenherrlichkeit". Die Studenten und ihr Brauchtum (Graz: Styria 1983): 41, 156

Harald Pfarrmaier/Direktion des Vorarlberger Landtags: 224 (unten)